中国科普作家协会科普教育委员会
安徽省科普作家协会 编写

大学科普

——当代大学生科普教育资源

董光璧 杨多文 张燕翔 司有和 编著

时代出版传媒股份有限公司
安徽科学技术出版社
安徽教育出版社

图书在版编目（CIP）数据

大学科普:当代大学生科普教育资源 / 董光璧等编著.
—合肥:安徽科学技术出版社,2018.11
ISBN 978-7-5337-7724-1

Ⅰ.①大… Ⅱ.①董… Ⅲ.①高等学校－科普工作－教育资源－资源建设－研究－中国 Ⅳ.①G649.2

中国版本图书馆 CIP 数据核字（2018）第 247943 号

大学科普——当代大学生科普教育资源
DAXUE KEPU——DANGDAI DAXUESHENG KEPU JIAOYU ZIYUAN

出 版 人:丁凌云
质量总监:姚 莉
策划编辑:王 勇
责任编辑:杨多文
装帧设计:何宇清
责任印制:陈善军

出版发行:时代出版传媒股份有限公司 安徽科学技术出版社 安徽教育出版社
地 址:合肥市经开区繁华大道西路 398 号 邮编:230601
网 址:http://www.ahep.com.cn
营销电话:(0551)63683012,63683013
排 版:安徽时代华印出版服务有限责任公司
印 刷:合肥创新印务有限公司

开 本:710×1010 1/16
印 张:22.5
字 数:330 千字
版 次:2019 年 12 月第 1 版 2020 年 4 月第 2 次印刷
定 价:48.00 元

序

我们已走进21世纪的大门。牛顿、达尔文和爱因斯坦在我们身后。我们面前是科学发现和技术发明的海洋。

过去，理性的力量使人类走出了神秘的阴影，认识并利用物质变化、能量转换和信息控制，以科学和技术推动了文明的不断跃升。我们释放了原子中蕴藏的能量，我们登上了先人们久已渴望亲临的月球，我们发明了处理各种信息的电脑，我们发现了控制生命活动的基因……

未来，人类的创造力将揭露更多天机，科学和技术将开拓新的文明，人们将不再为资源短缺而不安，信息的高速运动将把一切都变得短暂。我们将寻找人类的足迹，寻找心灵的居所，寻觅地外生命的摇篮；我们将登陆火星并移民太空，走向宇宙诞生的圣地……

“现在”是“过去”和“未来”的中转站，我们面对“时空宝鉴”遥望未来，将会见到一个梦想不到的全新世界。

董光壁

2018年9月

致读者

实证研究表明，我国当代大学生科学素养不高，具体表现在以下四个方面[①]：一是对高新科技和科学史缺乏基本的了解；二是科学实践和动手能力较差；三是缺乏科学精神，对科学方法缺少必要的理解和掌握，对伪科学、封建迷信活动缺乏辨识能力；四是表达能力，尤其是书面表达（写作）能力普遍比较差，不仅毕业论文写不好，而且科普文章也写不好。调研中我们还发现，许多大学生对科学、技术、社会、经济、文化诸范畴之间的区别与联系缺乏应有的认知，尤其是不能正确认识科学技术的两面性，看问题片面、偏执，重文轻理或者重理轻文现象比较普遍。凡此种种，表明当代大学生急需补上科学史、科学思想史和科学社会学等课程，当务之急是要加强对大学生这些领域的科普教育，以培养敢担当、有作为的社会主义接班人。为此，中国科普研究所“科技创新成果科普成效和创新主体科普服务评价研究与试点”项目（2018LYE020304）的委托课题“大学科普教育资源研究”课题组，决定组织编写《大学科普：当代大学生科普教育资源》，作为在读大学生通识教育公选课读本。

---

① 张翠翠，刘衍玲，刘传星．当前大学生的科学素养及其问题分析［J］．教育教学论坛，2012，(12)：23－24.

全书分为科技史、科普写作和附录三大部分。

第一部分（第一至四篇）为“科学技术发展史”。本部分力求从加强大学生科学技术史和科学思想史教育入手，以期在短期（一个学年）内显著提高大学生的科学素养：一来通过科学技术史的学习，让大学生在历史的长河里审视科学技术的进步，培养大学生正确的历史观；二来通过对科学思想史的学习，让大学生在熟悉科学技术发展的过程中，感受科学巨匠的思想脉络，从而形成科学的认知态度和严密的思维方法。

第二部分（第五篇）为“科普写作”。本部分旨在让大学生初步了解科普写作的基本概念，帮助大学生从科普写作的过程中认识科普写作能力的作用，从人才成长的实践中认识科普写作能力的作用，使他们初步掌握科普写作的方法和技巧，掌握提高科普写作能力的基本途径，从而使他们的科普写作能力有较大的提高。

第三部分为“附录”。这是编写者充分考虑到在读大学生的实际需要，精心编辑附录的。这是本书不可或缺的重要组成部分，是大学生课后自学不可或缺的资源，旨在使大学生在通过阅读近些年各类科学技术奖项、各种科普教育场馆、科学实验室、科学媒体（科普图书、科学期刊、科学网络）等科普教育资源，对当前国内外科学技术的最新发展有一个较为全面的了解，逐步养成主动获取科学技术知识的良好习惯，为终身学习奠定良好的基础。

以上正是本书的写作意图所在，也是引导大学生正确阅读和使用本书的方法。希望学生在老师的引导下，系统学习第一、二部分，把握人类科学技术发展的脉络，储备必要的科技史知识，形成良好的认知态度和科学的思维方法，不断提高自己的科普写作能力；在课余时间自觉阅读附录部分，跟随作者的思路，对科普教育资源有一个较为全面的了解，养成主动获取科普教育资源并加以运用的习惯，以适应学习型社会的需要。

杨多文

2019 年 9 月

目　录

第二篇 现代自然科学的进展

第三篇 现代技术原理的进展

第四篇　走向未来的科学

第五篇 科普写作

附录 大学生科普教育资源浏览

导 言

科学技术的发展似乎从不顾及其历史，但历史总是其未来的向导。可以说，不了解科学技术的历史就不能理解今天的科学技术，也不能展望它的未来。技术作为人类应付周围环境的手段，科学作为依据过去的经验预测未来的工具，几乎可以说是伴随着人类从自然的进化中诞生的。随着人类从野蛮时代进入文明时代，根植于理性精神的科学与技术越来越显示出它对于人类生存和发展的重要性，人们终于认识到它是推动人类进步的最根本的物质力量和精神力量。充溢于我们当代生活中的科学和技术，是伴随着漫长的人类历史逐步积累和发展起来的。我们可以通过原始人的石斧和弓箭以及洞穴中的壁画和雕刻去探知人类早期的原始技术和思想观念。这些粗糙的工具和神秘的图画，引领着我们发明今天的宇宙飞船和不断升级的电脑。人类积累数百万年的经验才发明了轮子，又经过数千年发明了驱动轮子的动力机，再经过百余年发明了可以控制其他机器的电脑，这是人类科技进步的一个缩影。近300年来，认识和运用物质转化、能量转化和信息转化的现代科学技术，明显加快了其发展的速度。自20世纪以来，科学、技术和工程紧密结合所达到的知识积累态势，人们已习惯用“指数增长”来形容它的发展速度。

今天,科学技术已成为左右人类命运的重要力量。然而,现代科学在17世纪被少数学者创立之时,它的价值只为社会上层统治者中间的少数人所认识。到18世纪,这种新的理智方法已为中产阶级的自由主义知识阶层所了解和把握,而一般市民阶层对科学的关心则是从19世纪开始的。进入20世纪以来,更多的人认识到科学技术具有改变人类物质生活和精神生活的巨大能力。当今各国政府都把科学技术作为增强综合国力和提高国际竞争力的战略因素。对科学认识的这种变化是科学与社会相互作用发展的结果。今天,公众把科学和技术的紧密联系看作是不言而喻的事情。然而,在历史上它们是沿着各自独立的路径发展的,到17世纪初才有少数人认识到科学和技术两者可能并应该合作,直到18世纪才付诸实践。此前相当长的历史时期中,科学对其成果的实际应用总是漠不关心,技术几乎在没有科学帮助的情况下独自发展。就科学与生产、技术的相互关系来说,19世纪中叶是一个转折时期,大体上可以说此前是"生产—技术—科学"的发展模式,而此后则是"科学—技术—生产"的模式。20世纪从"小科学"到"大科学"的转变,意味着科学总体范式的变革。在这种变革中,科学的新类型在悄悄滋长。

我们现在所理解的现代科学形成于17世纪的欧洲,它是以逻辑、数学和实验等重要理性要素的紧密结合为基础的研究活动和知识体系。逻辑保证知识的条理性,数学保证知识的精确性,实验保证知识的可靠性。这样的知识体系在以往是没有的,不仅古代东方没有,古代西方也没有,而是经由一场"科学革命"才形成的。然而,科学革命也不是一蹴而就的,它有一个曲折的历史过程。长期以来人们认为科学的源头在古希腊,但近百年来的科学史研究表明,它的形成是一个复杂的文化融合过程,其渊源中不仅有希腊文化的某些传统,也包含着东方文化的某些传统。文艺复兴、宗教改革和科学革命是开启现代社会的三个伟大源流。文艺复兴复活了古希腊科学，希腊语言学家把他们不懂的科学著作译成当时的流行语言，而与自然相接触的工匠又注入使之脱胎换骨的新灵魂。科学的三个传统，即数学传统、逻辑传统和实验传统，在理论思维和工匠实践的相互作用中形成了新的科学范式。同时，这种新范式也是在生机论、神秘主义和机械论三个古希腊思想变型支配的环境中，以机械论思想战胜前两者而形成的。牛顿力学不仅成为机械革命的科学理论基础，而且成为哲学思考的科学基础。18 世纪，由于牛顿科学思想和洛克哲学思想的传播，英国发生了产业革命，法国爆发了政治革命，德国出现了哲学革命，从而形成"技术机械化和人类理性化"的伟大世纪。产业革命、政治革命和哲学革命也为 19 世纪科学技术的惊人发展创造了社会条件。19 世纪主要的科学成就是热力学、电磁场理论、化学原子论和生物进化论。物理科学和生命科学都进入了理论科学时期，技术成为"科学的"技术。从 19 世纪下半叶起，一些生产技术直接源于实验室，另一些技术则源于科学原理。

20 世纪的科学技术是 19 世纪科学技术的继续发展。这种发展的最初动力来自科学内部实验和理论的矛盾以及理论内部的逻辑不协调，由此产生了观念的变革并导致量子论和相对论的诞生，为 20 世纪科学技术奠定了基础。在 20 世纪，就科学与技术的关系来说，科学已成为技术的先导；就技术与生产的关系而言，形成了经济学意义上的"高技术"。

为了解释经典物理学的热辐射理论所不能解释的黑体辐射问题，普朗克(1858—1947)在 1900 年提出能量子的概念。几年后，爱因斯坦(1879—1955)把它推广到光，提出光量子理论(1905 年)。之后，玻尔(1885—1962)又把量子论运用到原子内部，提出原子的量子理论(1913 年)；经过海森伯(1901—1976)和薛定谔(1887—1961)等几位科学家的工作，在 20 世纪 20 年代发展成量子力学。20 世纪的另一个重要物理学成就是相对论，从洛伦兹

(1858—1923)和彭加勒(1854—1912)等人基于电磁场理论与以太漂移实验相矛盾的诸多修正理论中,已经可以听到叩打相对论大门的声音,最后爱因斯坦从牛顿力学和电磁场理论不协调中找到了打开这大门的钥匙。1905年,爱因斯坦发表了《论动体的电动力学》,这是(狭义)相对论创立的标志;1915年,爱因斯坦将其进一步推广为广义相对论。

在量子力学和相对论两大基础理论的指导和影响下,完善和成熟的五大标准模型——粒子物理的夸克-轻子模型、宇宙学的热爆炸模型、DNA分子的双螺旋模型、思维的图灵计算模型、地壳运动的板块模型——成为人类以科学认识自然的基本图像。20世纪30年代以来发展起来的粒子物理学,在20世纪70年代形成了以夸克-轻子模型为基础的弱电统一理论,作为沿四种相互作用——电磁相互作用、弱相互作用、强相互作用、引力相互作用——统一研究纲领所获得的阶段成果,给出了世界的物质结构的新图像。爱因斯坦在广义相对论基础上于1917年开创的现代宇宙学,在20世纪40年代形成了热爆炸宇宙论。随着粒子物理学的新结论的不断引入,热爆炸宇宙论得以不断修正和完善,给出了宇宙演化的新图景。生物学在基因论的指导下向分子水平上迈进,1953年发现的作为遗传物质的DNA分子双螺旋结构是这一领域的重大突破,它奠定了分子生物学的基础,提供了生命的起源、发育和进化的新图像。图灵(1912—1954)在1936年提出的可计算原理和1950年提出的认知计算原理,不仅为计算机和智能科学的发展奠定了思想基础,而且发展出人类思维活动的一种新图像,为研究认知活动提供了一种可行的思路。全球大地构造的板块结构模型,在魏格纳(1880—1936)的"大陆漂移说"(1912年)的基础上,在20世纪60年代经过地幔对流说、海底扩张说等理论阶段被创立起来,它作为固体地球的一种新图像,为探索地球物理和全球地质学创造了一体化的研究纲领。

在科学的先导和生产的促进下,20世纪发展了五大尖端技术——信息技术、核能与核技术、激光技术、生物技术和航天技术。在量子固体物理学的指导下，从晶体管（1947 年）到集成电路（1958 年）为电子计算机（美国，1946 年）的微型化（美国，1971 年）奠定了硬件基础，而离散数学和数理逻辑的发展又指导着计算机软件语言从低级向高级进步。电子计算机的发展不仅带动了通信技术的革命，其巨大意义还在于它使得人的脑力的机械化成为可能。核物理学和相对论质能关系式为核能利用奠定了理论基础，原子弹（美国，1945 年）、氢弹（美国，1952 年）、核电站（苏联，1954 年）等工程以及各种核能技术显示了核技术的前景。爱因斯坦的光发射和吸收理论与固体物理学结合，催生了世界上第一台红宝石激光器（1960 年），接着有半导体激光器（1963 年）、气体激光器（1964 年）、自由电子激光器（1977 年）、原子激光器（1998 年）等问世，良好的光学性能使它们在加工、医疗、通信等许多领域被广泛应用。随着分子生物学的进步，基因重组的实现（1973 年）开辟了基因工程化的广泛前景，有望在增进人类健康和解决食物不足方面提供最有力的手段。用大肠杆菌生产人的胰岛素（1978 年）、外源基因安全地转移到患者体内（1989 年）和人造染色体的成功（1997 年）使人类基因治疗成为可能。运用基因导入创造新物种的探索可望有重大收获，从克隆羊（1997 年）到克隆人的联想正在引起悲喜交集的震撼。航天和空间技术的进展使得第一颗人造地球卫星成功发射（苏联，1957 年），使航天工程成为大国竞争的一个重要领域，于是有载人宇宙飞船绕地球一周（苏联，1961 年）、“阿波罗”号登月成功（美国，1969 年）、载人航天飞机试飞成功（美国，1977 年）、无人驾驶飞船在火星着陆（1997 年）等一系列重大进展，这些标志着航天事业日趋成熟。

虽然人们一直在思考量子论和相对论之间的某些不协调，但少有人感到在科学的深层基础上会发生严重危机。现有成熟科学理论的技术运用还远未看到止境，科学原理与技术应用可能性的探讨是科学的主流。近些年人们一直议论着新技术革命的问题，如果把18世纪60年代以蒸汽机的应用为标志的技术变革称作第一次技术革命，19世纪70年代以来以电力应用为标志的技术变革为第二次技术革命，那么20世纪40年代以来以数字化为核心的信息技术革命则是第三次技术革命。

科学技术的不断加速发展导致了人类文明的三次跃升，即跑马速度的农业文明、火车飞机速度的工业文明和电磁波速度的信息文明。然而，技术的社会运用不仅带来经济和文化的繁荣，也招致生存条件和生存方式的毁坏。农业的发展伴随着森林和草原生态的破坏；工业的进步导致了水体和大气等自然环境的污染，同时也为人与人之间的战争提供了越来越残酷的手段。迄今为止有5000年文字记载的人类历史，既是一部生产斗争和科学实验的历史，又是一部阶级斗争和思想解放的历史。地球诸文明中心的兴衰以及在这种兴衰基础上的文明转型，正是这些“斗争”的综合表现。人类经历了从了解自然、征服自然到破坏自然的历程，在尝到了成功的苦头之后，终于不得不回到与自然协调发展的道路上。科学和技术是人类创造的，而人类是自然进化的结果。自然是我们的生存基础，包括科学技术在内的文化是人类的生存方式。只有把我们的生命和文明置于宇宙背景之中，知道人类在自然界中的位置，我们才会有可靠的思考和行动的根据，才能确立生命的价值和意义。面对浩瀚的宇宙，作为它的演化的偶然产物，或许还不一定是独一无二的产物，人类不能不感到自己的渺小。但人类创造了文化，而且这文化的确可以说是“融天地之沧桑，含日月之玄机”，使“思维跨越时空，行为倒转乾坤”，人类又怎能不感到自己伟大呢！这种渺小和伟大的张力应该成为人类理性的动力，在自然与文化的夹缝中寻找并实现超越必然之路。

第一篇
科学技术的前世今生

人们现在所理解的科学形成于17世纪的欧洲，它是以逻辑、数学和实验这些主要理性要素紧密结合为基础的研究活动和知识体系。逻辑保证知识的条理性，数学保证知识的精确性，实验保证知识的可靠性。现代科学技术史研究表明，这样的知识体系是经由一场“科学革命”形成的，而其渊源甚至可以说与人类的诞生共久远。

文化中的科学成分生长并运作于人类的每一文明之中，现在的科学诞生于过去的诸文明的融合，它也是人类创造新文明的起点。

人类是地球生物进化的偶然结果，经过漫长的从猿到人的生物进化而进入文化进化阶段。技术作为人类应付周围环境的手段几乎可以说是伴随着人类的诞生而来，随着野蛮时代进入文明时代和理性的出现，作为实践结晶的工程产生了，而理论与实践的结合和发展又导致科学的形成，并且在其历史的发展中越来越显示出它对于人类生存和发展的重要性，迄今人们已经普遍认识到它是推动人类进步的最根本的物质力量和精神力量。

科学的起源可以上溯到石器时代，而从此以降的铜器时代和铁器时代两个文明中，有科学得以诞生的技术的和理性的根源。以青铜为标志的城市文明圈兴起于公元前35—前15世纪，其中以古巴比伦文明和古埃及文明最为发达。后继的铁器时代在公元前6—前4世纪产生了哲学理性，其中最有影响的是中国、印度和希腊呈三足鼎立局面的古典文明，这三大文明，为欧洲率先进入进而使整个世界进入工业化时期，或在思想方面或在技术方面提供了原初的启迪或者助力作用，这种作用是通过中世纪后起之秀的阿拉伯文明和拉丁文明而实现的。

1.1 人类的黎明期

人类创造了灿烂多彩的文化，包括语言文字、科学技术、文学艺术、社会制度、政治建制、宗教信仰和意识形态等，它们可大体上区分为技术、制度和观念三大类。文化创造是自然创序的继续，在化学序、物理序和生物序之上又增加了社会序，于是有人类社会出现。

1.1.1 地球生命演化之艰难

地球上的原始生命物质系统自身的演化，经历了作为生命物质基础的蛋白质的形成、作为生命结构单元的原始细胞的形成，以及从细胞开始的地表生物进化三大演化阶段，直到进化出作为宇宙的思维花朵的人类。

地球作为太阳系中的一个行星已存在至少45亿年了。地球上的生命演化，从无机到有机的化学演化发生在公元前45亿年到前38亿年的7亿年间；从单细胞原核生物到真核细胞生物形成的生命演化发生在公元前35亿年到前18亿年的17亿年间；从单细胞到多细胞的演化发生在公元前18亿年到前5亿年的13亿年间；生物大发展只是最近5亿年以来的事。

表1-1-1 宇宙大事记

距今时间（亿年）	137	50	45	38	4	0.5	0.05
大事记	宇宙大爆炸	太阳系形成	地球诞生	原始生命诞生	演化出两栖类生物	分化出古猿	分化出人类祖先——猿人

一切生物都先在水域发展，大约在4亿年前才开始向陆地发展，发生鱼类向两栖类的演化。光合作用导致大气圈中的氧气增加，低等植物的繁荣促使大陆表层形成土壤，这些都为高等生物的进化创造了条件。2亿年前两栖类动物分化出爬行动物，6500万年前哺乳动物代替爬行动物而兴起，到5500万年前哺乳动物的一支演变为灵长类动物，5000万年前灵长类动物又分化出古猿。古猿经缅甸古猿（前4000年）、埃及古猿（前3000万年）和森林

古猿(前 2000 万年)开始分化为腊玛古猿(前 1500 万年)和作为人类祖先的古猿。

在漫长的生物进化的过程中,地球上生命的历史经历了三次革命:第一次是 35 亿年前生命的诞生,第二次是约 5 亿年前多细胞生物的起源,第三次是 250 万年前来意识的起源。地球上的生命以其旺盛的活力,从核酸和蛋白质到单细胞,从单细胞到多细胞,从植物到动物,经过几十亿年沧海桑田的变迁,在地球岩石圈外形成了生物圈和含有充分氧气的大气圈,整个地球成为一个多种多样生物共生并协同进化的生态系统。在距今 500 万年前,古猿的一支开始了向人类祖先——猿人的转变。

1.1.2 从猿到人的漫长历程

人类起源问题,经历了长期的神话想象和"神创说"之后,18 世纪生物学家林奈(1707—1778)在其《自然系统》(1735 年)中提出"人猿同祖"说。随后拉马克(1744—1829)在其《动物哲学》(1809 年)中提出由猿变人说,达尔文(1809—1882)在其《人类起源和性的选择》(1871 年)中以进化论的观点强化了人猿同祖论并提出直立行走和具有大的脑子为人的标志,恩格斯(1820—1895)在其《劳动在从猿到人转变过程中的作用》(1864 年)中提出从猿进化到人的劳动机制。当代人类学家比较认同直立行走是人类物种形成的机制,古人类学家和分子遗传学家分别依据遗骸化石和人类 DNA 推断,达成接近共识的认识:当今人类共同的祖先为约 500 万年前的猿人。

图 1-1-1 从猿到人的进化

人类是从灵长类动物(能两足直立行走的高等灵长类动物)进化而来的,经历了前人阶段、能人阶段、直立人阶段和智人阶段。现有的化石证据和分子人类学研究表明,最早的前人是500多万年前古猿的一支,其脑量约为400毫升。最早的能人出现在240万年前的东非,其脑量已明显增大,已开始制造石器工具。最早的直立人出现在200万年前,亚、非、欧三大洲都有遗迹发现,其脑量比能人更大了,身材也明显高大,能制造多种石器。最早的智人出现在40万年前,其脑量比直立人更大,为1300毫升以上,体质形态也比直立人进步。在智人出现过程中,其新大脑皮质的额叶爆炸式增大。

人类与灵长动物的区别,并不在于其脑量特别大,也不在于其脑重与体重比特别高,比如大象和鲸鱼的脑量要比人类的脑量大得多,在脑重与体重比方面狨比人要高。两者之间最重要的差别可能在于人类具有制造工具的能力和人类具有作为交流工具的语言这些思维活动的外显形式。大脑两半球机能的分化是语言产生的物质基础,这种分化在从非人灵长类向人类进化的过程中就发生了。尽管这种分化在灵长类动物中已经出现,但在人类中表现得最为明显,出现左脑和右脑的分工,左脑主要执行语言的功能。根据具有文化含义的行为判断,许多人类学家认为语言行为是在约35000年前的旧石器晚期迅速出现的。

言语活动是人类最复杂的认知活动,与人的知觉、记忆和思维有紧密联系。在所有人类特有的行为中,语言行为是最基本的,没有语言我们的发明和即兴创作能力的适应价值就要小得多。美国语言学家乔姆斯基(1928—1956)认为,从根本上讲,自然语言并不具有表面看上去那样巨大的差别,它们都遵守编码于我们的DNA中的"普遍语法"规则,正如白蚁建造蚁窝的规则被编码于它们的DNA中一样。在乔姆斯基看来,语言是一种生成的系统,其生成遵守一套规则——生成语法,它就像一套足以产生每个语句的计算机程序,不同语言的生成语法具有共同的编码于人类DNA中的内在知识。

1.1.3 人类文明的起源

人类了解自己久远的前文明史有许多困难,通过对遗物的收集和分析我们能了解远古人物质生活方面的进步，但对于其精神生活的了解则困难得多。文明初期留下来的种种关于前文明时代的神话传说，我们当然不能轻易将其作为信史接受，因为它有可能是无意误解的歪曲记忆，也可能是某些后人故意编造的故事，即使不是误解和编造，代代口传也难免走样。但现代科学技术武装起来的考古学所取得的进步，足以打开那个神秘的世界。令人惊异的是，某些神话传说竟然在考古发掘中找到某种程度的符应，考古发现竟有助于证实公元前 8 世纪的诗人荷马在《伊利亚特》中所描述的特洛伊城的真实性；考古发现也有助于消除误解的歪曲记忆，如亚特兰提斯并非沉没于大地震和海啸之中，而是毁于雅利安后裔多利亚人之手。这就使得我们不得不对历史上遗留下来的神话故事更加重视，将其与考古发掘所获得的人类活动遗址加以比较研究。

20 世纪以来，在亚、非、欧多处发现的古人类遗址表明，人类在 380 万年前学会了用火，在 260 万年前开始制造工具，从此开启了不同于生物进化的人类文化进化的历程。人类所经历的数百万年的旧石器时代的遗迹，主要是各地陆续发现的粗糙的石器以及还远未读懂的洞穴和岩石记录。在东非肯尼亚库彼弗拉出土的石器距今 260 万年，法国南部发现一处距今 20 万年人类最早的建筑遗址，10 万年以来的旧石器遗址则有近万处，其中有 3 万年前的画着弓箭、船和裸女像的克罗农洞穴壁画。新旧石器交替时期的文化遗迹开始大量出现，如石斧、石刀、石锥、石球、石簇、骨针和鱼钩等百余种工具，虽然这种交替时期全球分布差别较大，但大致居于距今 3 万年前后的数千年时间段内。在从旧石器向新石器过渡的不太长的时期内，人类已有了交流思想的语言，学会了耕种和畜牧，开始摩擦取火、制陶和编织，建筑居室和村落。由于生产工具的改进以及农业弥补采集和畜牧取代狩猎，人类从游猎走向定居，生存环境变得稳定，物质生活水平得以提高。文化生活也随之丰富起来，骨笛、象牙珠、玉饰物、泥塑、雕像和洞穴壁画等文化遗存，留下了当时人类感情和技艺的不朽记录，这些无疑促进和推动了人类日后寻求正确的自然科学理论。

自公元前 60 世纪开始，在欧、亚、非和美洲形成了许多古代的农业社会中心，例如在近东地区发现的著名的卡塔尔·惠雅克新石器时代的遗址，属于公元前 60 世纪前后的文明，已有许多壁画、石雕和大量泥制的女人像。人类在公元前 60 世纪发明了帆船，到公元前 55 世纪开始使用铜金制品并制造了精美的花瓶和大理石女神雕像等艺术品，拥有了行政、宗教和行会之类的组织机构。公元前 60—前 35 世纪农业已经相当发达，人们种植了小麦、大麦、玉米、稻谷、豌豆等 10 多种农作物，驯养了除马之外的各种动物。同时，骨石技术和制陶工艺都有了新的发展。

充溢于我们当代生活之中的科学和技术，是伴随着漫长的人类历史逐步积累和发展起来的，早期人类的石斧和弓箭是原始技术的产品，而洞穴里的壁画和雕刻则是他们理解自然的艺术，没有这些粗糙的工具和神秘的图画，就没有我们今天的宇宙飞船和神通广大的电脑。

1.2 前古典时期的王国文明

任何人群总是要在人与自然和人与人两种基本关系中生存的，不利的环境有时会构成对生存的“挑战”，因而人类不得不发挥其潜在的创造力而“应战”，正是这种“挑战”与“应战”的相互作用提供了人类文化进化的动力。早期的城市文明一直到公元前6世纪大体上处于前古典王国文明时期，其中最早发展起来的著名古典王国文明集中在两河流域、尼罗河流域、印度河流域和黄河流域。在前古典文明时期还发生了诸多民族之间的武力冲突和文化融合，由于有喜马拉雅山和塔克拉玛干沙漠这一天然屏障，这种冲突和融合基本上是在其两侧分别进行的。在西侧，东南欧和小亚细亚一带的农业文明不断遭受来自北方高原的雅利安人和来自南方大漠的闪米特人的入侵。公元前30世纪，雅利安人向西北迁入欧洲和向东南进入伊朗、印度；公元前20世纪，闪族人入侵埃及和两河流域，亚细亚人入侵巴尔干半岛；公元14世纪，进入小亚细亚半岛的赫梯人建立了赫梯帝国（前14—前13世纪）；公元前12世纪，闪族三个分支腓尼基人、阿拉米人和希伯来人迁居到地中海沿岸、叙利亚巴勒斯坦和两河流域北部。在西侧，黄河上游的西夏人和黄河下游的东夷人在争夺中原的竞争中创造了中国农业文明，考古学上仰韶文化与龙山文化的交替反映了传说中的西夏炎黄与东夷蚩尤之争斗的消长，在虞（前21世纪）、夏（前21—前16世纪）、商（前16—前11世纪）、周（前11—前3世纪）的演替中大体上是虞、商属于东夷文化的继续，而夏、周属于西夏文化的继续。

1.2.1 巴比伦文明

两河流域在公元前43—前30世纪进入铜器时代。公元前40世纪，苏美尔人在泥板上刻画图形文字；公元前35世纪，他们已经掌握了人工灌溉技术，拥有了铜质工具并建造了神庙。公元前30—前23世纪为苏美尔人城邦争霸时期，有名的城邦有基什王朝（前27—前25世纪）、乌鲁克王朝（前27—

前22世纪)。乌尔王朝(前27—前21世纪)、库提王朝(前23—前22世纪)和阿卡德王朝(前23—前22世纪),经乌鲁克第三王朝(公元前25世纪)统一南方各邦,阿卡德统一两河流域。到公元前20世纪,闪族阿莫里特人建立起古巴比伦帝国。古巴比伦帝国(前1950—前1650)使两河流域的文明极盛300多年,接着的是600年的衰退和亚述帝国(前1300—前621)的统治。迦勒底人建立的新巴比伦帝国(前626—前539)结束了两河流域的古典王国时期。

早期的苏美尔人的象形文字可能影响到埃及象形文字的产生,到公元前33世纪象形文字已为音节性的楔形文字所取代,在西亚直到公元2世纪才完全废弃而失传。所谓“楔形文字”就是笔画都呈楔形的一种文字,苏美尔人用小木棒或芦苇秆把它们写在泥板上,晒干或烘干后保存下来。这样的泥板文书的大部分随着岁月的流逝而消失,只有极少一部分保留至今。现在我们还能看到的保存下来的泥板约3万块,其中大部分属于古巴比伦时代,这些泥板虽然零碎,但对于了解两河流域古典王国文明是极为宝贵的历史文献。从中我们了解到公元前20世纪的巴比伦人已知道一年有365天,他们把一年分为12个月,加以闰月调整;公元前17世纪记载一种制造铜铅釉药的方法的泥板可能是世界上最早的化学文献;从泥板文书中我们可以看到100多种动物和250多种植物,了解识别植物性别和人工授粉的知识。

两河流域从公元前30世纪,已开始进行大规模水利网建设,使用两轮车;在公元前27世纪,已能制造47米长的大木船;在公元前25世纪,已建立度量衡标准;在公元前21世纪,已使用60进制;在公元前20世纪,建造了占地约3800平方米的砖木结构的7层神庙,发明了蓄力牵引的播种机和轮制陶器。公元前6世纪,新巴比伦王国时期的巴比伦城非常漂亮,三道环城上建有300多座塔楼,白色或玫瑰色的石板路贯穿全城,幼发拉底河上的石桥穿过城区,北城门的图案用琉璃瓦砌成,城中的最大建筑物为90米高的塔式马都克神庙。

最著名的文化遗物要属古巴比伦第六代国王汉谟拉比(前1792—前

1750)时期的法典柱和泥板数学文书。由黑色玄武岩刻成的两米多高的汉谟拉比法典柱，以楔形文字记载了人类最早的一部法典，在这部 282 条之多的法律文件中还留下了当时医疗和手工业的许多信息。

图 1-2-1　汉谟拉比法典柱

泥板数学文书有“表格文本”和“问题文本”两种，前者为实际直接应用的，而后者则具有纯数学性质。巴比伦汉谟拉比王朝留下的数千块陶泥板数学文书表明，那时已经运用 60 进制的位值计数法以及四则和开方等运算法则。泥板上的数学表包括乘法表、倒数表、平方表、平方根表、立方表、立方根表，其中倒数表一直计算到 60^{19} 的倒数，不仅能解一元一次方程，还能解多元一次方程和一元二次方程以及一些较为特殊的三次和四次方程。在一块泥板上还可看到指数方程。

在几何学方面，古巴比伦人已经知道半圆的圆周角是直角，知道正方形的对角线为边长的$\sqrt{2}$倍，已有计算直角三角形和等腰三角形的面积的正确公式，也有计算圆柱体和正方台体体积的公式。他们用的圆周率为 3 或 3.125，把圆周分为 360 度，1 度为 60 分，1 分为 60 秒。

1.2.2　埃及文明

在尼罗河流域，公元前 40—前 30 世纪为埃及的前王朝时期。从公元前 30 世纪到前 6 世纪被波斯征服的 24 个世纪里，埃及历经了 31 个王朝，这些王朝通常被划分为早王朝(第 1—2 王朝)、古王国(第 3—8 王朝)、第一中间期(第9—10王朝)、中王国(第11—12王朝)、第二中间期(第13—17王朝)、新王国(第18—20王朝)、第三中间期(第21—25王朝)和后王朝时期(第26—31王朝);古王国的第3—6王朝(约前27—前22世纪)为埃及的鼎盛期。

在公元前43世纪,古埃及人创造了一年365天的世界最早的太阳历,并注意到尼罗河水泛滥与天狼星偕日出的一致性。从第一王朝(公元前30—前29世纪)起设置管理尼罗河水利的官员,相传第一王朝的第一王美尼斯在孟斐斯城外建立了一个大水坝和水库。出土的第一王朝时期的亚麻布残片的密度高达每平方厘米63×74根,表明第一王朝时期的纺织技术已相当高明。著名的埃及木乃伊制作传统也始于第一王朝,将尸体去除内脏以多种药物进行防腐处理使之干化而成木乃伊,这反映了古埃及医术的一个侧面。

古王国初期(公元前27世纪)的埃及人,可能受苏美尔人的早期象形文字影响,发明了象形文字并写在草纸上;后来又发明了拼音文字,从而形成象形文字与拼音文字并用的局面,其拼音文字对欧洲文字的形成有决定性的影响。古埃及人用来写字的草纸来源于一种类似于芦苇的称作“纸莎草”的植物。把纸莎草切成适当长度,沿径剖开压平并连接成片,晾干而成可供写字用的草纸。古埃及人把芦苇秆之类的东西作笔用,以菜汁和烟黑调和为墨,在草纸上书写象形文字或拼音文字。这样的草纸文书比泥板文书更不易保存,但仍然有一部分保留至今。

写在草纸上的数学书和医书是古埃及人最重要的科学遗存。保存至今的最早的两份草纸数学文献为公元前1890年和公元前1650年的作品,这两份各长6米多的纸草数学书记录了数十道计算例题,其中包括四则、分数、比例以及简单的几何面积和体积的计算方法。这些以解决诸如金字塔的斜坡、粮仓的容积、啤酒和面包的数量分配等实际问题的“埃及算法”影响深远,一直影响到希腊—罗马时代。保存至今的古埃及草纸医书有六七部,成书于新王国第18王朝(前16—前13世纪)的埃伯斯草纸医书(公元前1550?)是一部宽30厘米、长20.23米的巨著,记述了许多病状及其治疗方法，其中的877个药方涉及内科、眼科、妇科等，还包含外科以及解剖学、生理学和病理学知识。

古埃及文明遗迹很多，最著名的是作为国王墓地的金字塔群。与砖木结构的巴比伦神庙不同，金字塔都是石建筑。第四王朝法老胡夫的陵墓"大金字塔"，建于公元前2650年，高146米，底边各长230多米，用230多万块大石建成，最重的每块重2.5吨。古埃及的神庙也是石建筑，例如坐落在尼罗河畔的卡纳克神庙，是建于公元前14世纪的一座神庙，现存的残迹表明，其主殿包括134根大石柱，其中最大的12根巨柱直径3.6米、高21米。

图1-2-2　古埃及金字塔群

1.2.3　哈拉巴文明

印度次大陆北部在公元前35世纪以前就已进入农业时代。在公元前30世纪中叶到公元前18世纪中叶的1200年间，生活在印度河中下游的达罗毗荼人发展了哈拉巴文明。

20世纪20年代以来发掘的许多城镇和村落遗址揭示了哈拉巴文明的一些基本情况。在农业生产方面，哈拉巴人已经使用青铜农具并利用畜力，种植的作物有大麦、小麦、水稻、豌豆、甜菜、枣椰、棉花和胡麻等，豢养的家畜有水牛、山羊、绵羊、猪和狗等；在一些城市遗址中还发现了规模不小的谷仓。这一切都表明当时的农业已经发展到相当高的水平。在手工业方面，从哈拉巴人广泛使用铜或青铜制造的斧、锯、凿、锄、镰、鱼钩、剑、矛头、匕首和箭镞以及精致的金、银饰物分析，可以确信他们已经掌握了锻打、铸造和焊接等冶金技术；遗址中发现的棉布残片表明，哈拉巴人已经掌握了棉布染色技术，尽管织物还很粗糙；遗址中发现的造船台则表明哈拉巴人已经发展了相当规模的造船业。哈拉巴文明遗址还表明，哈拉巴人已经学会规划设计并精心建造城市。保存比较完整的摩亨约·达罗城占地数百公顷，分作为公共事业区的卫城和作为居民区的下城两部分。卫城是带有塔楼的城墙，其内建筑物包括占地1800平方米的大浴室、占地1200平方米的大谷仓和占地600平方米的聚会厅等公共建筑。其下城的住宅区包括两三层的楼房，纵横的道路网和完整的给水、排水系统。

图1-2-3　古印度"哈巴拉文化遗址"

大约在公元前18世纪中叶，由于迄今未知的原因，哈拉巴文明突然消失了。公元前16世纪，生活在中亚帕米尔高原附近阿姆河一带的雅利安人的一支迁徙到印度河上游的五河流域，在那里重新发展出以《吠陀经》为代表的文明，并且随着雅利安人向恒河流域的拓殖而在公元前7世纪到公元前5世纪形成了以《奥义书》为代表的古典文明。

1.3 古典文明理性及其影响

在公元前6世纪前后，印度、中国和希腊首先产生了哲学理性，形成三足鼎立的文明中心。当时，印度正处在恒河流域的列国时代，波罗门的沙门思潮兴起，它包括释迦牟尼（前565—前485）创建的佛教和佛经中所称的佛门之外的“六师外道”。中国这时正是各诸侯国相互征战的春秋战国时期，统治者的礼贤下士之风，诸子百家的争鸣之势，促成黄河和长江文化的大融合，老子的自然主义和孔子（前551—前479）的人文主义开拓了中国的学术方向。在伯里克利统治下高尚风雅的雅典，超凡脱俗的“七贤人”活跃，柏拉图（前427—前347）和亚里士多德（前384—前322）先后在雅典建立学园，使之成为地中海地区的学术中心。在这种文化背景下，探讨自然秩序和宇宙原理的科学思想孕育而生，希腊人和中国人的贡献奠定了欧亚大陆文明的东西方格局，后起的阿拉伯文明和拉丁欧洲则承担了东西方文化交流的历史重任。

进入理性时代以降的人类历史，可分为古典时期（前6世纪—4世纪）和中世纪时期（5—15世纪）两大阶段。在欧亚大陆的西侧，先后建立的六个跨亚、非、欧三洲的大帝国推进了人类文明的融合，它们依次为波斯帝国（前559—前330）、亚历山大帝国（前336—前307）、罗马帝国（前27—395）、拜占庭帝国（395—1453）、阿拉伯帝国（622—1258）和奥斯曼帝国（1299—1922）。在欧亚大陆的东侧主要是中国境内的分合变迁，从春秋（前770—前476）、战国（前475—前221）的争霸到秦（前221—前206）、汉（前206—220）的统一，经过三国、两晋、五胡十六国和南北朝369年的分裂（220—589）到隋（581—618）、唐（618—907）的新统一，随后五代十国的短期分裂（907—979）让位于宋（960—1279）和辽（916—1125）、西夏（1032—1227）和金（1115—1234）的对峙，进而为元（1271—1368）、明（1368—1664）、清（1644—1911）三代的大一统。在南亚，蒙古人的后裔建立莫卧儿帝国（1524—1739），分裂500年之久的印度归于统一。摆脱蒙古人统治的莫斯科公国建立了俄罗斯帝国(1472—1917)。在15—16世纪,奥斯曼帝国、莫卧儿帝国、欧洲国家体系和俄罗斯帝国的实力都同中国明朝不相上下,并且处于大致相同的阶段。

1.3.1　希腊文明

考古发掘表明,早在公元前60世纪,来自西亚的移民就在巴尔干半岛南端的克里克岛上发展了农业;在公元前20世纪前后形成了以米诺斯王朝为代表的城邦文明,并扩展到巴尔干半岛和爱琴海诸岛。在其后的15个世纪中,巴尔干半岛经历了北方游牧民族三次入侵的毁坏和重建:第一次为印欧语系的亚细亚人在公元前15世纪创造的迈锡尼文明;第二次为多利安人在公元前10世纪对迈锡尼文明的毁坏和重建;第三次毁坏和重建发生在公元前8—前6世纪。这三次毁坏和重建最终造就了希腊古典文明。经过公元前500—前449年以雅典为首的希腊与波斯之间的战争,希腊逐渐强大起来并进入繁荣期。公元前338年崛起于巴尔干半岛的马其顿战败希腊而控制了各城邦,公元前334—前325年希腊人和马其顿人一起发动东侵,再次战败波斯并吞并了埃及。后来意大利半岛上的罗马日益强盛并不断扩张,在公元前1世纪希腊本土及其属地结束了希腊文明。

图1-3-1　亚里士多德

希腊人在迈锡尼时代就有了音节式文字,公元前8世纪前半叶在引进的腓尼基文基础上创造了字母式拼音文字。古希腊人最早实现了从实用到学理的转变,即从运作程式上升到严格推理的追究,例如他们关于几何难题的讨论,关于天体运动的几何学讨论,关于物质结构始基的讨论。希腊文明对于科学的贡献主要在于为现代科学的发展奠定了构成论的科学方法论基础,开创了公理化的理论模式。所谓“构成论”,即主张一切变化都可归结为少数要素的分离和结合,由德莫克里特(前460—前370)创立的原子论经亚历山大哲学家伊壁鸠鲁(前341—前270)和罗马诗人卢克莱修(前95—前55)的传承形成了构成论的方法论传统。因为构成论便于建立概念体系的结构模式,适于几何描述,而几何形式又易于发展演绎推理,于是形成了西方传统科学的结构的、几何的和公理论的特征。所谓“公理论”,即以归纳概括为前提运用逻辑演绎推理出初始的观察陈述,亚里士多德(前384—前322)创立的三段论法和归纳-演绎法,通过欧几里得(前333—前275)的《几何原本》、阿基米德(前287—前212)的物理学和托勒密(约90—168)的天文学等理论范例,对现代科学的形成和发展产生了深远的影响。

1.3.2 中国文明

早在公元前25世纪的帝尧时代,中国古人就开始了有组织的“历象日月星辰”的科学观察。夏代产生了“五行”观念,殷周之际形成了“阴阳”观念,西周末年产生了“气”的观念。到公元前6世纪前后,春秋战国时期的理性重建区分了“天道”和“人道”,“仰观天文,俯察地理”的“观察”精神通过《易传》的传播而得以发扬。于是子产(?—前522)的“则天说”、子思(战国时期)的“助天说”、荀子(约前325—前238)的“制天说”随之而出,“人性”和“物理”开始分途而治,“生成论”“感应论”“循环论”等宇宙秩序原理被提出。

秦汉时期,不仅完成了诸如指南车、手摇纺车、织布机、龙骨水车、风扇车、独轮车、钻井机、地动仪等许多重大技术发明,而且以阴阳五行学说和气论为哲学基础形成了数学、天学、地学、农学和医学五大学科各自的科学范式,联合开辟了宇宙图像的历法模式、数学模式和物理模式的先河。在儒、道互补推进的文化背景下,班固(31—91)的“实事求是”精神和王充(17—97)的“实验”思想得以发扬。中国传统科学的积累出现了三次高峰,每一次高峰都是明星灿烂、巨著迭出:伴随以玄学为特征的新道家的兴起,中国科学在魏晋南北朝时期形成其第一次高峰;以理学为标志的新儒家使中国科学在宋元时期发展至顶峰;由于功利实学思潮的影响,中国科学在晚明时期又放出了最后一道光彩。在后两次高峰期还表现出三次科学现代化倾向的陷落:伴随宋代的“文艺复兴”而出现的第一次科学现代化倾向由于“靖康之变”而中断；跟随明代中叶的“资本主义萌芽”而来的第二次科学现代化倾向由于“甲申鼎革”而夭折；导因于西学东渐的第三次科学现代化倾向由于“鸦片战争”不得不转向走移植欧洲的现代科学的道路。

图 1－3－2 墨翟

相比较而言，中国古典文明对于科学的贡献主要在实践方面。墨翟的《墨经》记载的战国时代小孔成像实验、《道藏》记载的唐代分光实验和赵友钦在元代所做的两千支蜡烛的大型光学实验，都远远早于西方人的实验成就，典型地体现了中国古人的实践才能。

18 世纪，拉普拉斯(1749—1817)利用中国黄赤交角观测值支持他的天体力学理论(1796 年)；19 世纪，洪堡(1791—1859)引用中国古老的记录为其人与环境统一的地理学思想做论据(1845 年)，达尔文(1809—1882)引用中国历史资料支持他的生物进化论(1868 年)；20 世纪，中国有关超新星的历史记录仍在为现代天文学的发展做贡献。中国文明的实践特征还表现在实践的理论，即现代意义的技术科学，它提供了一种生成论的方法论和模型论的理论模式。所谓“生成论”，即主张变化是“产生”和“消灭”或者“转化”，因为生成论便于建立概念体系的功能模式，适于代数描述，而代数形式易于发展类比推理，于是形成了中国传统科学的功能的、代数的、模型论的特征。所谓“模型论”，即把理论看作一簇与经验同构的模型，以模型化而非公理化的方法表述理论，数学领域《九章算术》开创的九类算法模型、医学领域《黄帝内经》表述的人体模型，以及天文学领域的盖天说、浑天说和宣夜说三大宇宙模型，典型地体现了模型论的理论特征。

1.3.3 阿拉伯文明

生活在阿拉伯半岛上的游牧民族，由于穆罕默德(570—632)创立于公元 610 年的伊斯兰教而迅速从蒙昧状态进入文明时代。自公元 634 年奥玛尔继任哈里发以降几十年内，以伊斯兰教圣典《古兰经》武装起来的阿拉伯人所向披靡，先后占领了叙利亚、波斯、埃及和西班牙，建立起跨亚、非、欧三大洲的阿拉伯帝国。阿拉伯帝国在倭马亚王朝(661—750)之后分裂为阿拔斯王朝(750—1258)和倭马亚流亡者在西班牙半岛建立的后倭马亚王朝(750—1031)两个政权，服色尚黑的阿拔斯人在中国古代被称为“黑衣大食”，而尚白色的倭马亚人则被称为“白衣大食”。公元909年，阿拉伯帝国又分裂出一个法缔玛王朝(909—1180)，它是由阿布杜拉在非洲北部建立的又一个阿拉伯人政权，因其尚绿色而被中国古人称为“绿衣大食”。

阿拉伯人开始也曾毁坏被征服地的文化，但他们很快就觉悟到其不能仅满足于军事和政治上的强盛，转而热情而又充满毅力地吸收先进科学文化。阿拔斯王朝第二任哈里发曼苏尔在公元771年召见印度天文学家曼卡，印度天文学和数学因此而进入阿拉伯并激发了阿拉伯人对希腊科学的浓厚兴趣。阿拔斯王朝的历代统治者都致力于振兴科学，第七代哈里发麦蒙(813—833年在位)在巴格达建智慧宫(828年)，波斯、叙利亚、埃及、印度等国的学者云集此处，伊本·依沙(810—877)和伊本·库拉(836—901)以及他们的门徒通过叙利亚文的转译把众多希腊的哲学和科学文献翻译为阿拉伯文，伊本·米萨(780—850)通过融合印度数学和希腊数学而创造了代数学。法蒂玛王朝在其第五任哈里发阿齐兹统治期间(975—996)达于极盛，其第六任哈里发哈基木在开罗设立讲授伊斯兰教义以及天文学和医学的智慧宫(1006年)，尽管它不能同巴格达的智慧宫相提并论，而且在1109年以异端罪名被关闭，但这里造就了著名的光学家伊本·阿尔海赛木(965—1039)和以编制《哈基木天文表》而闻名的天文学家伊本·尤尼斯(?—1009)。倭马亚王朝在公元10世纪强盛起来，但其可与巴格达和拜占庭齐名的首都科尔多瓦在科学方面远落后于巴格达，意识到科学落后的倭马亚统治者采取了一种鼓励留学的政策，促使波斯、埃及和西亚的学术成果源源不断地流入。倭马亚王朝的解体并没有影响这种情况的继续，科尔多瓦、托莱多等地的统治者纷纷赞助这类研究，在天文和植物研究方面取得一定成就；

在注释亚里士多德的著作方面，伊本·鲁德(1126—1198)的影响深远。

阿拉伯文明作为沟通东西方的桥梁，在东西方科学技术交流方面建立了特殊的历史功勋，中国的四大发明和许多技术成果就是经阿拉伯人传到欧洲的。阿拉伯人不仅搜集、翻译和保存了大量希腊传统科学文化，吸收来自印度和中国的科学文化，而且在消化的基础上在炼金术、医学、数学、天文学和物理学等诸多方面得到了独特的发展。

1.3.4 拉丁文明

公元395年，统一的罗马帝国分裂为东西两个帝国：东罗马帝国以拜占庭为首都使用希腊语，西罗马帝国则以拉韦纳为首都使用拉丁语。西罗马帝国只维持到公元476年，便为一批日耳曼人建立的小国所取代，发展出作为现代文明先导的拉丁文明。公元5世纪以降，拉丁欧洲国家形成过程大致如下：汪德尔人建立汪德尔王国(411年)，哥特人先后建立了西哥特王国(419年)和东哥特王国(489年)，法兰克人建立的法兰克王国(481年)在公元843年分裂为东法兰克王国(德国)、西法兰克王国(法国)和中法兰克王国。这大体奠定了现代欧洲的格局基础。随着城镇的发展和工商业的繁荣，公元11—15世纪，法国、英国、葡萄牙和西班牙等国先后从封建国家转变为民主的君主制国家。

欧洲基督教文明的基础源于罗马，本为反对罗马人统治而创立的基督教在公元4世纪蜕变成罗马帝国的国教。公元800年，法兰克国王查理接受教皇加冕而成为罗马皇帝，以后基督教为西欧人普遍接受。在公元6—10世纪，西欧的教育和文化中心在教会的寺院，从12世纪开始教育和文化的中心才转移到大学，自1150年博洛尼亚大学成立到15世纪欧洲建立了80余所大学。

阿拉伯人的统治一度削弱了基督教的影响，但伴随着倭马亚王朝解体而来的是基督教徒们的再征服事业。从1085年攻陷托莱多到13世纪中叶，整个伊比利亚半岛几乎全部落入基督教徒手中；随着阿拉伯学术中心相继陷落，科学文化开始向拉丁欧洲转移。这种转移是通过翻译运动实现的。

公元13世纪欧洲大翻译运动中，由托马斯·阿奎那(1226—1274)把亚里士多德的哲学引入基督教神学，到15世纪末完成了亚里士多德、托勒密、伽莱诺斯(约130—201)的同化。罗吉尔·培根(1219—192)提倡实验科学，使得阿拉伯的实验精神和中国的技术经验传入欧洲，通过哥伦布(1451—1506)到达美洲(1492年)和麦哲伦(1480—1521)完成环球航行(1519年)而为现代文明开辟了通道。

图1-3-3 托马斯·阿奎那

1.4　科学革命和现代文明的发展

科学在17世纪被创立时,其价值只为社会上层统治者中间的少数人所认识。到18世纪,这种新的理智方法已为中产阶级的自由主义知识阶层了解和把握。一般市民阶层对它的关心则是从19世纪才开始的。进入20世纪以后,越来越多的人认识到科学具有改变人类物质生活和精神生活的巨大能力。在相当长的历史时期中,科学对其成果的实际应用漠不关心,技术在没有科学帮助的情况下发展。就科学与生产、技术的相互关系来说,19世纪中叶是一个转折时期,大体上可以说此前是“生产—技术—科学”的发展模式,此后则是“科学—技术—生产”的模式。20世纪从“小科学”到“大科学”的转变,意味着科学总体范式的变革,在这种变革中科学的新类型在悄悄滋长。

1.4.1　科学革命和现代文明的兴起

15世纪前后的文艺复兴、16世纪前后的宗教改革和17世纪前后的科学革命是开启欧洲现代社会的三大潮流。

在文艺复兴和自然主义的影响下,一些出类拔萃的学者在经院之外建立学会,漠视天启权威而诉诸理性、探讨真理,他们制造望远镜、显微镜和气压计等科学仪器,发展归纳、演绎等科学推理的方法。哥白尼(1473—1543)提出的以太阳为中心的宇宙体系,经布鲁诺(1548—1600)揭示其革命性的意义,以及开普勒(1571—1630)以观测为根据完成行星做椭圆运动的太阳系模型,形成了与教义大相径庭的现代宇宙观。从伽利略(1564—1645)的理想实验方法到笛卡尔(1596—1650)的推理方法所开辟的“假说-演绎”传统和从培根(1561—1626)的经验主义方法到惠更斯(1629—1695)的实证方法所开辟的“实验-归纳”传统,在牛顿(1643—1727)手里实现了综合,从而奠定了实验科学的方法论基础,这正是所谓“科学革命”的实质所在。这场革命的标志性科学成果是剑桥出身的牛顿的著作《自然哲学的数学原理》

(1687 年)和《光学》(1704 年),而哲学成果则是牛津出身的洛克(1632—1704)的著作《人类理智论》(1690 年),它们确立了科学与技术结合的原理和方法,为科学和技术的进一步发展奠定了基础。

图 1-4-1　牛顿

在科学革命中形成的牛顿力学,不仅推进了自然理论的形成,而且为机械技术的进一步发展提供了科学原理。同时代的毕林格丘(1480—1538)的《火工术》(1540 年)、阿格里柯拉(1494—1555)的《论金属》(1556 年)、贝逊(1540—1576)的《机械器具的剧场》(1578 年)、拉美利(1530—1590)的《种种巧妙的机械》(1588 年)、维兰蒂欧(1504—1573)的《新机械》(1617 年)、斯特拉达的《风车、泵等发明的精巧设计》(1618 年)、佐恩卡(1568—1602)的《机械和机构的新剧场》(1621 年)等技术著作的出版,无疑对于推动技术发展有重要意义。本迪梯(1530—1590)、斯台文(1548—1620)和伽利略等科学家的力学著作,为机械技术提供了直接的科学原理。

科学革命也是一场深刻的思想革命,它不仅居于自然科学的基础地位,而且导致哲学家寻求用力学术语表述自然界,以力学理论为基础解释世界。首先受到冲击的是基督教神学,莱布尼茨(1646—1716)和克拉克(1675—1729)之间关于科学与神学的论战意味深长,斯宾诺莎(1632—1677)的著作《神学政治论》(1670 年)批判旧约的革命性行动对神学的权威造成了严重的威胁。牛顿的机械论自然观的影响在亚当·斯密(1723—1790)的经济学著作《富国论》(1776 年)和威廉·配第(1623—1687)的人口统计理论《政治算术》(1690 年)中也有所反映。文学和诗也不例外,笛卡尔和巴斯卡尔(1623—1662)明快简洁的文笔导致新散文体在法、英、荷等国诞生,而诗人的想象力也被吸引到星界的大宇宙和人体小宇宙的比喻之中。

1.4.2 技术机械化和人类理性化的18世纪

牛顿科学思想和洛克哲学思想的传播,英国产业革命、法国的政治革命和德国的哲学革命,使18世纪成为“技术机械化和人类理性化”的伟大世纪。

始于1760年英国的产业革命,由于蒸汽机、焦炭和钢铁这些主要因素而加速发展并向大陆和北美扩散。产业革命的显著特征是技术的机械化,其中起决定性作用的是动力机,与此相关联的是生产形态由家庭作坊到工厂体制的转变。瓦特(1736—1819)的旋转蒸汽机专利(1781年)使蒸汽机成为通用原动机,这一成就的取得与他在格拉斯哥大学当机械师时学习了潜热理论密切相关。科学革命的突破主要在“理解”的层面,而产业革命的突破主要在“实践”层面。17世纪那些为探索自然规律和建立力学世界图像做出巨大贡献的科学家很少直接有助于工程师,而18世纪的科学家们在一般力学原理公式化以后转向细节问题的诸多研究成果,则直接有助于工程师。走在产业革命潮流前头的是爱丁堡大学和格拉斯哥大学,这里培养了发明纺纱飞梭的凯伊(1704—1764)、发明炼铁高炉的罗伯克(1718—1794)和创立潜热理论的化学家布拉克(1728—1799)以及哲学家休谟(1711—1776)等推动产业革命前进的重要人物。技术机械化首先发生在纺织行业,由织布机到纺纱机,由毛纺到棉纺,由工具机到动力机。在纺织机械化过程中,制造机器的材料和印染的需求促进了钢铁工业和化学工业的发展,这些工业要求增加作为动力燃料的煤炭的供应,对煤炭的需求引起采掘和运输业的技术改进。这一切促进了工业的集中,形成诸多新兴工业城市。

法国由于伏尔泰(1694—1778)等人引进牛顿科学和洛克哲学,在路易十四时代开始了思想启蒙运动,把解放自然力的产业革命精神推广到民族解放乃至自我解放中。这一方面产生了尊重个人的文学和艺术,另一方面通过对自然的尊重和赞美达到对自然多样性的新认识。在自然科学领域,形成了一批牛顿科学思想的信徒,产生了一些超越力学自然观的思想家。前者的工作完善了力学的一般原理,达朗伯(1717—1783)的《动力学论》(1743年)和拉格朗日(1731—1813)的《分析力学》(1788年)为其代表。后者的代表人物是受伏尔泰影响的布丰(1707—1788)和狄德罗(1713—1784)。布丰通过自然的研究,发现自然的多样性,提出自然进化的思想。狄德罗在其《关于自然解释的思想》(1753年)中提出超越数学物理的实验物理学思想,它不仅成了革命的思想武器,其复兴培根精神和重视实验哲学的思想也成为18世纪下半叶科学思想的主要特征,声、光、电、热的实验研究逐渐展开。自然之火和理性之光终于点燃了1789年的大革命,革命政府的科学政策根源于启蒙思想家的思想。经过短期的小资产阶级雅各宾党专政时期(1792—1794)的破坏以后,在自由资产阶级掌权的共和时期,一场教育革命开始了,高等师范学校和高等技术学校一所所建立起来,科学院作为国立学士院重新活动。这次教育改革的意义在于一线科学家成为教授,使教学与实验紧密结合,为近代工科教育树立了典范。

图1-4-2 伏尔泰

德国统治者腓特列大帝(1744—1797)鉴于法国资产阶级对专制王朝的冲击,利用柏林科学院作为启蒙文化政策的据点,招来莫泊丢(1698—1759)、欧拉(1707—1783)、伏尔泰和拉格朗日等牛顿主义者,从而使德国的思想文化活跃起来。德国生机论的哲学传统与浪漫主义的奇妙结合,产生了超越力学自然观的辩证法自然观。最早想要超越力学自然观的是康德(1724—1804)和歌德(1749—1830):康德在《判断力的批判》(1790年)中企图调和力学自然观和目的论的搏斗,歌德在其《植物的变态》(1790年)中从现实着手超越力学自然观"理性的冒险"。承袭这一思想而建立自然哲学的是谢林(1775—1854),他从费希特(1762—1814)那里继承了"自我和非我"的哲学辩证法思想,完成自然的辩证法著作《自然哲学观念》(1797年)和《论世界灵魂》(1798年)。他主张最初的东西不是物质本身而是吸引和排斥这两种力的统一所产生的东西,因而精神也必须统一于更高级的同一性中,"自然是看得见的精神,精神是看不见的自然"。追求对抗的两种力的统一的这种自然观以两极性和二元性为第一原理，把认识绝对统一作为终极目标，为科学在德国的新发展奠定了哲学基础。

1.4.3 科学理论化和技术科学化的 19 世纪

英国的产业革命、法国的政治革命和德国的哲学革命为 19 世纪科学技术的惊人发展创造了社会条件。19 世纪最主要的科学成就是热力学、电磁场理论、化学原子论和生物进化论。物理科学和生命科学都进入了理论科学的时期，技术成为“科学的”技术。从 19 世纪下半叶起，一些生产技术直接源于实验室，另一些技术则源于科学原理。

图 1-4-3 麦克斯韦

热力学的诞生是由产业技术基础原理的探求所推动的，体现出“生产—技术—科学”的关系模式。进入 19 世纪，蒸汽机成为主要原动机，可由于缺乏充分的理论指导而不能合理设计。法国科学家卡诺(1796—1832)致力于提高蒸汽机的热效率。其后迈耳(1814—1878)、焦耳(1818—1889)、汤姆孙(1824—1909)、克劳修斯(1822—1888)等人循着“统一力”的思想，建立了热的能量理论——能量的守恒和耗散定律，即热力学第一定律和第二定律。亥姆霍茨(1821—1894)把能量守恒定律纳入力学的数学体系中；麦克斯韦(1831—1879)和玻尔兹曼(1844—1906)利用统计方法和几率的概念在力学的基础上解释热力学第二定律，促使吉布斯(1839—1903)完成统计力学体系。热力学作为蒸汽机的理论基础，不仅为蒸汽机的改进提供了指导，而且促进了内燃机(1882 年)和汽轮机(1884 年)的实用化。热机作为原动机适用范围不断扩展，如蒸汽机车(1829 年)、蒸汽卷扬机(1830 年)、蒸汽锤(1839 年)、蒸汽轮船(1839 年)、汽车(1886 年)等。这些都反映了“科学—技术—生产”的新关系模式。

与热力学相反，电磁场理论是在电磁学实验基础上发展起来的。在静电测量的基础上发现了电流(1791 年)、发明了可实用的伏打电堆(1810 年)以后，一系列电磁定律被发现，各种数学理论被提出。法拉第(1791—1867)和麦克斯韦完成了电磁场理论，洛伦兹(1853—1928)把电磁场和电粒子的概念综合起来建立了电子论，电力和电讯方面的技术应运而生。在电力方面，可实用的蓄电池(1859年)、发电机(1867年)、电动机(1873年)，第一个电力公司(1880年)、电灯厂(1882年)，第一座水力发电厂(1882年)、火力发电厂(1886年)，先后由工程师们制造或建立起来。在电讯方面，可实用的电报(1884年)、电话(1876年)、第一个电话交换台(1879年)先后被制造出来，自动交换台(1892年)和地下电缆(1903年)进一步推动了电话的应用。这一切都表现了科学转化为生产力的能力。

虽然拉瓦锡(1743—1794)的燃烧学说(1777年)开启了化学革命，但化学的大步前进还是依靠道尔顿(1766—1844)创立的化学原子论而实现的。

图1-4-4　拉瓦锡

道尔顿提出化学原子学说(1802)，发表原子量表(1803)；阿伏伽德罗(1776—1856)提出分子假说(1811年)，奠定了化学的原子-分子理论基础，经1860年坎尼扎罗(1826—1910)重提而得到普遍承认。此后，化学家们开始广泛探讨分子的组成、结构和变化规律，而物理学家们则着重研究作为整体的分子的运动规律，化学合成技术和物理化学技术在原子理论的指导下兴起。凯库勒(1829—1869)提出的苯环结构(1865年)和威特(1853—1915)提出的发色团理论(l876年)使整个染料化学合成技术迅速发展起来，茜素(1868年)、靛红(1870年)、靛兰(1878年)等先后被合成，赛璐珞(1872年)、合成橡胶(1875年)、胶卷(1882年)、人造纤维(1884年)、人造丝(1892年)先后被发明，氨碱法的工业化(1865年)、人造石墨的工业化(1891年)、碳化钙的工业化(1895年)先后被实现。

图1-4-5　达尔文

达尔文(1809—1882)和华莱士(1823—1913)的生物进化论的意义不限于生物学本身，它影响社会各个领域。虽然进化的思想并不始自达尔文，康德的“星云说”、布丰的

《博物志》(1749—1786)、拉马克(1744—1829)的《动物哲学》(1809 年)、赖尔(1797—1875)的《地质学原理》(1830—1833)都不同程度地表达了进化的思想,但《物种起源》(1859 年)以"自然选择"说明生物进化才使生物学成为科学。这个理论在世界观方面的重大意义的第一个反映是与教会的冲突,大主教威尔伯弗斯(1759—1833)与生物学家赫胥黎(1825—1895)之间那场著名的公开辩论至今令人难忘。一方面有哲学家斯宾塞(1820—1903)把生物进化推广为整个自然界的进化,另一方面也有强权政治家用"自然淘汰"为弱肉强食的侵略战争辩护。在中国,严复(1854—1921 年)的译著《天演论》(1898 年)竟使进化思想成为资产阶级革命家的思想武器。令人遗憾的是,孟德尔(1822—1884)的遗传学说(1865 年)被淹没在达尔文学说的大潮中。

1.4.4 大科学和高技术的 20 世纪

20 世纪,就科学与技术的关系来说科学已成为技术的先导,就技术与生产的关系而言形成了经济学意义上的"高技术"。

20 世纪,能量的原子性、运动的光速极限、信息量、遗传基因和数学结构的发现,开辟了人类认识自然的新纪元,形成了物质结构的夸克模型、宇宙演化的大爆炸模型、地壳运动的板块模型、核酸结构的双螺旋模型和智力的图灵计算模型等不同层次自然系统的科学图像;量子化学、固体能带论、质能转换原理、受激辐射理论、反馈控制原理则提供了划时代的关键技术原理。所有这些都为人类文明的新跃升奠定了科学的和技术的基础。

20 世纪发展了五项划时代的技术:核能技术、喷气技术、电子技术、激光技术和基因技术。核物理学指导下完成的原子弹(美国,1945 年)、氢弹(美国,1952 年)、核电站(苏联,1954 年)等工程以及各种核辐照技术显示了核能技术的前景,可控核聚变是最有希望的新能源。喷气技术的进步促使第一颗人造地球卫星发射成功(苏联,1957 年),使太空工程成为大国竞争的一个重要领域,于是有载人宇宙飞船绕地球一周(苏联,1961 年)、"阿波罗"号登月成功(美国,1969 年)、载人航天飞机试飞成功(美国,1977 年)、无人驾驶飞船在火星着陆(1997 年)等一系列重大进展,标示航天工程日趋成熟。

自第一台电子计算机诞生(美国,1946 年)到第一台通用微型机出现(美国,1971 年),显示了脑力劳动机械化的前景,其硬件系统从电子管到晶体管再到集成电路和大规模集成都是以半导体物理学为基础的,其软件系统的发展则是以数学和逻辑学为基础的。爱因斯坦的光发射和吸收理论与固体物理学结合,促成第一台激光器——红宝石激光器诞生(1960 年),接着有半导体激光器(1963 年)、气体激光器(1964 年)、自由电子激光器(1977 年)、原子激光器(1998 年)等问世,其良好的光学性能使它们在加工、医疗、通信等许多领域被广泛应用。随着核酸分子双螺旋结构的发现(1953 年)和基因重组的实现(1973 年),用大肠杆菌生产人胰岛素(1978 年),外源基因安全转移到患者体内(1989 年),特别是 1997 年美国基因学家克雷格·文特尔(1946—)宣告人造染色体的成功正在使人类基因治疗成为可能,在农业方面运用基因导入创造新物种的探索可望有重大收获,从克隆羊(1997 年)到克隆人的联想正在引起悲喜交集的震撼。关于新技术革命问题,如果把 18 世纪 60 年代以蒸汽机的应用为标志的技术变革称作第一次技术革命,19 世纪 70 年代以来以电力应用为标志的技术变革为第二次技术革命,那么现在的以信息技术为标志的新技术革命就是第三次技术革命。考虑到科学技术越来越成为第一生产力,科学思想成为第一精神力量,以及高技术产业兴起的现实,将未来文明称为科业文明应该说是明智的概括。

图 1-4-6　文特尔

哲学家们把物质、能量和信息视为构成世界的三大要素,物质以质量度量,运动以能量度量,规律以信息度量。若从世界三要素的视角审视文明的时代特征,那么,以利用生物和金属材料为主要特征的农业文明可称为材质时代,以热能和电能作为主要动力的工业文明可称为能量时代,而以信息控制为主导的科业文明可称为信息时代。

第二篇
现代自然科学的进展

科学的发展已经形成了三大理论体系，即物理科学、生命科学和思维科学。它们暂时尚不能在基础上统一起来，因为还没有找到生理的物理定律和心理的生理定律把它们连接起来。不同研究领域的科学家们正在微观、宏观和宇观三个方向锲而不舍地求索，研究物质变化、能量转换和信息控制的规律，在完善这些理论体系并发展其实际应用的同时，寻找实现整个自然科学理论统一的可行途径和有效方法。

向着微观领域的探索，物理科学深入原子核内，生命科学深入细胞核内，思维科学深入脑神经元内。向着宏观领域的探索，物理的、生命的和思维的非线性复杂系统研究已成为科学家们关注的焦点，微观机制和数学方法越来越成为理解宏观经验不可或缺的基础。向着宇观领域的探索，人们正在逼近宇宙的边缘和时间的原点，物理的、化学的和天文的研究已经融通在为理解宇宙物质进化链条的统一方向之中。

2.1　物理科学的进展

以研究物质结构及其相互作用和运动规律为基本任务的物理科学，在19世纪下半叶完成了它的经典理论体系。20世纪初的物理学革命所形成的相对论和量子力学，导致一种新的物理学研究纲领的确立、一种新的物理世界图像的形成和一种新的物理学研究方法的兴起，为包括化学、地质学和天文学在内的整个物理科学的统一奠定了基础。在物质微观结构的发现和相互作用规律的阐明的基础上，物质的许多宏观性质得以从微观机制上被理解，为探究宇宙物质的进化提供了基础。量子力学与化学结合发展出量子化学，相对论与天文学结合发展出宇宙学，物理科学对生命现象和思维现象的研究具有不同程度的影响。

2.1.1　量子论和相对论

波兰天文学家哥白尼的《天体运行论》(1543年)带来的科学革命，使天文学和物理学得以在力学水平上统一。18世纪发展起来的声、光、电、热研究，在19世纪完成了关于热现象和电磁现象的两个理论体系。法国物理学家卡诺(1796—1832)、英国物理学家焦耳(1818—1889)、德国物理学家克劳修斯、英国物理学家开尔文(1824—1907)等人的工作，建立了热的能量理论——能量守恒定律和能量耗散定律，即热力学第一定律和第二定律。德国物理学家亥姆霍茨将能量守恒定律纳入力学的数学化体系中去，英国物理学家麦克斯韦和奥地利物理学家玻尔兹曼把统计的方法和几率的概念引入热力学在力学的基础上解释了能量耗散的熵增定律，美国物理化学家吉布斯(1839—1903)完成了经典统计力学的系统理论。

在接近19世纪末的时候，许多物理学家对当时的物理学状况感到满意，认为物理学已经相当完善，似乎牛顿力学、电磁场理论、热力学和统计力学可以解开一切自然之谜，物理学的主要框架已经构成，剩下的问题只是提高精度和推广应用了。其实不然，不仅热力学和统计力学以及电磁场理论都突破了牛顿力学的框架和自然观，而且这些理论之间还存在着诸多内在矛盾：热力学第二定律的不可逆性同牛顿力学的可逆性相对立，电磁场方程与力学的相对性原理不协调，检验地球相对以太运动实验得到的是否定的结果，能量均分定理与气体比热实验不一致，黑体辐射现象、光电效应以及原子的线状光谱都不能用已有的物理学理论加以说明。然而，正视这些矛盾并从根本上抛弃力学自然观的物理学家为数并不多。

19 世纪末的三大发现震动了整个物理学界。1895 年德国物理学家伦琴(1845—1928)发现 X 射线，1895 年法国物理学家贝克勒尔(1852—1908)发现放射线，1897 年英国物理学家汤姆孙(1856—1940)确证电子的存在。几千年来关于元素不变性和原子不可分性的观念受到冲击，一场物理学革命正在酝酿之中。随着物理学革命的进展，教条主义的呼喊逐渐被革命胜利的欢呼淹没，相对论和量子力学作为革命的主要成果应运而生。

图 2-1-1　普朗克

1900 年，德国物理学家普朗克(1858—1947)提出“量子假说”，吹响了物理学革命的号角。在钢铁冶炼测温需求推动下的热辐射研究中，科学家们发现物体发射的热辐射能量随频率而变化的曲线不能由经典物理学解释。普朗克假设在辐射的发射和吸收过程中的能量转移是一份一份进行的，也就是说能量有一最小的单元，他称之为“能量子”或“量子”，其大小与辐射的频率成正比。

“量子”也可以说就是“能量原子”，像原子作为一切物质的构成单元一样，“量子”是组成一切能量的单元。普朗克本人并不情愿接受这样一种似乎违反常理的能量原子性的观念，而德国物理学家爱因斯坦和丹麦物理学家玻尔(1885—1962)则乐意接受并成功地推广了量子的概念。爱因斯坦于 1905 年把能量子的概念推广到光的传播过程中提出光量子论，假定在传播过程中的光或电磁波的能量也是一份一份的，因而光的瞬时效果表现为粒子性而其长期平均效果则表现为波动性。玻尔于1913年把量子的概念推广到原子内部的能量状态，他提出一种量子化的原子结构模型，认为原子的内能可分成像高低杠那样的量子化能级，电子绕核运动的圆轨道与分立的能级相对应，电子在能级之间的跃迁引起光量子的发射或吸收。爱因斯坦的光量子论成功地解释了光的波动理论不能解释的光电效应，玻尔的原子模型则成功地解释了经典电动力学不能解释的氢原子的线状光谱。光量子理论对于光的波粒二象性的确认促成了“物质波”概念的提出。1923年，法国物理学家德布罗意(1892—1987)从对称性角度提出电子之类的粒子也应具有波动性，预言当电子穿过小孔时会发生衍射。1925年，美国物理学家戴维孙(1881—1958)和革末(1896—1971)通过衍射实验证实了电子的波动性，波粒二象性作为微观粒子的行为特征为物理学界所接受。于是，如何在理论上描述电子的这种波粒二象性就成了物理学家们所关注的中心问题。德国物理学家海森伯(1901—1976)从电子的粒子性观念出发，放弃不可见的绕核运转轨道的几何形象，以光谱的频率和强度等可观测的资料为根据，于1925年创立了描述电子行为的矩阵量子力学。奥地利物理学家薛定谔(1892—1961)从电子的波动性观念出发，在改进德布罗意物质波理论的基础上，于1926年创立了描述电子行为的波动量子力学。不久，详尽的研究证明，矩阵量子力学和波动量子力学两者在数学上是完全等价的。后来，美国物理学家费因曼(1918—1988)于1942年发展出量子力学的第三种等价理论形式——量子力学路径积分理论。英籍德国物理学家玻恩(1882—1970)于1927年提出波函数的统计解释，在电子的波动性和粒子性之间建立起一座物理理解的桥梁。量子力学的发展导致相对论量子力学和量子场论的诞生，进一步完善了描述微观现象的物理理论。量子力学的建立和发展逐渐揭开了肉眼看不见的世界的秘密，催生出原子能、激光器、半导体和超导体等一系列重大技术原理，导致对物质深层的组成结构、相互作用和运动规律认识的进一步深入，引起人类思维方式的重大变革。

图 2-1-2　爱因斯坦

1905 年，爱因斯坦发表有关狭义相对论的论文，开辟了物理学革命的第二战场。相对论的创立源于作为电磁波假想载体的“以太”的危机。美国物理学家迈克尔逊(1852—1931)和莫雷(1838—1923)于 1887 年公布的检验地球和以太相对运动的实验报告表明，牛顿力学中普遍成立的相对性原理在麦克斯韦的电磁场理论中不成立。荷兰物理学家洛伦兹(1853—1928)和法国物理学家彭加勒(1854—1912)想在保留绝对时空和以太概念的基础上解决这一矛盾，前者借助于众多的人为假设得到了满足相对性原理要求的新变换式，后者则认识到相对性原理的普遍有效性。爱因斯坦与他们不同，他从自然界的统一性出发，从考察空间上分离的两个事件的“同时性”问题入手，否定了没有经验根据的绝对同时性，否定了绝对时空和以太的存在，成功地创立了狭义相对论。狭义相对论建立在两个基本原理上：一为相对性原理，即在两个相互作匀速直线运动的参照系中，一切自然定律皆取相同的形式；二为光速恒定原理，即光在真空中的传播速度是一个不变的常数，而与光源的运动和观察者的运动皆无关。以这两条原理为前提，运用“同时”相对性的定义，即每个参照系都有自己的“同时”标准或者说它们都有“自己的钟”，可以逻辑地导出洛伦兹变换。作为时空物理理论的狭义相对论，可以从洛伦兹变换推导出运动的量尺会缩短和运动的时钟会变慢以及质能等当定律，前两者揭示了时间和空间的统一性，后者揭示了物体的质量是它所含能量的量度。所谓量尺缩短，也就是比如我们观察一个运动着的圆球，随着它的运动速度逐渐接近光的速度，它会在运动的方向上越来越变扁，直至变成一个无厚度的圆片。所谓时钟变慢，也就是比如一个跑步的人，当他跑步的速度接近光的速度时，我们就会看到他的变老速度比我们慢。日常所见物体的运动速度远远小于光速，现有的技术手段不足以观测到这种相对论效应，高速粒子的物理实验和机载高精密度的原子钟实验已经给出了可靠的验证。1915年爱因斯坦又成功地把狭义相对论推广为广义相对论，也就是把相对性原理从匀速参照系推广到加速参照系。广义相对论也是一个以两条原理为前提的逻辑系统：一条原理叫广义相对性原理，即广义协变原理，主张自然定律在一切坐标系中应具有不变的形式；另一条原理叫等效原理，即匀加速参照系同均匀引力场在物理上等价。这两条原理的结合导致“空间弯曲”概念的产生，即物质的存在和运动会使空间变形，从而把引力场几何化了，引力场空间的协变性相当于在每一点安置了一个惯性坐标系。广义相对论给出的世界图像是一个弯曲的空间和不弯曲的时间相结合的世界，这种世界的二维模型是一个无限长的圆柱世界，在这样一个二维的弯曲的圆柱面上物体运动的自然路径是围绕圆柱走一圈。广义相对论的三个预言，即水星近日点每百年向前移动43"、光线掠过太阳边缘时会发生1.75"的偏折和光谱线在引力场中会发生红移，都早已得到了实验的证实。狭义相对论和广义相对论变革了三百年来的物理学时空观，作为时空物理理论，它以崭新的时空观建立起全新的物理学知识体系，不仅把人类对自然的认识提升到一个新的水准，而且也深深地影响了人们的思维方式和世界观。

这场物理学革命的实质在于，通过物理学基本概念和原理的变革，改变了以往指导物理学研究的牛顿纲领。牛顿纲领以牛顿力学体系解释整个物理世界，而这场革命所建立起来的新研究纲领则是以相对论和量子力学为核心的。这个新的研究纲领表明，古典物理学所达到的主要是关于自然现象和过程规律的宏观描述，而新物理学则深入微观机制说明宏观过程。新物理学同古典物理学相比具有更高的普遍性，相对论和量子力学都把牛顿力学看作某种极限情况：狭义相对论把牛顿力学看作远小于光速情况下的近似；广义相对论把牛顿的引力理论看作近似包括在自身之中；量子力学把牛顿力学看作普朗克常数趋于零情况下的近似。新物理学提供了认识自然和描述自然的新思考方式，放弃了关于物理事件在空间和时间上的进程与观察无关的古典物理学的信念，限制了古典物理学概念的有效适用范围。

按照相对论，观察结果与参照系的运动状态相关，古典物理学只适用于远小于光速的物理对象。按照量子力学，测量对于被测量的对象有不可消除的影响，并且古典物理学只适用于宏观的物理对象，而不能推及微观世界。这场物理学革命为20世纪科学和技术的革命奠定了基础，进而产生了量子化学、分子生物学和量子生物学、相对论宇宙学和量子宇宙学，出现了核能技术、固体电子技术、激光技术、超导技术和纳米技术。

作为现代物理学基础的相对论和量子力学已经成为现代物理科学的两大柱石，它们的结合使物理学本身的发展日新月异，使物理学以外的其他自然科学改变了面貌，在完善物理学理论和发展技术两方面都创造了惊人的成就。但是当今的物理学家们并没有19世纪末的物理学家们的那种感觉，即物理学的大厦已经临近完工，而是心存困惑地感到现代物理学的概念基础似乎不太稳固。这突出地表现在不断被揭示出来的相对论和量子力学之间不协调的诸方面，它们之间概念基础的协调和统一问题一直被物理学家们视为物理学最基础的问题。相对论和量子力学作为当代物理学的基础，既是历史上物理学的逻辑延伸，又是未来物理学的逻辑起点。

2.1.2　从原子到夸克

探索物质内部奥秘的企图由来已久，古希腊哲学家德莫克里特(前460—前370)就把原子视为物质结构的最小基元，然而直到19世纪人类才开始确有证据地认识到物质是由原子组成的。19世纪的物质结构研究工作主要由化学家承担，化学原子论是科学的物质结构理论的发源地，也是人们从中得益最多的一个领域。到19世纪末，化学家已经把物质的结构揭开到分子和原子的层次，同时还总结出元素周期律，创造了研究分子构形的立体化学。但揭开原子内部奥秘的不是化学家而是物理学家，是量子力学为化学的进一步发展提供了新的理论基础。20世纪的物理科学始终把探明物质结构的研究作为头等重要的方向，它的不断进展的研究成果向人们展示了一幅和谐的微观世界图景——原子是由原子核和电子组成的，原子核是由质子和中子组成的，质子和中子又是由夸克组成的，以此揭示出人类科学活动中最富有成效的一面。

1803 年，英国化学家道尔顿(1766—1844)提出化学原子假说，认为不同的化学元素是由不同的原子所组成的，并引入了元素的原子量的概念。他的原子论为许多经验性的化学定律提供了清晰的理论解释，使人们认识到隐藏在纷繁复杂的化学现象背后的统一本质。1811 年，意大利物理化学家阿伏伽德罗引入分子的概念，并以原子-分子假说为依据测定了一些气体的原子量和分子量。由于意大利化学家坎尼扎罗在 1860 年卡尔斯鲁厄会议上有说服力的论证，原子-分子理论为化学界所普遍接受。1869 年，俄国化学家门捷列夫(1834—1907)通过对当时已知的 63 种化学元素的分析，发现这些元素的性质与原子量的关系，提出了按原子量排序的化学元素周期律。他还据此大胆预言了一些未知元素的存在和它们的性质，后来都一一被证实了。原子概念在化学领域所取得的成功，促进了物理学以分子整体运动为对象的气体分子运动论的研究。德国物理学家克劳修斯计算了气体分子的平均速度(1857 年)，英国物理学家麦克斯韦得出了气体分子速度分布的数学表达式(1860 年)，瑞士化学家洛希米特(1821—1895)计算了分子的大小(1865 年)，奥地利物理学家玻尔兹曼研究了平衡态气体的能量分布问题(1866 年)并给出熵的统计解释(1872 年)。然而，关于原子存在与否的问题仍然有激烈的争论，这些争论不仅涉及科学问题也涉及哲学问题，反对原子论的科学家代表是奥地利物理学家马赫(1838—1916)和德国物理化学家奥斯特瓦尔德(1853—1932)，坚持原子论的科学家代表是奥地利物理学家玻尔兹曼和德国理论物理学家普朗克。玻尔兹曼对当时科学的思想界状况不满，愤世嫉俗的情绪使他心情抑郁，成为他自杀的重要原因。1908 年，法国物理学家佩兰(1870—1942)从实验上证实了分子运动论的理论预言，原子存在的可能性很大程度上得以恢复。气

图 2-1-3 道尔顿

体分子运动论的成果又被化学吸收，发展出以分子碰撞概念为核心研究化学反应速度的化学动力学。1911 年，索尔维物理学会议讨论量子论问题，为具有内部结构的新原子论的研究纲领开辟了道路。

X 射线、放射线和电子的发现暗示了原子的内部结构，另外三种射线的发现更增强了人们对原子内部结构复杂性的认识。第一种是穿透力很弱的 α 射线，它是高速运动的荷正电的粒子束；第二种是穿透力较强的 β 射线束，它是高速运动的荷负电的粒子束；第三种是穿透力很强的 γ 射线束，它是电中性的粒子束。由于这些射线都是从原子内部射出的，有关科学家开始构想各种原子结构模型。在量子物理学家玻尔提出量子化的原子结构模型以前，比较著名的有英国物理学家汤姆孙提出的葡萄干夹心面包式原子模型(1903 年)、日本物理学家长冈半太郎(1865—1950)提出的土星式原子模型(1903 年)和英国物理学家卢瑟福(1871—1937)提出的太阳系式原子模型(1911 年)，其中卢瑟福的原子结构模型最接近真实情况。卢瑟福和他的助手所做的 α 粒子散射实验表明，正电荷集中在原子中心很小的范围内，其周围空荡荡的空间有少数荷负电的电子，电子和原子核间靠电磁相互作用力维持着原子的结构。有关原子内的电子如何运动的问题，卢瑟福的行星轨道模式和玻尔的量子轨道模式都先后被否弃了。根据量子力学理论，电子不过像天空中的云一样在原子中游动，“轨道”不过是电子出现概率较大的位置分布径迹而已。原子中的电子占据原子能态的方式是，从最低能态开始并且每个能态只能为一个电子独占，从而在原子核外形成概率分布的壳层结构。

在原子结构基本确定下来的同时，物理学家们开始思考原子核的结构。早在 1815 年，英国化学家普劳特(1785—1850)根据多数元素的原子量是氢原子量的整数倍提出所有元素都是由氢原子组成的假说；1914 年，这个假说又在讨论原子核结构时被重新提出，且氢原子核被命名为“质子”。1920 年，卢瑟福提出的一个猜想为认识原子核结构指引了一个正确方向，他认为原子核内可能存在一种质量同质子相近的中性粒子。1932 年，英国物理学家查德威克(1891—1974)发现了卢瑟福一直追寻的中性粒子并将其命名为“中子”。就在这一年，德国物理学家海森伯和苏联物理学家伊凡宁柯(1904—1994)各自独立地提出原子核是由质子和中子组成的，从而中子和质子被统称为核子。原子核内的核子数可以有几个到几百个，组成原子核的核子总数就是元素的质量数 A，而其中的质子数就是元素的原子序数 Z。质子数和中子数不同的原子核叫做核素，同一元素的不同核素叫做同位素。已发现的核素多达数千种，其中稳定的核素不过几百种。原子核中质子和中子如何分布和运动的问题比较复杂。与原子中电子之间的相互作用微不足道相比，核子之间的相互作用不可忽略。描述这样的多核子系统的运动十分困难，物理学家们往往针对不同的目的提出一些半唯象的模型。1936 年，丹麦物理学家玻尔提出能描述低能核反应的复合核模型，1938 年他又提出能说明核裂变的核液滴模型。1949 年，美籍德国物理学家迈耶(1906—1972)和德国物理学家詹森(1907—1973)独立地提出类似于原子壳层结构的原子核壳层结构模型。1975 年，丹麦物理学家阿格·玻尔(1922—2009)和美国物理学家莫特森(1926—　)把核壳层模型推广为能统一描述原子核单粒子运动和集体运动的综合模型。

天体系统是依靠引力维系的，原子系统是依靠电磁力维系的，那么原子核系统是依靠什么力维系的呢？核嬗变的力源又是什么？实验已表明，核子结合成原子核时会放出大量的能量，而要想使原子核分裂则必须用高速的粒子轰击。核子聚集成原子核，不可能靠它们之间的引力，也不可能靠它们之间的静电力，前者作为维系核结构的力显然太弱了，而后者因中子的电中性和质子间的静电斥力而不可能使核子聚集。1934 年，日本物理学家汤川秀树(1907—1981)提出把核子结合在一起的是一种新力——强相互作用力，意大利物理学家费米(1901—1954)提出引起核子之间相互转化的也是一种新力——弱相互作用力。1935 年，汤川秀树首先把电子、质子、中子和光子概称为“基本粒子”，并把存在于这些基本粒子间的电磁相互作用力以及新发现的强相互作用力和弱相互作用力称为“基本相互作用”。物理学已经确认的基本相互作用只有四种，按相互作用强度由强到弱的次序它们依次为强相互作用、电磁相互作用、弱相互作用和引力相互作用，按无量纲参数表征其强度依次为 1、10^{-3}、10^{-6} 和 10^{-43}。

图 2-1-4　盖尔曼

随着宇宙线观测和加速器实验的进展，五花八门的粒子大量涌现：一类是质量比核子还要重的超子；另一类是质量介于核子和电子之间的长寿介子，有几十种；还有一类是不稳定的短命的所谓共振态粒子，有几百种。粒子物理学家们越来越怀疑它们是否都是基本的，开始猜想这诸多粒子中可能有一些是更基本的，设想某些粒子可能还有其内部结构。1963 年，美国物理学家盖尔曼（1929— ）提出夸克模型，假定质子和中子之类参与强相互作用的粒子是由具有不同“味”态和“色”态的夸克以及它们的反粒子组成的。几十年来理论和实验的深入研究已经表明，最基本的粒子可能只是参与强相互作用的质量比较重的 6 种味夸克和不参与强相互作用的质量比较轻的 6 种轻子。这 6 种味夸克是上夸克(u)、下夸克(d)、顶夸克(t)、底夸克(b)、奇夸克(s)和粲夸克(c)，它们还都各有红、绿、蓝三种色态；这 6 种轻子是电子(e)、缪子(μ)、涛子(τ)和与之相对应的三种中微子，即电子型中微子、缪子型中微子和涛子型中微子。这是人类目前所达到的有实验证据支持的物质结构最深层次。

现代物理学的主要任务是依据观察和实验所获得的事实，运用数学和符号系统合乎逻辑地建构物理世界图像。物理学的发展已经经历了力学物理世界图像、能学物理世界图像和电磁学物理世界图像三个阶段，当代物理学正处在完善基本相互作用统一物理世界图像的进程中。基本相互作用统一物理世界图像的方向是爱因斯坦在创立相对论的过程中开辟的。他在解决牛顿力学和电动力学不协调问题时没有因循“归一”的思想，不把力学现象和电磁学现象归结为其中任何之一，而是企图在一个新的时空构架中把两者统一起来。他的狭义相对论实现了在运动学水平上力学和电动力学的统一；在广义相对论取得决定性成功之后，爱因斯坦就把他的主要精力集中在统一引力场和电磁场的“统一场论”上。德国的数学家希尔伯特(1862—1943)和外尔(1885—1955)等人也参加到致力于这种统一的行列之中，但他们的直接愿望未能实现。在原子核内的强相互作用和弱相互作用被发现以后，物理学家们寻求基本相互作用统一描述的努力，终于在量子场论的基础上获得了初步的成功。

图 2-1-5　杨振宁

量子力学的量子化并未推及电磁场且只能处理速度远小于光速的粒子运动。1927 年，英国物理学家狄拉克(1902—1984)把量子化推广到电磁场，1928 年他发展出一种相对论性的量子力学。1929 年，德国物理学家海森伯和奥地利裔美国物理学家泡利(1900—1958)发展了相对论性的量子场论，为量子场论的完善和发展奠定了基础。根据量子场论，场是物质的基本形态，而粒子是场的激发态，场可区分为费米场和玻色场两种基本类型，作为场激发态的粒子相应地也被区分为费米子和玻色子。费米子与玻色子有两个重要的区别，费米子的自旋为半整数并且无论单纯的还是复合的都不能彼此共处于同一状态；而玻色子的自旋为整数并且无论单纯的还是复合的都总是趋向彼此共处于同一状态。由于华裔美国物理学家杨振宁等人 1954 年的工作，在量子场论基础上的规范场论得以发展。按照这种规范场论，所有基本相互作用力都由局域对称性决定，并且都由规范场来传递相互作用。粒子物理学的研究业已表明，四种基本相互作用都是局域对称性的产物，在高温时强、电、弱三种相互作用由一个统一的局域内部对称性产生，随着温度降低相继发生几次相变而使它们分成强度不同的相互作用。弱电磁统一理论业已由美国物理学家温伯格（1933—　）、巴基斯坦物理学家萨拉姆（1926—1996）和美国物理学家格拉肖（1932—　）等人完成。包括强相互作用在内的大统一理论以及进一步把引力作用也统一进来的超统一理论正在探索之中，其中超弦理论被认为是最有希望的。

2.1.3　统一的物理世界

虽然量子力学描述的是微观世界的规律，但并不意味着量子力学只是适用于微观世界的物理学理论。在原子结构和量子力学逐渐被世人广泛接受之后，随之而来的就是对原子如何结合成分子，分子的缔合，以及由大量原子、分子或离子聚集而成的物质的诸多性质给予微观的理论解释。量子化学成功地阐明了化学键的本质，电子转移理论较好地解释了氧化还原等化学反应，物质的微观结构及其相互作用规律阐明了物态的变化，固体能带理论科学地阐明了导体、半导体和绝缘体的区别，超导电现象也作为一种宏观量子现象得以理解，量子辐射理论阐明了光的本质并为了解遥远天体的情况提供了依据，如此等等。

化学从以原子论为核心发展到主要以原子、分子这两个概念为基础的研究，通过研究电子在分子、原子中的分布和运动规律，更深刻地揭示物质的物理化学性质。在只知组成而不知结构的情况下，德国化学家维勒（1800—1882）用无机物合成了有机物尿素（1828 年），英国化学家柏琴（1838—1907）合成了染料苯胺紫（1856 年）。1865 年，德国化学家凯库勒提出苯分子的环状构形，为平面结构化学开辟了道路。1874 年，荷兰化学家范霍夫（1852—1911）和法国化学家勒贝尔（1847—1930）分别独立提出碳原子的四面体配价结构，为有机立体化学的发展奠定了基础。1868 年，德国的化学家格雷贝（1841—1927）、利贝曼（1842—1914）合成了天然染料茜素。1878 年德国化学家拜尔（1838—1917）合成了天然染料靛蓝。他们都是在分子结构理论指导下而获得成功的，但是对于化学键的本质和化学反应过程仍然不甚清楚。1927 年，德国物理学家海特勒（1904—1981）和伦敦（1900—

1954)运用量子力学研究氢分子,得出“电子云”分布集中于原子核之间而形成化学键的结论。这一成功引出以量子力学理解共价键的一般理论,从而开创了量子化学。1931年,美国化学家鲍林(1901—1994)和物理学家斯莱特(1900—1976)提出共价电子局限在两个相邻原子之间的原子轨道理论。1932年,美国化学家马利肯(1896—1986)提出电子的分子轨道可由原子轨道组合而成的分子轨道理论。

图 2-1-6 海特勒

1952年,日本化学家福井谦一(1918—1998)提出前沿轨道概念。在此基础上,1965年,美国化学家伍德沃德(1917—1979)和美国化学家霍夫曼(1937—)提出分子轨道对称守恒原理,分子轨道理论一跃而成为能解释和预示一系列化学反应方向的有力工具。1973年,伍德沃德在分子轨道对称守恒原理的指导下成功合成维生素B12,充分表明分子轨道法对于化学合成实践的意义。1965年,美国化学家沃尔特·科恩(1923—2016)提出的密度泛函理论,由于20世纪90年代初美国数学家波布尔(1925—2004)发展了配套的计算程序而获巨大成功,使大分子的量子化学计算成为可能。随着量子化学的进展,作为一门经验科学的化学,正在形成其理论化学和计算化学的分支,试图借助于量子力学的基本方程计算分子间的电子运动状况,据此解决种种化学问题。不断进展着的量子化学,不仅激发了化学家提出分子设计合成的设想,而且也为其提供了理论和方法。从微观机制角度看物体的宏观性质,由于一块材料是由大量原子核和游离于原子核之间的电子组成的,其性质(如硬度、电磁和光学性质)与发生在固体内的物理和化学变化过程,应是由它所包含的原子核及其电子的行为所决定的,因而给定一块固体的化学成分(即所含原子核的电荷和质量),原则上可以估算出这个固体的性质。

物态的变化可以从物质的微观结构加以理解。我们在日常生活中常见而熟悉的是固态、液态和气态物质，但进入微观世界以后我们又发现了物质的第四态和第五态，即等离子体和玻色-爱因斯坦凝聚态。地球上的物质大多以固体、液体和气体三种聚集状态存在，并在一定温度和压力条件下相互转换。物质的这些聚集状态称为"相"，不同聚集状态之间的转换称为相变。物质的聚集依靠的是分子力或分子间力，当两个分子比较接近时主要表现为吸引力，而当它们非常接近时则主要表现为排斥力。吸引力主要来源于一个分子被另一个分子随时间迅速变化着的电偶极矩而引起的相互作用，排斥力主要来源于各分子外层电子云重叠而产生的排斥作用，所以分子间力本质上属于电磁相互作用力。分子或原子集团在相互作用的影响下，只能围绕各自的平衡位置做微小振动时，表现为固态；分子或原子运动得比较激烈，以致没有固定的平衡位置，而又不至于分离开来时，表现为液态；分子或原子的平衡位置不复存在且不能维持一定的距离时，表现为气态。由于原子排列的不同，固体可区分为晶体、非晶体和准晶体。原子排列具有周期性的长程有序者为晶体，原子排列无规律的长程无序者为非晶体，原子排列具有严格的位置序而无周期序者为准晶体。介于各向同性液体与晶体之间的状态称为液晶，它们多是长形分子或盘形分子的有机化合物。几乎人人都知道，在 1 个大气压下，固体冰加热到 0 ℃以上就相变成水，而水被加热到 100 ℃以上就相变成蒸汽。原则上任何固体都可以在一定的压力和温度下转变成液体，而任何液体都可以在一定的压力和温度下转变成气体。如果我们对气体继续加热，当加热到几千度时一部分气体原子就被电离成带正电的离子和带负电的电子，当加热到几万度时气体原子就几乎全部被电离，这种由离子和电子组成的气体叫做"等离子体"。日光灯里的发光气体是等离子体，电焊产生的电弧是等离子体，雷雨天空的闪电是等离子体，我们每天都看得见的太阳是一个巨大的等离子体。在地球上，固体、液体和气体是物质存在的常态，而在宇宙中等离子体是物质存在的常态，所有恒星以及它们喷射出来的粒子流都是等离子体，太阳风和地球周围的电离层也是等离子体,可以说宇宙物质的90%以上都是等离子体。当我们把气体冷却到极低的温度时会形成物质的第五态——宏观量子态,这是印度物理学家玻色(1894—1974)于1924年和爱因斯坦于1925年的工作预言的,因而也被称为玻色-爱因斯坦凝聚态。1995年,美国科学家利用激光把铷原子冷却到5×10^{-7}开的低温时,原子突然聚集到动量为零的单一量子态上,他首次观察到原子的玻色-爱因斯坦凝聚现象。

物质的种种性质大体上都可以从物质的微观结构加以理解,这里仅以对我们生活有着深刻影响的导电性为例予以说明,涉及对导体、绝缘体、半导体和超导体的理解。金属导体的电阻率一般为10^{-6}欧姆·米,绝缘体的电阻率为10^{12}欧姆·米,半导体的电阻率介于金属导体和绝缘体两者之间,超导体的电阻率为10^{-25}欧姆·米。为什么会有这样大的差别呢?从物质的微观结构看,电阻是由于无规则运动的电子与导体离子的碰撞而损失能量的表现。1900年,德国物理学家德鲁德(1863—1906)提出自由电子论解释固体的导电性,认为金属与绝缘体的不同在于它有许多不被个别原子束缚的自由电子,可以在金属中自由运动。1926年,德国物理学家索末菲(1868—1951)把自由电子论加进了量子机制;1928年,瑞士物理学家布洛赫(1905—1983)提出固体晶格可能形成能带结构;1931年,英国物理学家威尔逊(1874—1964)依据能带论解释了导体、绝缘体和半导体的区别。根据能带理论,组成固体晶体的各个原子,其内层电子仍然处在封闭壳层中,而外层价电子则参与原子间的相互作用,并成为整个固体的一种新运动状态。晶体中原子的周期性排列决定了固体中原子的能级形成由禁带隔开的能带,价电子按低能态到高能态的顺序填充能带。各种晶体的能带数目和宽窄不同,半导体与绝缘体的区别在于前者的禁带比较窄。金属都有部分被电子占据的宽能带,电子的能态很容易在该能带的范围内被电场的作用改变,而表现出良好的导电性,故被称为“导带”。绝缘体的低能带恰好被价电子填满而高能带却空着,电场的作用既难于改变电子在满带中的填充情况,又不能使之跳过禁带而进入空着的高能带;因而不能导电。半导体由于禁带较窄，有可能通过热激发以及引进杂质，或者使满带中的电子跳过禁带而进入空带并形成导带，或者在满带中形成空穴，或者两者兼而有之，从而有一定的导电性。

1911年，荷兰物理学家卡麦林-昂内斯(1853—1926)首先发现在液氦的温度(4.2开)下水银的电阻几乎完全消失。1986年，德国物理学家伯德诺兹(1950—)和瑞士物理学家缪勒(1926—)发现多元系氧化物超导体使临界温度提高到液氮温度范围(77开)，现在已知元素周期表中的五十多种元素和百余种化合物以及数十种有机物都有超导电性。为理解超导现象，先后有1934年荷兰物理学家戈尔特(1907—1980)和卡西米尔(1909—2000)提出二流体模型，1950年苏联物理学家京兹堡(1916—2009)和朗道(1908—1968)提出相变模型，1957年美国物理学家巴丁(1908—1991)、库珀(1930—)和施里夫(1931—)提出库珀对模型。库珀对模型揭示了超导电现象的本质——电子对产生的宏观量子现象，作为费米子的电子因配对而成为一个复合的零动量玻色子，遂有大量的相距约10^{-6}米的库珀对凝聚到零动量的量子态上，正是库珀对的整体有序流动形成了超导体中的电流。

太阳的光和热的产生，夜空闪闪发光的众多天体的化学组成及其物理状态，都是借助于微观研究的进展才逐步得以理解的。光色散实验的最早记载出现在9世纪中国道教文献中，17世纪英国物理学家牛顿的三棱镜分光实验开创光谱学研究的先河。1814年，德国物理学家夫琅和费(1787—1826)观察到太阳光谱中的黑线并系统地研究了太阳光和恒星光的光谱，但由于还没有发现宏观的光谱现象与微观的化学元素之间的关系，直到1825年，法国哲学家孔德(1798—1857)仍然悲观地认为人类绝不能认识遥远恒星的化学组成。1854年，美国物理学家阿尔特(1807—1881)发现每一种元素都有一个特征光谱。1859年，德国的物理学家基尔霍夫

图 2-1-7 基尔霍夫

(1824—1887)和德国化学家本生(1811—1899)发现金属蒸汽发射并吸收其特征光谱。基尔霍夫认为太阳光谱中的黑线是太阳发射的连续光谱被其周围的蒸汽吸收形成的,他通过与在实验室里获得的各种元素光谱相比较,认证太阳中存在地球上常见的钠、铁、钙、镍等化学元素,为通过光谱了解遥远天体的化学组成开辟了道路。1868 年,意大利业余天文学家塞西(1818—1878)按照光谱特征把恒星分为白色、黄色、橙红色和暗红色四类,为恒星的研究奠定了基础。1868 年,英国业余天文学家哈根斯(1824—1910)把恒星的光谱分析与多普勒效应相结合,找到了通过测定光谱线的多普勒移动确定恒星视向速度的方法,为全面了解星体的运动和后来发现宇宙膨胀奠定了基础。关于如何推知遥远天体温度的问题,法国天文学家弗拉马利翁(1842—1925)在 1860 年还认为人类对此永远无能为力。1879 年,奥地利物理学家斯特藩(1835—1893)打破了这种束手无策的局面,他发现热物体的辐射量与其温度的四次方成正比,为通过测量辐射推断太阳表面的温度提供了根据。1916 年,爱因斯坦提出辐射的量子理论,使光的发射和吸收以及光谱等问题的理解完全建立在微观机制上,并为实现人工激光提供了工作原理。关于太阳热量的来源问题的解决,才使得研究深入原子核有了正确的途径。1929 年,美国天文学家罗素(1877—1957)依据太阳光谱发现太阳的主要元素是氢。1938 年,美国物理学家贝特(1906—2005)和魏扎克(1912—2007)分别证明太阳的巨大能量主要来源于其自身的氢核聚变。

2.1.4 宇宙物质的演化

物理科学不仅研究物质结构,还探索宇宙物质的演化,包括元素的起源和演化以及天体的形成和演化。宇宙物质的演化包含在宇宙的起源和演化过程之中,在这个问题上物理学、化学和天文学已经结合在一起,形成了一门现代宇宙学。虽然科学的宇宙学始于牛顿,但现代宇宙学的先驱则是爱因斯坦。牛顿的宇宙模型是一个无限的宇宙,认为无限个发光的恒星应使地球的夜空不黑,无限个恒星的引力应使地球受到无限大的引力,而事实并非如此,夜空是黑的,引力也是有限的。1917 年,爱因斯坦以其广义相对论考察宇宙，为解决牛顿无限宇宙模型所遭遇的困难，他设想了一个有限而无边的静态宇宙模型。这种考虑之所以可能，是因为有非欧几何学，它为理解“有限而无边”提供了数学条件。爱因斯坦开创性的工作激起了众多物理学家和天文学家的极大兴趣和热情，使现代宇宙学进入百家争鸣的时代。

人们发现爱因斯坦的宇宙模型是不稳定的，如果某个时刻宇宙受到了一个微扰，宇宙就将沿微扰的方向发生变化，最终不是收缩为一个点就是一直膨胀下去。由此人们自然地想到德国哲学家康德（1724—1804）和法国物理学家拉普拉斯（1749—1827）的太阳系演化学说，既然太阳系有其起源、发展和灭亡，那么宇宙为什么一定是稳定不变的呢？1917 年，荷兰天文学家德西特（1878—1933）首先用爱因斯坦场方程构造了一个没有质量的、不稳定的、膨胀着的均匀平直的宇宙模型。1922 年，苏联物理学家弗里德曼（1888—1925）把爱因斯坦的引力场方程用于宇宙结构问题，得出了三种可能的非静态宇宙模型：开放的宇宙、封闭的宇宙和平坦的宇宙。开放的宇宙一直膨胀下去，封闭的宇宙做胀缩脉动，而平坦宇宙则是处于前两者之间的一种临界状态。大量星系的多普勒红移表明它们在远离我们而去，1927 年，比利时天文学家勒枚特（1894—1966）提出一个质量恒定而半径不断增加的膨胀宇宙模型。1929 年，美国天文学家哈勃（1889—1953）发现红移（即退行速度）与星系的距离成正比。1932 年，勒枚特又把他的膨胀宇宙模型发展为宇宙演化学说，认为宇宙源于“原始原子”的一次猛烈的大爆炸。

图 2-1-8　伽莫夫

1946 年，美籍俄国天体物理学家伽莫夫将相对论宇宙学和化学元素生成理论结合起来探讨宇宙物质的起源和演化，认为宇宙起源于一个高温高密的原始火球，火球中的物质以基本粒子和辐射的状态存在，由于激烈的核反应而爆炸并向各方向迅速膨胀，随着体积迅速增大，辐射温度和物质密度急剧下降从而核反应停止，这期间所产生的各种元素保留下来，成为今天宇宙中的各种物质构成要素。1948年，伽莫夫的学生阿尔法(1921—2007)等推算出大爆炸发生在大约150亿年前并且今天还有5开的残余辐射留在宇宙空间。1964年，美国工程师彭齐亚斯(1933—　)和威尔逊(1936—　)无意中发现了3开的各向均匀的微波背景辐射，经过进一步的测量，确认了这3开的宇宙背景辐射就是宇宙大爆炸的遗迹。如果宇宙背景辐射是大爆炸的遗迹，那么它应该具有黑体辐射的特性，也就是说它应该处于热平衡的熵最大状态。1989年，美国发射的专门卫星测量证实了背景辐射的黑体性质，宇宙大爆炸模型从而被广泛接受。大爆炸宇宙模型能把宇宙演化向后追溯到宇宙诞生后的0.01秒，由于粒子物理学大统一理论的加入，宇宙演化被追溯到10^{-36}秒，而量子宇宙学可更向后追溯到10^{-43}秒以前的创生期。

经过几十年发展，各种宇宙学模型结合起来所描述的宇宙早期演化过程，包括“创生”“暴胀”和“大爆炸”三个阶段。宇宙的原始状态是一种密度和温度接近无穷大的超对称真空态，引力、弱力、电磁力和强力四种基本相互作用力不可区分。随着宇宙的膨胀和降温，犹如水变成冰那样，真空发生一系列的相变。宇宙半径每增加一倍温度就降低一半，到创生后的10^{-43}秒，温度降到几个10^{32}开时，超统一相变发生，引力首先分化出来，夸克和轻子可以相互转变。到10^{-36}秒，温度降到10^{28}开时，大统一相变发生，强相互作用力与弱电相互作用力分离，物质与反物质之间的不对称出现。到10^{-18}秒，温度降到几个10^{20}开时，弱电相变发生，弱电相互作用力与电磁相互作用力分离，四种基本相互作用力全部分开。到几个10^{-6}秒，温度降到几个10^{14}开时，宇宙进入强子时代，物质还主要以辐射的形式存在，光子数与质子数之比为一亿比一。到0.01秒，温度降到10^{11}开时，宇宙进入轻子时代。到1秒，温度降到几百亿开时，宇宙物质还是由质子、中子、电子、光子等基本粒子组成的“宇宙汤”，但中子数与质子数以接近相等的比例冻结。到几分钟，温度降到几十亿开时，宇宙才进入核合成时代，由两个中子和两个质子组成的氦核形成，氘、氚、锂、铍、硼等轻元素也开始形成。到创生后的几万年，温度降到几千开时，宇宙才不再以辐射为主，质子和电子开始结合成氢原子，从而进入以气态物质为主的时代。到创生后的几亿年，温度降到几百开时，宇宙开始进入星系形成时期，中性原子在引力作用下，逐渐凝聚为原星系，原星系聚集成等级结构的星系团，同时星系本身也分裂为千万颗恒星。

大部分化学元素是在恒星演化过程中生成的，它们的演化至少经历了几百万年到几十亿年的漫长时间。其演化包括氢燃烧、氦燃烧、碳氧燃烧、硅燃烧和中子俘获五个阶段。气态的氢原子物质在引力的作用下形成原始恒星以后，由于引力收缩过程而被不断加温，以至上升到上千万开。在这样的高温下，氢核聚变氦核的氢燃烧过程发生并释放巨大的能量。当恒星核心的氢核全部聚变成氦核后，恒星核心的辐射压力也随之下降，新的引力收缩开始，恒星的温度随之急剧升高。当温度升高到近亿开时，氦核聚变成碳核的氦燃烧过程发生并释放能量。当恒星中心的氦燃尽后，由于内部斥力抵不过引力，恒星再一次收缩增温。当温度增高到几亿开时，碳核与碳核的聚变和氧核与氧核的聚变的燃烧过程发生，先生成镁、钠、氖、硫、磷等元素并释放能量，再进一步转化成以硅核为主的各种元素，使恒星变成以硅为主的核心。当碳和氧燃尽以后，恒星又收缩增温，待温度上升到几十亿开时，硅燃烧过程就开始发生。这一过程包括高能光子与氦核反应形成氦核和氦核再与硅核反应而形成矾、铬、锰、铁、钴、镍等铁族元素，使恒星变成以铁为主的核心。比铁更重的元素的形成不再靠核聚变反应，而是通过俘获中子的过程形成。俘获中子有慢过程和快过程两种，前者出现在恒星的红巨星阶段并形成钡、镧、铅铋等元素，后者出现在恒星演化末期的超新星爆发过程中并形成铀、钍以及超铀元素。这一系列的过程表明，所有元素都是在恒星演化过程中由氢演变而来的。

夜晚仰望天空，我们可以看到横贯穹空的银河，它是一个恒星系。之所以称之为“河”，是因为举头所见只是一条巨大的星带。我们身在其中难以窥其全貌，看到的只是它在天球上的视像。若能飞出银河系在它的上空俯览，则会发现它酷似一个中间厚的扁平的圆盘，像旋涡一样不停地运转着。银河系是由千亿颗以上的恒星以及星际尘埃和气体组成的一个巨大的恒星系统，其总质量相当于千亿个太阳的质量总和，并且其90%以上都集中在半径约10万光年的银盘内，整个银河系范围约200万光年，太阳作为银河系中的一颗恒星现在距其中心约4万光年。类似于银河系的星系在宇宙中也是以千亿计的，众多的星系还组成星系团，星系团之上还有超星系团，它们构成了我们观测到的宇宙，用最好的天文望远镜能够模糊地看到距我们150亿光年的宇宙边缘。

太阳系主要由太阳、大行星、小行星、卫星、彗星和流星组成，太阳集中了整个太阳系质量的99.9%。水星、金星、地球、火星、木星、土星、天王星、海王星等八大行星由近及远地绕太阳运行着，主要由它们形成的整个太阳系直径约为100亿千米。作为太阳系八大行星之一的地球，半径约为6370千米，距太阳约1.5亿千米。地球的大小及其与太阳的距离，使得它具备最适宜人类生存和发展的气候条件。最接近地球的行星是金星和火星，距地球1.1亿千米比地球稍小的金星太热，而距地球2.3亿千米比地球小得多的火星又太冷。火星上可能存在过原始生命，但现在似乎已经没有任何生命了。按太阳系的情况类推，在茫茫的宇宙之中应当有很多行星，但迄今天文学家只在太阳系外发现几十颗行星，而在大小和距离方面与日-地系统类似的则只有一颗。

从化石的年龄推算，固体地球形成于45亿～47亿年前，它大致可以被看作一个球体，只是稍微有一点椭。地球内部是由处于高温、高压下的导电流体所组成的半径约为3470千米的地核，外面是冷却后形成的厚约30千米的地壳，地核与地壳之间是由炽热的岩浆所形成的厚度约为2900千米的地幔。地核相对地壳的转动形成地球的磁场，而地幔的对流运动又带动其上的地壳运动，地壳的隆起部分成为大陆，而凹下的部分则成为海洋。最初的大陆是连成一片的，由于地壳运动的影响被分裂为若干板块和裂块，并逐渐形成今天的海陆格局和自然地貌以及深藏在地下的各种金属和非金属矿脉。现在陆地主要由七大洲组成，即欧洲、亚洲、非洲、南美洲、北美洲、大洋洲和南极洲，占地球总面积的三分之一。海洋占地球总面积的三分之二，主要是四大洋，即太平洋、大西洋、印度洋和北冰洋。岩石圈的表面具有各种复杂的地形，环形的火山口、终年积雪的山峰、沿海的大平原、江河入海口的三角洲、曲折的海岸线，以及海底的海沟和洋脊，岩石中还埋藏着含有几十种化学元素的几千种矿物。

太阳的光和热作为外在的主要能源持续地影响着地球。太阳的表面温度约为 5700 开，而其中心温度高达 1500 万开，因而能辐射各种波长的电磁波，供给地球以温暖和光明。太阳每秒钟向太空辐射的总能量达几个 10^{26} 焦耳，虽然到达地球的只是其中的几百亿分之一，但自地球诞生以来它业已接受来自太阳的辐射几个 10^{34} 焦耳。由于太阳的光和热，地球不仅通过自转而形成白昼和黑夜，通过公转造成春、夏、秋、冬四季，还通过化学元素的合成在一片荒野上产生能自行繁殖和不断进化的生命物质，直至作为万物之灵的人类诞生，并在地球岩石圈外形成含有氧气的大气圈、水圈和生物圈。所有恒星都有其演化的历史，有其幼年、中年和老年，地球上一切生命所依赖的太阳也不例外。依据太阳氢氦核反应估算，太阳已经生存了 47 亿年，其寿命可达 100 亿年，因此我们说太阳现在已经步入中年期了。

地球只不过是茫茫宇宙中的一颗小小的尘粒，人类只是这颗尘粒上的更小微尘。作为宇宙演化的一个小小分支，人类的身体中仍然保留着宇宙演化的遗迹。人体中的微量重元素是 50 亿～100 亿年前超新星爆发时产生的，铁、碳、氮、氧、钙等是在恒星阶段产生的，锂、铍、硼等则来自星际环境中的宇宙线，最轻的元素氢和氦则是宇宙早期的产物。作为个体，人的生命与宇宙的年龄相比只是极为短暂的一瞬，他的命运可能与宇宙的变化无关，但整个人类的命运却与宇宙的变迁密切相关。

2.2　生命科学的进展

关于生命现象的研究首先是从形态分类开始的，由于显微镜的发明才进入微观结构的研究。生物分类研究的进展导致进化论的诞生，生物体的微观研究导致细胞以及核酸和蛋白质等生物大分子的发现，并为分子遗传学的兴起奠定了基础。人类经过几千年的努力，终于在19世纪下半叶，由英国生物学家达尔文提出进化论和奥地利生物学家孟德尔提出遗传学。“进化”被用来解释“千千万万种生物是怎样来的”这类问题，而“遗传”则被用于理解“牛生牛，马生马”和“种瓜得瓜，种豆得豆”之类的现象。100多年来，遗传基因论得到了长足的发展并为进化论提供了新的基础，由于作为生命基础的蛋白质和核酸的分子结构的发现，生物学的研究进入分子水平，不仅为统一的生命科学奠定了基础，而且为以基因操作为基础的生物技术开辟了道路。

2.2.1　细胞与生物大分子①

“工欲善其事，必先利其器。”细胞之所以直到17世纪才被发现，是因为17世纪有了显微镜，弥补了人眼之不足。早在1665年，英国科学家胡克(1635—1703)就通过用自制的显微镜观察软木(栎树皮)的薄片而发现了细胞残壁，并首次用拉丁文cellar(小室)这个词称呼它，后来英文用cell这个词，中文译为“细胞”。但直到19世纪上半叶才逐步建立起生物学的细胞学说。1831年，英国植物学家布朗(1773—1858)发现了细胞的有核结构。1838年，德国植物学家施莱登(1804—1881)提出细胞是组成植物的基本单位。1839年，德国生理学和解剖学家施旺(1810—1882)论证了植物和动物都是由细胞这一基本单位组成的，从而奠定了生物学细胞学说的基础。

① 黄蓓执笔。没有特别注明本书均为董光壁执笔。

图 2-2-1　胡克

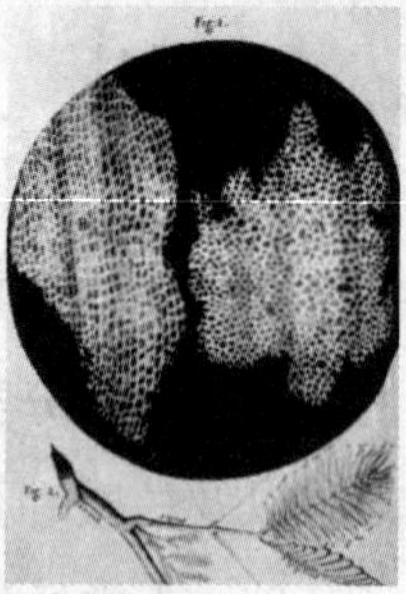

图 2-2-2　栎树皮薄片的细胞残壁

19 世纪 40 年代，德国生物学家耐格里（1817—1891）发现了植物细胞通过一分为二的方式增殖；瑞士生物学家克里克尔（1817—1905）发现了动物细胞的分裂增殖，同时发现细胞分裂中的细胞核分裂现象，认识到细胞的繁殖是通过“分裂”而完成的。尤其是德国医生和病理学家魏尔肖 1858 年指出，“细胞只能来自细胞”，这通常被认为是对细胞学说的一个重要补充。因此，有人建议，细胞学说应当是 1858 年才最后形成的。

图 2-2-3　施莱登（左）、施旺（中）和魏尔肖（右）

1850 年，克里克尔和弗莱明（1843—1915）在许多细胞中发现了线粒体。1857 年，意大利生物学家莱迪希（1821—1908）提出细胞可分成细胞膜、细胞核和细胞内物质。1875 年，德国生物学家斯特拉斯伯格（1844—1912）在《细胞的组成及其分裂》中阐明了植物的细胞分裂过程；差不多同时，德国生物学家弗莱明（1843—1915）在《细胞物质、核及细胞分裂》中阐明了动物细胞的分裂过程。弗莱明在显微镜下所观察到的细胞核中被染色的杆状物于

1888 年被正式命名为染色体。

细胞作为独立的生命单位，其大小一般为几十微米，但也有很大和很小的个别情况，如动物的神经细胞可长达 1 米，而支原体的直径只有 0.1 微米。在能放大几千倍的光学显微镜下就可以看到细胞核、细胞质和细胞膜等粗略结构，在能放大几百万倍的电子显微镜下则能观察到它的精细结构。细胞核主要由染色体、核仁、核液和核膜组成，细胞质指细胞核和细胞膜之间的全部物质，其中包括一些具有独立功能的细胞器，如线粒体、核糖体、高尔基体、溶酶体、质体以及一些复杂的内质网膜，它们都悬浮在一种无定形的基质之中。细胞膜是由膜脂、蛋白质、糖类所组成的，磷脂双分子层是其基本的结构组成，膜蛋白镶嵌在脂双分子层内或表面，行使不同的生理功能，糖与膜蛋白相结合形成糖蛋白，少部分与脂质结合形成糖脂。糖只存在于细胞质膜的外表面，与细胞识别有关。在高等植物的细胞膜外面还有一层起保护作用的细胞壁，主要由无生命的物质纤维组成。染色体主要由脱氧核糖核酸（DNA）和蛋白质盘旋而成，核仁主要由核糖核酸（RNA）和蛋白质以及少量的 DNA 组成，并且它常常分布在染色体上。线粒体中也含有少量的 DNA，腺三磷（ATP）被看作提供能量的“动力工厂”。核糖体中含有 RNA 和蛋白质，这里可以看作制造蛋白质的工厂。

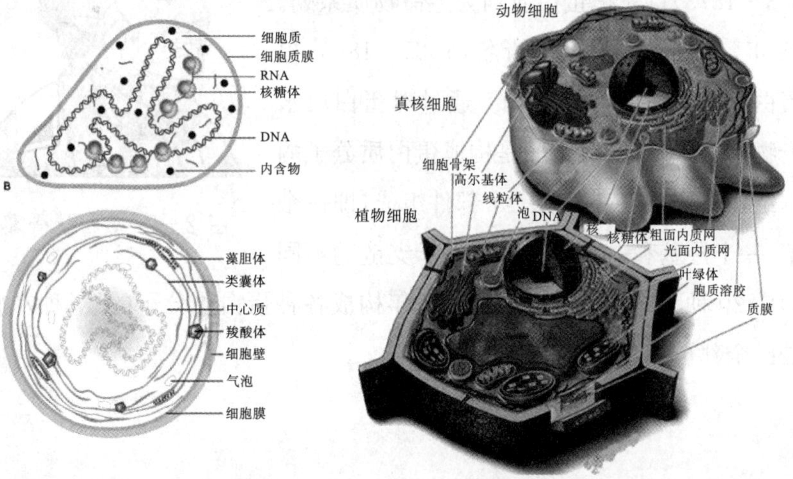

图 2-2-4　支原体及蓝藻细胞（左）、动物细胞与植物细胞（右）

细胞是生命活动的基本单位，具有独立的、有序的自控代谢体系，是物质(结构)、能量与信息过程精巧结合的综合体。支原体是至今为止发现的最小、最简单的细胞；蓝藻是最早出现的能够进行光合作用的自养生物，它们的遗传信息载体仅由环状 DNA 构成，没有细胞器和细胞核，属于原核生物。而真核细胞具有膜系统组成的细胞器结构(细胞核、线粒体、叶绿体、溶酶体、高尔基体、微体)及细胞骨架系统，如动物细胞、植物细胞。

20 世纪 40 年代以后的细胞研究，从单纯的形态观察进入对化学组成及其功能的分析，蛋白质和核酸作为生命物质基础的地位被阐明。蛋白质和核酸，通常由几千个到几十万个原子组成，分子量从几万到几百万。由三个原子组成的水分子的分子量为 18，由两个原子组成的食盐分子的分子量为 58，由 45 个原子组成的食糖分子的分子量为 342，与之相比蛋白质和核酸被称为生物大分子。生物大分子可分为四大类：蛋白质(protein)、核酸(nucleic acid)、多糖(polysaccharide)和脂质(lipid)。这些分子确实有许多特性与无机大分子不同，但是，单独的这类分子仍然不具备生命特征。

人类对蛋白质的认识可以追溯到一个半世纪以前。早在 1836 年，瑞典化学家柏采留斯(1779—1848)就使用了“蛋白质”这一术语。1842 年，德国化学家李比希(1803—1873)首先把蛋白质列为生命物质系列。1868 年，英国生物学家赫胥黎(1825—1895)提出蛋白质是生命的物质基础。通过对蛋白质水解产物的分析发现，氨基酸是构成蛋白质分子的基本结构单位。氨基酸由三个部件组成，即一个氨基、一个羟基和一个支链 R。由于支链的不同而形成 20 种不同的氨基酸，到 1940 年构成各种蛋白质分子的 20 种左旋氨基酸已全部被发现。

图 2-2-5　赫胥黎

表 2-2-1　20 种氨基酸

氨基酸	缩写	氨基酸	缩写
甘氨酸	Gly,G	甲硫氨酸	Met,M
丙氨酸	Ala,A	色氨酸	Trp,W
缬氨酸	Val,V	酪氨酸	Tyr,Y
亮氨酸	Leu,L	天冬酰胺	Asn,N
异亮氨酸	Ile,I	谷氨酰胺	Gln,Q
苯丙氨酸	Phe,F	天冬氨酸	Asp,D
脯氨酸	Pro,P	谷氨酸	Glu,E
丝氨酸	Ser,S	赖氨酸	Lys,K
苏氨酸	Thr,T	精氨酸	Arg,R
半胱氨酸	Cys,C	组氨酸	His,H

关于氨基酸如何结合成蛋白质大分子的问题，早在19世纪末，德国化学家费舍尔(1901—1919)和霍夫曼(1850—1922)就提出了肽键假说，认为一个氨基酸分子上的羟基与另一个氨基酸分子上的氨基相连接，支链R不参与相邻氨基酸的键合。20世纪初，许多化学家认为蛋白质是胶体而不是有结构的分子。1907年，费舍尔通过合成18肽链证实了自己的肽键假说。1936年，美国化学家米尔斯基(1900—?)和鲍林(1901—1994)又提出，除肽键外还有较弱的氢键维持缠绕着的长肽链的稳定螺旋状构象。蛋白质是一条或几条由氨基酸组成的称为多肽的长链，每个蛋白质分子由50～500个氨基酸组成。1953年，英国科学家桑格(1918—2013)经八年之功测出了蛋白质胰岛素中的51个氨基酸的全部序列，第一次表明蛋白质有确定的氨基酸序列。正是这种序列决定着蛋白质的三维结构和蛋白质的功能，而且蛋白质链必须经过折叠形成蛋白质的三维结构才能发挥作用。

图 2-2-6　桑格

蛋白质是生命活动中起多种作用的重要分子。它既是结构分子，如肌肉蛋白，又是运输分子，如血红蛋白，还是信息分子，如各种激素；既起防御作用，如抗体，又起催化作用，如各种酶等。人类的肌体所含的蛋白质种类，除数量极多的抗体外，尚有千余种。

表 2-2-2　生物体内的部分蛋白质及其功能或表现

蛋白质	功能或表现
角蛋白	毛发、指甲及趾甲、羽毛
胶原	皮肤、软骨和腱
红细胞色素（血红蛋白）	氧气运输
胰岛素	糖代谢
抗体	免疫应答
激素和受体	对环境的应答
内啡肽	对疼痛的应答

人类认识核酸比认识蛋白质晚了约 30 年。1868 年，瑞士化学家米歇尔（1844—1895）在细胞核中发现了核酸。20 世纪初，化学家们证明核酸普遍存在于细胞中，只是不同细胞中其含量有所不同。1919 年，美国生物学家列文（1869—1940）发现核酸可区分为脱氧核糖核酸（DNA）和核糖核酸（RNA）；1934 年，他进而发现组成核酸的基本单位核苷酸及其结构。核苷酸由碱

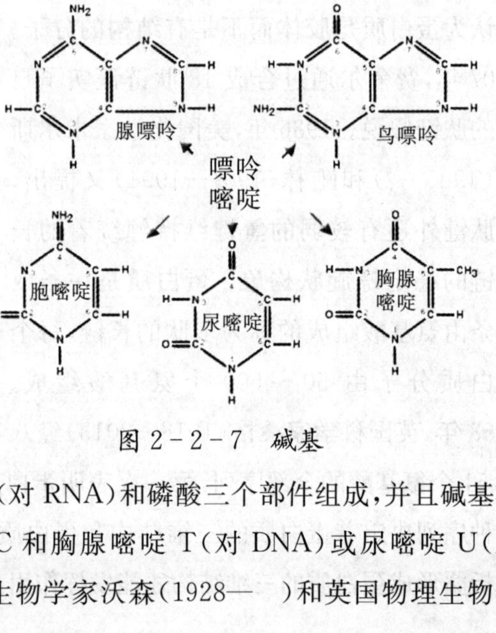

图 2-2-7　碱基

基、脱氧核糖（对 DNA）或核糖（对 RNA）和磷酸三个部件组成，并且碱基有鸟嘌呤 G、腺嘌呤 A、胞嘧啶 C 和胸腺嘧啶 T（对 DNA）或尿嘧啶 U（对 RNA）共五种。1953 年，美国生物学家沃森（1928—　）和英国物理生物学

家克里克(1916—2004)提出DNA分子的双螺旋结构模型。

DNA分子的化学结构像一个拧成了麻花状的梯子,"扶手"就是由核苷酸连接而成的双链,而"横档"是一对对互补的碱基。核酸链的连接方式是脱氧核糖和磷酸交替出现,而碱基则按A与T配对(AT、TA)和C与G配对(CG、GC)的规则连接,两条互补的核苷酸单链被连接成盘旋的双链DNA分子,并且每10对碱基形成一个完整的螺旋周期。DNA分子两条长链上的脱氧核糖和磷酸交替排列顺序是稳定不变的,而长链上碱基对的排列组合则是千变万化的。这个"梯子"的"扶手"可以很长,相邻"横档"的间距却只有3.4纳米。

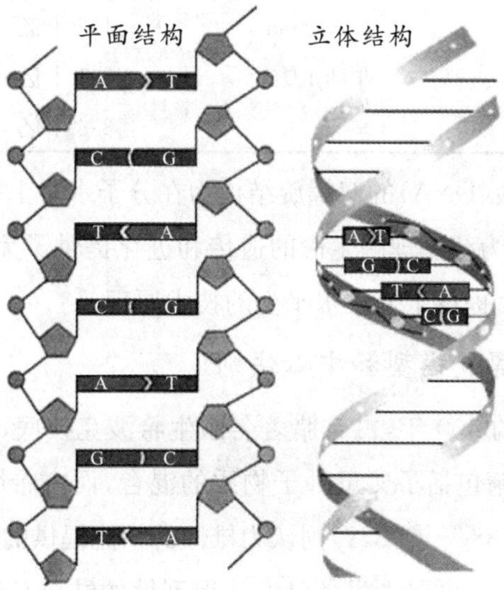

图2-2-8　DNA分子的双螺旋结构示意图

RNA分子的结构与DNA类似,不过它不是双链而是单链,其核苷酸组分中核糖取代了脱氧核糖,尿嘧啶(U)取代了胸腺嘧啶(T)。

分子的大小一般看它的分子量,DNA的特殊性允许计其所包含的碱基对(bp)数目并推算其长度。细胞内的全部DNA分子,包括细胞核和各种细胞器中所含的各种DNA分子,构成某种生物的遗传基因组。

表 2-2-4 几种生物的 DNA 分子

生物大类	代表种	大小(bp)	长度(cm)
藻类	Pyrenomas-salina	6.6 十万	0.022
支原体	M. pneumoniae	1.0 百万	0.033
细菌	大肠杆菌	4.2 百万	0.143
酵母菌	酿酒酵母	1.3 千万	0.442
黏菌	D. discoideum	5.4 千万	1.836
线虫	C. elegans	8.0 千万	2.72
昆虫	黑腹果蝇	1.4 亿	4.76
鸟类	G. domesticus	1.2 十亿	40.8
两栖动物	非洲爪蟾	3.1 十亿	105.4
哺乳动物	人	3.3 十亿	112.2

脱氧核糖核酸(DNA)的双螺旋结构为在分子水平上描绘生命的蓝图奠定了基础,它不仅为统一理解生命的遗传和进化提供了无限的前景,而且为人工直接操作生命提供了分子水平上的技术原理。

2.2.2 双螺旋模型和中心法则

早在公元前约 400 年,古希腊著名医生希波克拉底(约公元前 460—前 377 年)就认为受精包括了父母种子物质的混合,而古希腊的著名哲学家亚里士多德(公元前 384—前 322)则认为雄性的精流提供的是形式而雌性的经血提供的是物质。古希腊人虽然已经认识到性的结合是解决遗传问题的关键,但遗传物质究竟是什么却是困扰这些先哲们的一大难题。直到生物细胞学说确立之后,解决这一问题才有了可行的思路。1841 年,德国生物学家克里克尔证明了精子是细胞。1852 年,德国生物学家雷马克(1815—1865)指出卵子也是细胞。1876 年,德国动物学家赫特维希(1849—1922)发现受精过程是精核和卵核的融合。

奥地利业余生物学家孟德尔在不知晓当时细胞学上诸多发现的情况下提出遗传“因子”的概念,认为遗传性状是由像原子那样的离散因子携带而传递给后代的,他通过对豌豆杂交实验结果的统计分析总结出遗传的显性定律、分离定律和独立分配定律，并在 1866 年公布了他的遗传学说。但 19 世纪的生物学以达尔文的进化论为显学，孟德尔的遗传学几乎完全被进化论掩盖，直到 1900 年才出现了转机。荷兰植物学家德佛里斯（1848—1935）、德国植物学家柯灵斯（1864—1933）和奥地利植物学家丘歇马克（1871—1962）差不多同时各自独立地重新发现了孟德尔的论文和他的遗传定律，由于英国遗传学家贝特森（1861—1926）的热情提倡和普及工作，孟德尔遗传学才得以兴起。

图 2-2-9　孟德尔

1903 年，美国生物学家萨顿（1877—1916）结合细胞学和遗传学知识，把孟德尔的遗传因子定位在细胞核中的染色体上。1908 年，丹麦生物学家约翰森（1857—1927）以“基因”代替“因子”区分了遗传的“表现型”和“基因型”，认为亲代传给后代的不是性状和特征表现型本身，而是决定性状和特征的基因型。美国遗传学家摩尔根（1866—1945）通过对果蝇的研究提出基因论，他出版的《基因论》（1926 年）为基因理论奠定了基础。摩尔根及其助手们的工作证明，定位在染色体上的基因在生殖细胞中的规律符合孟德尔的遗传定律；他们发现染色体上的基因联合成连锁群，而且不同连锁群之间有时会发生交换，这种交换的频率还表明基因在连锁群中按直线排列，其位置可以绘成图谱。在生物化学进展的条件下，1944 年，美国细菌学家艾弗里（1877—1955）发现 DNA 是细菌之间互变的转化因子，实际上等于证明了它是遗传信息的物质基础。

遗传学的进展也引起了物理学家的关注，物理学家的影响和直接参与从而形成了分子生物学的信息学派。首先是量子物理学家玻尔在 1932 年发表了题为“光与生命”的演讲，提出生物学的研究应借鉴物理学的方法和成果。这个演讲影响了一批物理学家和生物学家，玻尔的学生德尔布吕克（1906—1981）为其代表。德尔布吕克转向了生物学研究，于 1935 提出了一个基因模型，认为作为生命信息的遗传物质应该具有自我复制和控制性状的功能。1945年，奥地利量子物理学家薛定谔出版了《生命是什么》，明确指出生物学的核心问题是信息问题，即信息的编码、信息的传递、信息的稳定和信息的变异问题。这本书影响了整整一代人，发现DNA双螺旋结构的沃森就是受其影响从物理学转向生物研究的。

沃森和克里克在他们的DNA双螺旋模型发表仅一个月之后，就在另一篇论文中提出DNA分子的遗传特性。他们设想，DNA大分子中的碱基顺序具有携带遗传信息的特性，它的双链分离开来每一条都可以作为模板合成新的DNA分子。他们的这一想法引起了很大的反响，许多人投入这一问题的研究。1953年夏天，在美国冷泉港科学家们围绕着核酸的碱基序与蛋白质的氨基酸序之间的关系展开了热烈的讨论。其中心议题是四种碱基如何编码20种氨基酸，核心问题在于一个遗传密码子由几个碱基组成。

图2-2-10　沃森(左)和克里克(右)

1954年，俄裔美国物理学家伽莫夫首先提出了一个方案，把双螺旋结构中由于氢键生成而形成的空穴用氨基酸填充，犹如钥匙插进锁一样。每个空穴的四个角是四个碱基，也就是说四种碱基的排列组合形成了遗传密码。在其后的两年中，他利用排列组合计算，认为由两个碱基组成的密码只有16种而不足以编码20种氨基酸，而由四个碱基组成的密码为256种又远远多于20种，因而只能由3个碱基组合成64种密码。

遗传信息如何对蛋白质进行控制？遗传信息的传递过程又如何？1958年克里克提出的分子生物学“中心法则”对此给出了答案，指明了从核糖核酸(RNA)到蛋白质的过程中遗传信息的作用，它包括DNA的自我复制及其信息的转录和翻译。

1970年，有人在致病的RNA病毒中发现了遗传信息由RNA转录成

DNA，称为反转录，并发现了反转录酶，于是，在反转录酶的催化下，以RNA为模板转录为双链DNA成为可能。此外，在实验室中还可以使DNA直接翻译成蛋白质。修改前、后的中心法则如图2-2-10所示。

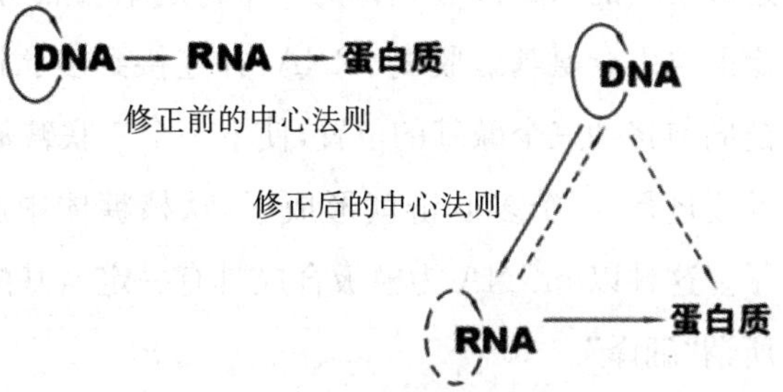

图2-2-11　中心法则示意图

自我复制是一种解旋和碱基配对同时进行的过程。在解旋酶的作用下，DNA分裂成两条单链作为模板，同时按照碱基互补配对原则与互补链合成子代双链，如：

模板链上的碱基排列顺序……GTAACTTG……

互补链上的碱基排列顺序……CATTGAAC……

互补链上的碱基与模板链上的碱基是一一对应的。在复制过程中，每条单链都作为模板合成出子代双链，并且不断地延伸而形成两个新DNA分子，两个变成4个，并不断地继续下去。

转录和翻译都是通过RNA实现的。转录是在细胞核内完成的，而翻译则是在细胞质内完成的。所谓转录，就是以DNA分子的一条单链为模板，与一条互补的RNA分子单链装配成一条新的双链RNA分子。例如：

DNA分子单链的碱基排列……GTAACTTG……

RNA分子单链的碱基排列……CAUUGAAC……

这样形成的新RNA分子被称为信使核糖核酸(mRNA)。之所以这样称呼它，是因为它转录了DNA的遗传信息，也就是说mRNA具有来自DNA的信息。

所谓翻译，就是以mRNA分子的一条单链为模板编码氨基酸的过程。携带着遗传信息的mRNA分子从细胞核出来进入细胞质中去，在mRNA进入细胞质的核糖体的同时，携带着蛋白质氨基酸的转移核糖核酸(tRNA)也进入核糖体，在这里tRNA完成以mRNA为模板连接氨基酸的蛋白质合成过程。

每一个 tRNA 分子都能在一种特定酶的作用下与一个氨基酸分子连接,形成一端是氨基酸分子而另一端是三个碱基的构成体。作为氨基酸的运载工具的 tRNA 在糖体的一个特定结合点与 mRNA 的互补片断键合,特定酶再引导氨基酸脱离 tRNA,并连接到多肽链上。核糖体再沿着 mRNA 链向前移动三个碱基的位置,使下一个三联碱基接受一个 tRNA。这个过程反复进行,一个多肽链就形成了,从核糖体中脱离出来成为一个蛋白质分子。这种以 mRNA 为模板合成具有一定氨基酸顺序的蛋白质的过程,就是所谓“翻译”。

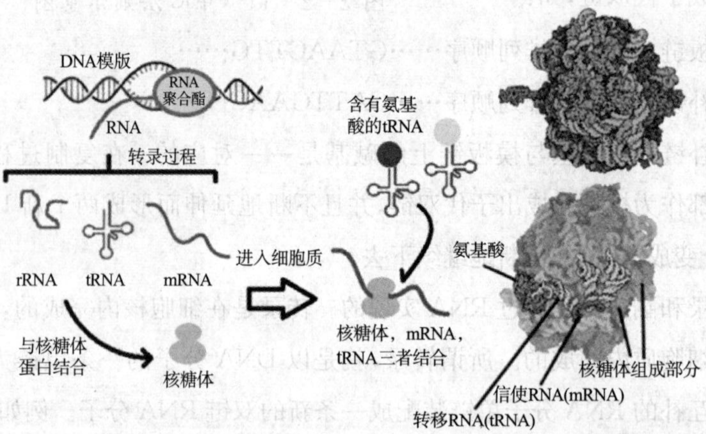

图 2-2-12　以 DNA 为模板转录、翻译成蛋白质的过程

1961 年,克里克等人用实验证明密码确是以三联体核苷酸的形式代表着 20 种氨基酸,而且是由一个固定的点开始,朝一个方向一个挨一个地读下去,如果一个核苷酸发生或大或小的差误,以下的密码都会发生变化。到 1963 年,20 种氨基酸的遗传密码全被测出。到 1969 年,64 种遗传密码的含义全部得到了解释,并在克里克的建议下排列成遗传密码表。

表 2-2-5 遗传密码表

第一碱基	第二碱基				第三碱基
	U	C	A	G	
U	苯丙氨酸	丝氨酸	酪氨酸	半胱氨酸	U
U	苯丙氨酸	丝氨酸	酪氨酸	半胱氨酸	C
U	亮氨酸	丝氨酸	终止符	终止符	A
U	亮氨酸	丝氨酸	终止符	色氨酸	G
C	亮氨酸	脯氨酸	组氨酸	精氨酸	U
C	亮氨酸	脯氨酸	组氨酸	精氨酸	C
C	亮氨酸	脯氨酸	谷氨酰胺	精氨酸	A
C	亮氨酸	脯氨酸	谷氨酰胺	精氨酸	G
A	异亮氨酸	苏氨酸	天冬酰胺	丝氨酸	U
A	异亮氨酸	苏氨酸	天冬酰胺	丝氨酸	C
A	异亮氨酸	苏氨酸	赖氨酸	精氨酸	A
A	甲硫氨酸	苏氨酸	赖氨酸	精氨酸	G
G	缬氨酸	丙氨酸	天冬氨酸	甘氨酸	U
G	缬氨酸	丙氨酸	天冬氨酸	甘氨酸	C
G	缬氨酸	丙氨酸	谷氨酸	甘氨酸	A
G	缬氨酸	丙氨酸	谷氨酸	甘氨酸	G

我们可以把蛋白质的 20 种氨基酸或它们的支链看作字母表中的字母，每一个密码子可看作一个词，蛋白质中的氨基酸序列就像一个句子。蛋白质像句子一样是一种有序结构，像一个句子是有意义的一样它的序结构也表达一种意义。生物蛋白质的遗传程序是 DNA 分子用 20 种氨基酸写成的，由于 DNA 分子中有 4 种核苷酸，可以有 64 种三联体密码子。因为氨基酸只有 20 种，所以氨基酸与密码子不能一一对应，许多氨基酸的密码子不止一个，如 CGC、CGU、CGA 都代表精氨酸。到 1966 年，64 种生物遗传密码子已全部被破译。64 种密码子中的 61 种用于编码特定的氨基酸，其余的三种不与任何氨基酸对应，而是用作编码终止信号，指令肽链合成的终止，也就是蛋白质句子的“句号”。

由于 DNA 分子的复制和 DNA 分子信息的转录和翻译，生命得以代代相传。在地球上，不论是人类还是其他动植物，子代都继承了亲代（父母代）的性状。物种的遗传是由生物体内的 DNA 分子决定的，不同的物种除 DNA 分子的含量不同外，核苷酸的顺序也是不同的。DNA 分子中的碱基配对（AT、TA、CG、GC）提供了遗传信息。所以，遗传基因就是染色体上的 DNA 双螺旋链的一段，在特定的条件下表达遗传信息和表现特定的功能，是生物性状遗传的基本功能单位。遗传信息是通过控制蛋白质的合成而控制有机体的各种遗传性状的，也就是说由 DNA 组成的遗传物质并不参加建立新个体的躯体，而是作为由遗传程序所指派的一组指令起作用的。"基因"就是遗传的信息原子，像原子、电子和量子分别作为物质、电和能量的构成单元一样，它是遗传信息的构成单元。

2.2.3 基因组计划和后基因组学①

1961 年，法国生物学家雅各布（1920—2013）和法国生物学家莫诺（1910—1976）提出基因的功能分类和调节基因的概念。一个生物体遗传信息的总和称为基因组，每个机体都把它的基因组的精确样板传给它的后代。人类基因组包含三四万个编码蛋白质的基因，但它们只不过占人体全部基因的 5%，还有 95%属于调节基因或其他基因，它们的功能基本上还属于人类未知的研究领域。总之，DNA 有三项功能：第一，DNA 通过自我复制和生殖细胞的减数分裂形成带有一半染色体的精子或卵子，而把遗传信息从亲代转移到子代；第二，通过蛋白质基因转录和翻译蛋白质中的氨基酸编码参与蛋白质的制造；第三，通过调控基因实现对生命活动的全面控制。利用互补的方式进行复制，实现 DNA 的拷贝和遗传信息的扩增，由一个受精卵细胞不断分裂、发育，形成生命的个体和繁育后代。

2003 年 4 月 14 日，生命科学领域出现了一个新的重要里程碑——人类基因组计划测序工作的完成，它被人们称为继曼哈顿原子弹计划和阿波罗登月计划之后的第三大科学计划，它对人类认识自身，提高健康水平，推动

---

① 黄蓓执笔。

生命科学、医学、生物技术、制药业、农业等的发展，具有极其重要的意义。人类基因组的工作是由两个组来完成的，其中之一是由美国、英国、法国、德国、日本、中国六个国家组成的共同体，中国参加其中1%的测试任务，这就是平常讲的六国科学共同体问题的工作情况。

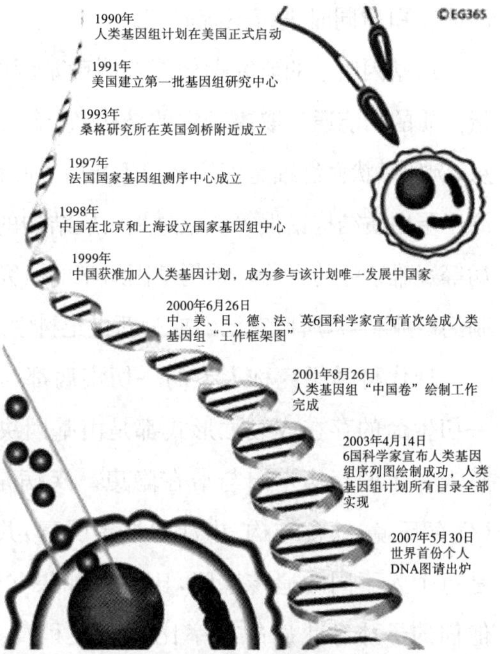

图2-2-13　人类基因组计划草图

21世纪后基因组时代，我们的生命科学应该向何处去，怎么发展？对此，大家有一个基本的共识：要走以基因组研究为主导，以学科交叉为特点的医学发展模式。基因组研究分为前基因组研究和后基因组研究。2000年发表了人类基因组的框架图，2001年这个框架图基本完成。此后，基因组的研究，从结构的研究转入了功能的研究，标志着后基因组时代正式来临。

后基因组研究，是在基因组静态碱基序列弄清楚之后转入对基因组动态的生物学功能的研究，其研究内容包括基因组发现、基因表达分析及突变检测。而后基因组时代指的就是生命科学界，特别是从事分子生物学的研究者，将研究方向向功能基因组方向转移的时代趋势。

在人类基因组计划实施的短短几年间，以"某某组学"命名的后基因组时代学科如雨后春笋般，迅速在生命科学界出现。最早出现的是与DNA相关的"基因组学"，随后产生了许多与各种生物大分子或小分子相关的"组学"，如蛋白质组学、转录组学、代谢组学等，接着又出现了生物信息学、比较基因组学、结构基因组学、系统生物学、药物基因组学等更深一步的分支学科。

后基因组学，又被称为功能基因组学，它利用结构基因组所提供的信息和产物，发展和利用新的实验手段，通过在基因组和系统水平上全面分析基因的功能，使得生物学研究从对单一基因或蛋白质进行研究转向对多个基因或蛋白质同时进行系统研究。

后基因组学的研究期望能够明确基因的全部蛋白质产物的结构和功能。蛋白质的功能通常取决于它的结构，它给人类提供一个蛋白质是否正常的信息，例如镰状血红细胞疾病来源于蛋白质晶体的缺陷，老年痴呆症与疯牛病来源于蛋白质结构错误等。通过蛋白质结构的研究，还可以找到治疗癌症、艾滋病等疑难杂症的方法。结构基因组学的研究涉及全世界人类的健康及巨大的制药产业利益，所以它已经成为新世纪科学发展的最大热点。

现代科学研究称人类的一切疾病都与基因有关。基因是生命的主宰，一切生命的存在或衰亡形式都是由基因决定的，所以通过基因检测就能了解人一生的疾病走向与潜在隐患。疾病是内因（先天的遗传基因）和外因（生存环境、饮食结构、生活习惯等因素）共同作用的结果，其决定性的因素是每个人不同的遗传基因，比方说如果父母或祖辈是患肝癌去世的，那么他们的子孙患此病的概率比其他人稍高些。再如，众所周知抽烟有害健康，但并非每个抽烟的人都会得肺癌，有的抽到八九十岁也没事，而有的老公抽烟，妻子反而患上了肺癌（被动吸烟造成的），这是因为他妻子生下来就有肺癌易感基因。而在后基因组时代通过基因检测解码人体疾病内因，可以让我们明确地、针对性地改善外因，避免重大疾病发生。

人类基因组内本身就有原癌基因与抑癌基因。当人体内环境出现问题又有外界因素刺激时，原癌基因与抑癌基因可能会发生突变；当这些基因的突变发生累积效应的时候，将会导致肿瘤细胞的产生，这些细胞会不受控制地增殖分裂形成肿瘤；当肿瘤出现无限增殖特性的时候就变成了恶性肿瘤，它们在体内无限增殖，夺取正常体细胞的养分和生存空间，最终夺取人类的健康和生命。人体内肿瘤从最初出现到长成米粒大小需要几年至数十年的时间，这时人体几乎没有任何症状；由米粒大小突变到杏仁大小的恶性肿瘤要一年左右，称为中期癌症，可能有一定的症状和反映。假如未及时发现并加以治疗，发展到晚期癌症仅仅需要几个月的时间。通过基因检测我们可以提前预知和预防肿瘤的恶化，从而挽救生命。

人类基因组的图谱实际上就像一本书的目录。对其深入研究将为人们更加准确地理解人类基因组遗传语言的逻辑构架，基因结构与功能的关系，个体发育、生长、衰老和死亡机理，神经活动和脑功能表现机理，细胞增殖、分化和凋亡机理，信息传递和作用机理，疾病发生、发展的基因及基因后机理（如发病机理、病理过程），以及各种生命科学问题，提供共同的科学基础。功能基因组的研究成果不仅具有巨大的科学意义，而且有着十分广泛的应用前景。在医疗卫生方面，其研究成果可用于医药的发现和开发，致病基因或疾病易感基因的鉴定和克隆，全新原理的诊断、治疗和预防方法的设计；医生将能够根据患者的个人遗传构成，采取更加个人化的药物疗法；科学家们在人体器官和组织“重造”以及修复方面将取得巨大进步。在工业方面，以基因组成果为基础的基因组工业，将带动一批高新技术产业向新的领域开拓。在农业、畜牧业方面，可以用新的方式对动植物疾病进行诊断和治疗，改善家禽、家畜和农作物的品质，提高产量。在纺织业、废物控制和环境治理等领域，基因组成果也都将发挥重要作用。

2.3 思维科学的进展

认识人类自身心灵的心理学研究长期寄生于哲学。德国心理学家冯特(1832—1920)建立心理实验室(1886年)以后,心理学才走上了科学的道路。20世纪70年代诞生的认知科学突破了心理学传统,发展了关于认知和智力研究所特有的基本科学概念和方法,探索包括知觉、注意、记忆、动作、语言、推理和思考乃至意识在内的各个层次和方面的人类智力活动,从而进入一个以现代科学为基础的历史新阶段。认知科学从两个不同的侧面——精神(智力)与大脑的关系和智能与机器(计算机)的关系,探索思维的规律或心灵的本质。虽然沿这两条路线的研究都取得了巨大的进步,但距真正认识思维的本质,亦即了解“自我”,还有相当遥远的路程。

2.3.1 思维的器官

人类早期曾误认为心是思维的器官。我国古人认为,“心之官则思”(《孟子·告子上》),“心者,形之君也,而神明之主也”(《荀子·解蔽》)。亚里士多德认为:心脏是智慧器官,而大脑只是冷却器官。

两千多年前古希腊哲学家希波克拉底(公元前460—前377)已认识到人脑的思维功能。16世纪我国明代医药学家李时珍(1518—1593)提出脑是思维的器官。18世纪中叶瑞士人冯·哈勒(1708—1777)科学地说明了思维的物质器官是脑。

关于脑的研究成果主要表现在脑的神经结构及其功能方面。在神经结构方面,涉及神经解剖的研究可以追溯到16世纪,直到1718年荷兰人列文霍克(1632—1723)才对神经纤维做出描述。60年之后的1778年,我们能在德国解剖学家苏末灵(1755—1830)的著作中看到关于人脑12对神经的描述。1821年,英国外科医生和解剖学教授贝尔(1774—1842)在他的一篇论文中阐明了脊神经由背侧支和腹侧支组成,前者主管感觉而后者主管运动。1822年,法国生理学家马根狄(1783—1855)通过活体解剖和明晰的推理进一步阐明了贝尔的发现，遂有后来教科书上的贝尔-马根狄定律。1838 年，博洛尼米亚生理学家浦金耶（1787—1869）报道了他早年观察到神经细胞的轴突和胞体，随后的研究明确了神经细胞的结构，它由胞体、轴突和树突三个主要部分组成。关于神经细胞之间的联系方式，有两种不同的意见：1885 年，意大利细胞学家高尔基（1843—1926）提出神经系统的网状结构；1886 年，瑞士解剖学家希斯（1831—1904）提出神经系统由许多独立的神经细胞组成。1891 年，德国解剖学家沃尔德耶-哈茨（1836—1921）建议把神经细胞称作神经元。1897 年，英国生理学家谢灵顿（1857—1952）发现神经元之间的联系媒介“突触”。1905 年，英国生理学家埃利奥特（1877—1961）发现神经元之间和神经元与肌肉之间传递信号的化学物质神经递质。1934 年，西班牙组织解剖学家卡哈尔（1852—1926）那令人信服的长篇论文发表促成人们普遍接受神经元理论。在脑功能研究方面的主要成果是神经反射学说和脑功能定位。在反射学说研究方面，早在 1830 年，英国生理学家霍尔（1790—1857）通过研究手碰到火缩回之类的不随意活动提出了“反射”概念。1863 年，俄国生理学家谢切诺夫（1829—1905）发表了他关于大脑中存在反射抑制中枢的发现。1893 年，英国生理学家谢灵顿通过膝跳反射的神经通路研究提出了“反射弧”概念，俄国生理学家巴甫洛夫通过有条件反射和无条件反射的区分完善了反射学说。在功能定位方面的研究，法国神经生物学家弗卢伦斯（1794—1867）把人脑区分为主管感觉和思考的大脑、作为生命中枢的延髓和协调运动的小脑。法国医生布卢卡（1821—1880）、德国学者韦尔尼克（1848—1905）先后于 1861 年和 1874 年在大脑的不同部位发现语言功能区。1906 年，德国神经解剖学家布劳德曼（1869—1918）绘制了把大脑皮层划分为 104 个区域的细胞结构分区图。20 世纪 30 年代，德国神经外科医生福斯特（1873—1941）和加拿大神经外科医生潘菲尔德（1896—1976）依据电刺激研究结果绘出人的大脑皮层功能区域图。美国心理生物学家斯佩里（1913—1994）先后于 20 世纪 40 年代和 60 年代研究了大脑两半球思维功能上的差异。1957 年，美国神经生理学家蒙卡斯尔（1918—

2015)提出大脑皮层功能柱概念,这一概念在20世纪六七十年代为美国神经生理学家休贝尔(1926—2013)等人的工作所证实。

脑是人身体上最重要的器官,是人的感觉、运动、学习、记忆、感情、行为和思维的活动基础,作为信息中心通过神经系统指挥着全身的活动。人的神经系统由中枢神经系统和周边神经系统组成,中枢神经系统包括脑神经和脊髓神经,而周边神经系统由植物性神经和体神经组成,它们将中枢神经联结到身体各部分器官、骨骼、皮肤和肌肉。成年人的脑重约为1.5千克,只约占其体重的2%,但它所消耗的氧气和营养却要占全身消耗的20%。人脑包括大脑、小脑和脑干三个主要部分。大脑主管思维,小脑主管运动,脑干是感觉神经通往大脑的中继站。人的大脑呈半球形,分左右两半球,两者之间主要由包含几亿根神经纤维的胼胝体连接。大脑的左右两半球各具不同的功能优势,逻辑思维优势在大脑的左半球而形象思维的优势在大脑的右半球;大脑的左半球支配身体的右侧而右半球则支配身体的左侧。绝大多数人的语言思维主要在大脑的左半球的语言中心进行,而且这语言中心又分为理解语言区和形成句子区两个不同区域;损害了前者讲话仍然流利但无内容,损害了后者则不能讲话但能理解,去掉这两个区域之间的联系时既能讲又能理解但讲不出所理解的话。绝大多数人的图像识别和音乐思维在大脑的右半球进行,大脑右半球产生直觉灵感,是创造性丰富的脑区。去掉大脑左右两半球之间的神经联系,会发生单一意志的分裂,形成具有不同愿望而发出不同动作指令的独立意志,这表明信息的交流和整合对形成统一意志的重要性。人脑由几千亿个神经元细胞和几万亿个胶质细胞组成,神经元是实现脑功能的主要细胞,胶质细胞的全面作用尚不清楚,已知它们起支撑作用和营养作用。几千亿神经元的大部分分布在小脑中,而大脑中则只有几百亿个,其中一半以上在大脑皮层中。褶皱的大脑皮层可区分为顶叶、额叶、枕叶和颞叶四个主要部分,展平后面积可达0.25平方米,厚度则只有2毫米,平均每平方毫米包含10万个神经元。大脑皮层被区分为104个布劳德曼区,左右两半球各占52个,一个布劳德曼区的展平面积约为21平方厘米。

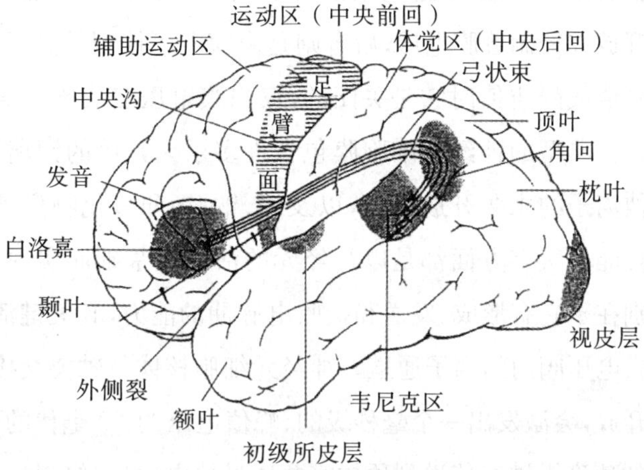

图 2-3-1　人大脑左半球外侧面的机能定位

作为大脑皮层基本单位的神经元，由锥体状的细胞体、细胞体生长出来的细长形的轴突和从它们伸展出来的枝蔓状的树突(作为轴突多倍分叉的顶树突和作为胞体的根须的底树突)三部分组成，很像一棵纤长灌木或一棵草本植物的根须。一个神经元自身就是一个复杂的电化学装置，其中包含连续的内部膜电压，并且当其超过一定的阈值时就发送一个电脉冲给另一个神经元。神经元细胞膜是由具有电绝缘性能的双层单一髓磷脂分子组成的，它包裹着细胞体和轴突，并不包裹树突。细胞体中心的细胞核中有维持细胞日常运转所必需的 DNA 模板，轴突有长有短，短的约几微米，长的有 1 米以上，顶树突和底树突都是微细的枝杈。细胞膜并非使细胞与其环境完全隔绝开，而是通过其选择性通道允许某些物质成分进入或离开细胞。这些通道是由埋置在细胞膜中的大分子构成的，通过存在于它们中间的钠钾泵，细胞外的钾离子被输入细胞内，细胞内的钠离子被输送到细胞外。细胞膜对负离子的渗透性远不及对正离子的渗透性，由此产生一个由外向内穿透膜的电压降，形成一个细胞内部为负极而细胞外为正极的细胞电池，其电势差维持在几十毫伏特的水平。由于离子泵和膜的电压降的联合作用而维持,在细胞内钾离子浓度远高于细胞外而钠离子的浓度则远低于细胞外。神经元细胞膜有永久开放和电压阀门开放两种不同的通道,前者对某些离子无条件地开放并控制着膜电压;后者则是由膜电压控制的离子通道,当膜电压处于正常值或静止值时它是关闭的,仅当膜电压变成绝对值较小的负值时它才开放。典型的神经元细胞膜包含许多永久开放的钾离子通道,和相对少的其他离子的永久开放通道,以及钾、钠、钙和氧化物离子的电压阀门通道。脑功能的所有方面都是以神经元的活动为基础而实现的,它与其他细胞的区别在于它有形成、发送和接收电脉冲的能力,其关键活动是开启和关闭细胞膜电压阀门的离子通道。神经元细胞核体与轴突交接处的钠离子通道突然开放,会激发出一个毫秒级的、峰值电压约 30 毫伏的电脉冲,以每秒 100 米的速度沿轴突传送到顶树突并通过放电而发送信号。不同神经元之间联系、接触的结构或功能界面叫做“突触”,它们可区分为电突触和化学突触两种类型。在电突触中,两个神经元之间的间隙小于几纳米,实际上它们已经结合成单一的电单元;而在化学突触中,神经元之间的间隙约为几十纳米,它们之间的联系要通过能传递信息的递质和能够调节信息的调质来实现。当神经电脉冲接近突触时,在突触前引起包含神经递质的小囊向突触前的细胞膜靠近并释放神经递质,细胞膜上的电压阀门控制的离子通道开放,它们穿过空隙而为下一个神经元细胞膜上的神经递质接受器所接受,引起该神经元的激发或抑制。迄今所发现的神经递质和神经调质已达

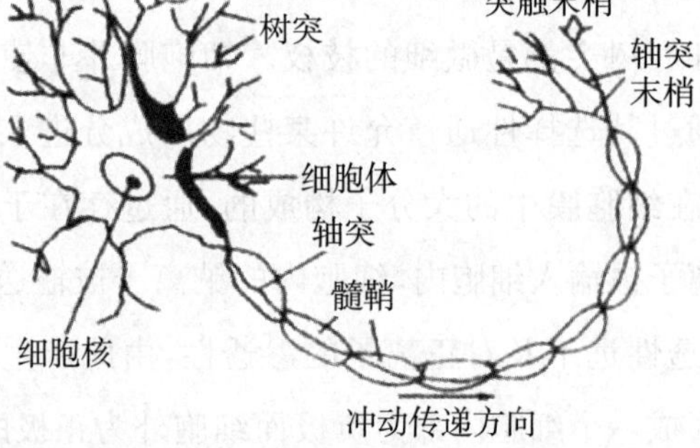

图 2-3-2　神经元结构示意图

百种之多，这些在细胞体内合成的神经递质分子的职能都是专一性的，有的使接收神经元激发而有的则使之抑制，每种神经递质分子都有与之相匹配的细胞膜接受器。

结构和功能相同的神经元往往倾向于集聚在一起，在大脑皮层中形成神经元结合的等级柱及其功能层结构。约一百个神经元组成一个微型柱，约一百个微型柱组成一个大型柱，约一百个大型柱组成一个超柱，约一百个超柱再组成一个皮层区——布劳德曼区。微型柱的直径约为 30 微米，跟蜘蛛吐的丝一样细，其形状像一把细长的芹菜，但它们并非根梢整齐排列的芹菜束，在任一水平面上一般只能看到几十根顶树突。大型柱的直径约为 0.5 毫米，相当于一根细铅笔芯，其中的微型柱间隔约为 30 纳米。超柱、中大柱之间有一定的间隔，超柱之间在皮层区中也是相间而居的。这种等级柱结构还使得 2 毫米厚的大脑皮层形成功能层结构，由自外向内的内部信箱层、收信箱层和发信箱层组成。在这种结构中的每个神经元，由于其树突枝蔓繁多，可以通过突触与几万个其他神经元连接。神经元的活动具有一种特定的时空相关模式，仅当其输入脉冲的数目超过阈值并同步到达时，突触后神经元才放电。神经元可以被看作重合一致的检测器，神经表达就是通过突触连接的神经元集群的时空相关活动实现的。脑内不同区域的神经元具有不同的功能，同一区域的神经元也可以具有多种功能。视、听、嗅、味、触等感觉由感觉器官接受后，引起相应神经元的激发，释放神经电脉冲和神经递质，向中枢神经传递所接受的信息，并在脑的特定区域形成整体的感觉和记忆。

神经元完成这些任务的机制尚在研究之中，有关科学家倾向于认为这是大脑神经元的自组织过程。人脑包含上千亿个神经元，每个神经元可以有上万个突触连接，并有分子、突触、神经元、神经网络、神经回路、投射区、神经系统和中枢神经系统等诸多组织层次，大脑的思维功能由大量具有不同功能的神经元进行信息的平行处理并逐级整合信息而成。以复杂系统理论和自组织理论为出发点，设想大脑是复杂的、超级的自组织系统，思维被认为是大脑内神经元的自组织过程,意识被看作大脑内神经元自组织的产物。目前已经知道,蛋白质有“自复制”特性,从神经元、神经网络到大脑都有非线特征和混沌特性,大脑还有类似于模式选择的功能,听觉和视觉都有二级相变、一级相变特性。从大脑的自组织观点来看,感觉是感觉器官接收外界刺激而在大脑内诱导的自组织,模式或图像识别是脑内自组织的图像(模式)与外部图像(模式)的反复比较与鉴别,记忆是在某个时期内有可能主动再现的自组织吸引子,回忆是对记忆吸引子的再现,学习是大脑自组织能力的锻炼与提高,创造活动是脑内自组织结构的质的突变,逻辑思维是思维过程中多个吸引子的语义序列,形象思维是思维过程中奇异吸引子的语义序列。意识可能起着序参量的作用,对特定的神经元群体起支配和统治作用。神经系统是复杂的自适应系统,很可能和其他复杂适应系统一样,通过模式复制、变异、竞争和自组织等演化过程而形成意识和智能。

2.3.2 图灵机和神经网络

1997 年 5 月 3 日至 11 日,在纽约曼哈顿帝国大厦,IBM 公司设计的计算机“深蓝”与国际象棋大师俄国人卡斯帕罗夫对弈,结果“深蓝”以二胜三平一负、总分 3.5 比 2.5 获胜。连续 12 年独步全球的卡斯帕罗夫不服气,扬言要为人类的尊严再战。而在“深蓝”的制造人台湾学者许峰雄和谭崇仁看来,人机对弈实验并不涉及有关人类尊严的伦理问题,而是为了通过国际象棋这一规则简单的形式探讨用电脑解决复杂问题的途径。以机器模拟人类思维的这一成功展示了人类认识自身所获得的具有历史意义的进展。虽然机器模拟智能的直接目的在于建造人工系统,但模拟无疑也是对思维的一种认识方式。迄今人们对于人脑的科学认识还很不够,完全模拟作为超级复杂系统人脑的结构和功能尚不可能,因而根据现有的知识建立一些具有一定结构和特定功能的脑模型就成为一种不可或缺的研究方式,其中的认知计算模型乃是当今思维科学的一种成效显著的研究纲领。

早在 17 世纪,德国哲学家和科学家莱布尼茨(1646—1716)就提出思维可计算的设想,即“符号语言”和“思维演算”的思想。但“计算”属于数学的范畴，“思维计算”问题的解决必定要以数学问题的解决为基础。在实践上“计算”或“算法”是个古老的问题，然而对于计算的本质追究却是近百年才认真提出来的。数学问题中的哪些是可计算的，哪些是不可计算的，以及计算的一般步骤等这类的抽象数学问题是思维计算的数学基础。1900年，德国数学家希尔伯特(1862—1943)在巴黎国际数学家会议上提出面向20世纪的23个数学问题，其中的第十个问题其实质就是可计算性的判决问题。

1934年，德国数学家哥德尔(1906—1978)提出一般递归函数的概念；差不多同时，美国逻辑学家丘奇(1903—1995)等人提出一类可计算函数，叫做拉姆达(λ)可定义函数，并且不久他们就证明了它正好是一般递归函数。于是，丘奇提出著名的论点，即每个可计算的函数都是一般递归函数。1936年，英国数学家图灵(1912—1954)提出理想计算机可计算的函数，翌年他进一步证明了理想计算机可计算的函数与拉姆达可定义的函数的等价性。由于三种可计算函数等价，可计算函数就可归结为哥德尔的一般递归函数，因而可计算函数的计算也就可以归结为图灵理想计算机的计算。

图灵提出的理想计算机后来被称为“图灵机”，图灵理想计算机的计算被称为“图灵计算”。图灵机作为一种纯数学抽象概念，实际上是“机械计算”的一个模型。所谓图灵计算，即按某种规则，将一组数值或符号串转换成另一组数值或符号串的操作过程。一部图灵机包括三个部分：第一，一条存储信息的无限长的带子，其上有许多格子，每个格子可以存储一个数字；第二，一个读写头，它可以从带子上读出数字，也可以在带子的空格里写上数字；第三，一个控制装置，可以控制带子的走动或控制读写头的读写动作。图灵证明了一个重要的定理：存在一种图灵机，它可以模拟任意给定的一个

图2-3-3 图灵

图灵机。若将它看作一个理想计算机，那么这种可模拟任何图灵机的理想计算机就是通用计算机的一个模型。

在1947年的一次计算机会议上，图灵做报告论证智能机器的可能性，提出按照符号转换的定义。他指出，人脑或计算机进行的定理证明、文字处理和一切可归结为符号处理的操作，都属于计算。1950年，图灵又根据计算机能进行符号计算的事实，发表重要论文《计算机与智力》，提出计算机能思维的观点，并给出了检验计算机能否思维的一个实验，即著名的“图灵检验”：一个人在不接触对象的情况下，同对象进行一系列对话，如果他不能根据这些对话判断出对象是人还是机器，那么就可以认为这台计算机具有与人相当的智能。1969年出版的《机器智能》刊载了图灵1947年的那篇报告，他的人工智能思想的深刻意义为许多人所认识。1976年，美国科学家西蒙(1916—2001)等人提出物理符号假设，即任何一个系统，如果它能表现出智能，则它必能执行输入符号、输出符号、存储符号、复制符号、建立符号结构和条件性迁移操作；反之，任何能执行这六种操作的系统必能表现出智能。这一假设有三个推论：因为人有智能，所以人是一个符号系统；因为计算机是一个符号系统，所以计算机必能表现出智能；计算机能模拟人的智能。该假设为人工智能提供了理论基础，同时也为通过人工智能认识人的智能开辟了道路。

自从1943年美国科学家麦克罗克等人将神经元的反应表达为“是/否”的形式，以及后来西蒙等人将心理活动表达为符号计算以来，随着感知、识别、推理、联想、记忆、故障诊断、优化决策等思维操作实现了计算机模拟，以及计算神经科学、认知心理学、生物智能、计算智能和人工智能等一系列新理论和新学科的不断提出，这样一种观点广为人们接受：神经元的基本功能是计算，思维即计算，或者说思维是由神经元的计算功能逐级整合而形成的。人类抽象思维的各种逻辑规则可用数理逻辑中的谓词表示，而谓词的真假值又可用1和0表示，故谓词演算可转化为计算机中的计算。于是，人们普遍认为逻辑思维不仅可以归结为符号计算，而且可以用计算机模拟。

音像的感知和识别以及记忆和联想甚至规划和决策等具有形象思维特点的操作已在人工神经网络中实现，有人还认为形象思维也可用网络计算加以模拟。

在人工智能的基础上，认知科学的开创者们提出“认知即计算”假说，并以“认知计算理论”为研究纲领发展认知科学。认知计算理论作为一种方法论原则，把对于认知和智力的理解分解为三个抽象水平不同而又相互联系的独立层次：作为“实现”的第一层次，作为“表征和算法”的第二层次，作为“理论”的第三层次。人们认为，无论人脑同计算机在硬件（实现）层次乃至在软件（表征）层次是如何的不同，但是在理论的层次上，它们都具有产生、操作和处理抽象符号的能力。作为信息处理系统，无论人脑还是计算机都是操作处理离散符号的形式系统。这种离散符号的操作过程就是图灵机意义下的“计算”，即通用图灵机给出的有关计算的最一般的精确定义。认知和智力的任何一种状态都不外乎是图灵机的一种状态，认知和智力的任何活动都是图灵机定义的离散符号的、可以一步一步实现的“计算”。因此，这种认知计算理论也被称为“符号处理学说”。

“计算”的概念对于认知科学的基本重要性，犹如“能量”和“质量”概念对于物理学以及“蛋白质”和“基因”概念对于生物学的意义。虽然“计算”概念已使智力的研究建立在现代科学基础之上，且认知科学也取得了诸多可喜成果，但认知计算理论并未因此而完美无缺。认知科学家们发现，有众多实验支持初期知觉是一个从大范围性质到局部性质的过程，而大范围性质的拓扑性的计算较之局部几何性质的计算要复杂得多。计算困难程度的次序与人的知觉先后次序的这种相反可能暗示：人脑信息处理方式较之图灵定义的计算存在着根本的区别，因而把认知的本质看成计算的指导思想必定是不全面的。认知的图灵计算纲领更一般的结论还在于，把人类的认知结构、认知过程和认知能力归结为“递归性”，从而也就肯定了人类智力的生成本质。一些科学家极力反对“认知即计算”的认知科学研究纲领，例如英国物理学家彭罗斯以其《皇帝的新脑》表达他对人脑递归限制的异议。但是，迄今最成功的认知研究成果毕竟是以认知递归纲领为指导获得的。人们对于人脑递归性限制的种种抵触，会不会重蹈反对宇宙演化式的旧辙呢？

尽管认知的计算研究纲领有种种缺陷并遭到严厉的批评，但沿着这一方向前进的神经计算“一浪更比一浪高”。1943年，美国科学家麦卡洛克和皮茨提出最初的神经细胞模型。1949年，美国心理学家赫布提出神经网络的学习规则。1957年，罗森勃拉特提出具有自学习能力的感知机模型。虽然1969年美国科学家明斯基(1927—2016)等人对简单感知机局限性的分析而使之一度“山穷水尽”，但日本科学家中野的“联想机”(1969年)、日本科学家福岛的“认知机”(1973年)出现，到20世纪80年代初认知计算又迎来了“柳暗花明”。由于计算机能力的加强和神经科学的进展，人工神经网络研究又重获新生，模拟人类思维和智能的技术走向人工神经网络和人工智能结合的方向。1982年，荷普菲尔德(1933—)提出计算能量函数作为神经网络稳定性的判据。1983年，欣顿(1947—)和谢诺夫斯基研制出波尔兹曼机。在神经计算概念和并行分布处理原理形成的基础上，前馈、反馈、循环、混合、树状和网状等网络模型，以及误差传播式、联想式、概率分布式和竞争式等神经计算的新算法先后被发展出来。我们完全可以想象，随着量子计算机和生物计算机的进展，神经计算必定会有惊人的进步。

人工神经网络作为一种人工系统旨在模拟人脑的神经功能，其硬件实际就是神经网络计算机，而其软件则是模拟神经活动的平行处理系统。人工神经网络研究力图体现人脑的如下特征：大脑皮层是一个广泛连接的巨型复杂系统，人脑的计算是以大规模的并行处理为基础的，具有很强的容错率、很强的联想力、很强的自组织性和自适应性。由于计算机能力的限制，目前的人工神经网络只含有几百个到几千个神经元，其复杂程度还远远低于人类的大脑。按人脑神经网络结构连接其神经元，模仿人脑神经元间突触强度可变的赫布律，调节各接点间的连接强度，根据自适应反馈控制原理设计其连接强度的调整算法，少量神经元组成的人工神经网络已取得了很好的进展。神经网络计算机的本质在于，网络中各单元间的连接权重连续并行分布变化，每个单元不仅是一个信息处理场所，而且也是一个信息存储场所和能与临近单元通信的场所，即每个单元不仅是能力分布单元，而且是集存储、处理和通信功能于一体的“三合一”单元。

认知科学的主流思想是功能主义，它主张人的智能行为必须诉诸内在的认知过程来加以说明，以建立认知活动的信息处理模型为最高目标。功能主义者把大脑看作一个计算系统，只询问是什么类型的功能在大脑中得以体现，而不问这些功能在哪些脑细胞上得以体现，或它们在生理上如何使这种体现成为可能。功能主义者考虑了精神状态实现的多重性和因果作用，功能分析、生命科学、认知科学和信息科学的结合研究，不仅有助于解决智力的本质及其起源问题，而且将实现用机器部分模仿和代替人的脑力劳动。由于集中了专家的经验和知识，机器可以比一般人更聪明。计算机“深蓝”战胜国际象棋世界冠军的事实表明，计算机的某些性能已经达到了很高的水平，但在语音、文字和图形的识别方面其水平并不高，仍然停留在学龄前儿童的水平上。目前，对人脑机理的研究工作正在全世界大力展开，模拟人脑工作机制的计算机也在加速研制之中，计算机的功能越来越逼近人脑的功能。模拟人的动作、视觉、判断并能根据指令进行工作的机器人已在工业中被广泛使用，能进行家务劳动并能与主人沟通的机器佣人和机器宠物已开始进入市场。快速发展的科学技术正在开辟一个人类智力进化的新时代。基因工程和克隆技术将会以“人择”代替“天择”，从基因的水平上提高人的体力和智力，计算机芯片和人脑联接会发展出记忆力和理解力超强的个人。由生物芯片和有机材料制造的机器人会成为活的计算机，它们具有自组织、自学习、自适应的功能，不仅善于思考，而且还可能具有情绪和感情。将来会不会出现活的机器人统治世界的前景？只要机器人的复制繁殖由人控制，这样令人恐怖的前景似乎不会发生，究竟如何将取决于未来几代人的智慧。

2.3.3　人类智力的本质

人类的智力是指其认识客观事物并运用知识解决实际问题的能力，其通过观察、记忆、想象、思考、判断等表现出来，它是先天素质、社会历史遗产和教育的影响以及个人努力三方面因素相互作用的产物。从历史的角度看，智力必定是在漫长的生物进化的过程中产生的。有人把单细胞的菌类或藻类对食物浓度差或光照强度的反应以及游向食物或光线充足的地方看作智力的萌芽。人类智力起源的研究一般不考虑这类低级的智力行为，而是从人与其他动物区别的智力行为开始研究。人类智力的起源必然要追溯到人类的诞生和脑的进化。为理解智力的本质及其产生和形成的过程，必须对以下三个方面的问题进行考察：作为智力活动器官的脑的进化问题，作为智力外化行为的工具的使用和制造的问题，作为智力外化高级形式的语言发明和运用问题。

脑是思维的器官，它的复杂结构的形成不可避免地要依赖于生命的产生和进化以及机体对于不断变化着的自然条件和群居生活的曲折适应。动物的脑进化有三个转折点：爬行动物的诞生、哺乳动物的诞生和灵长类动物的诞生。第一次转折发生在几亿年前，地球上首次出现了一种脑内信息量大于基因信息量的生命机体，这就是早期的爬行动物，它具有视觉特征探测功能。第二个转折发生在几千万年前，地球上出现了哺乳动物，它们的脑量为爬行动物平均脑量的 4 倍以上，大脑新皮层已高度发达，使得特征探测到知觉感知的跃变成为可能，并带来强大的选择压力，因而有助于形成较大的脑量，学习记忆能力有所提高，习得性行为比例显著增加，行为模式变得较为复杂。第三个转折发生在几百万年前，包括人类在内的灵长类动物在地球上诞生，其脑量增长到哺乳动物平均脑量的 2 倍以上，在灵长类动物中，猿的脑量为其他灵长类动物平均脑量的 2 倍，而人的脑量又是猿的平均脑量的 3 倍；灵长类动物最重要的特征是额叶的产生，其使得神经系统不再是被动地、单纯地接受信息和处理信息，而是能够主动适应环境，乃至有意识地改变环境。脑的进化与修饰总是在先前已有的脑组织和结构的基础上进行，通过在旧系统上面增殖新系统而达到根本的变化。虽然脑的每一步进化都得保留原有部分，但其功能总是为新生层所控制，同时具有增殖新功能层的能力，最后形成覆盖在脑的其余部分之上的最新进化的堆积物——新皮质。新皮质进化得最出色的是人、海豚和鲸鱼，在人出现后的几百万年里这种进化又大大加快了速度。人类大脑无疑是生物史上最伟大的成功之一，自然选择在脑的进化中起着一种智力筛选的作用，从而产生出越来越能胜任应付自然变化的人类的大脑与智力。人类是从灵长类动物进化而来的，能两足直立行走的高等灵长类动物被归入人类。人类的进化经历了前人阶段、能人阶段、直立人阶段和智人阶段而进化为现代人。现有的化石的证据表明，五百多万年前的一支古猿作为最早的前人，其脑量只约为 400 毫升。最早的能人出现在 240 万年前的东非，其脑量已明显增大，并已开始制造石器工具。最早的直立人出现在 200 万年前，亚、非、欧三大洲都有其遗迹的发现，其脑量比能人更大了，身材也明显增高了，并且能制造多种石器。最早的智人出现在 40 万年前，其脑量比直立人更大，为 1300 毫升以上，体质形态也比直立人更接近现代人。人类与灵长类动物的区别，并不在于其脑量特别大，也不在于其脑重与体重比特别高，比如在脑量方面大象和鲸鱼远高于人类，而在脑重与体重比方面狨也高于人类。人与灵长类动物之间最重要的差别可能在于人类具有制造工具的行为和拥有作为交流工具的语言这些思维活动的外显形式。在从非人灵长类动物向人类进化的过程中，出现了左脑和右脑的分工，左脑主要执行语言功能，右脑主要执行想象功能。根据具有文化含义的行为判断，原始的绘画和语言出现于 35000 年前的旧石器时代晚期。

人类的文化进化是从工具的使用和制造开始的，它作为智力外化的行为表现是在人类对生存环境的挑战所做出的一系列应战中产生和发展的。20 世纪以来，在亚、非、欧洲多处发现的古人类遗址表明，人类至少在 380 万年前就学会了用火，在 260 万年前开始制造工具，从此开启了不同于生物进化的文化进化的历程。在东非肯尼亚库彼弗拉出土了距今 260 万年的人类最早的石器遗物，在法国南部发现了距今 20 万年的人类最早的建筑遗址，而 10 万年以来的旧石器遗址则数以万计，在 3 万年前人类开始进入新石器时期。在全球各地的新石器文化遗址中，人们发现了石斧、石刀、石锥、石球、石簇、骨针和鱼钩等百余种生产工具以及反映人类精神生活的洞穴壁画。在从旧石器向新石器过渡的不太长的时期，人类已有了交流思想的语言，学会了耕种和畜牧，开始摩擦取火、制陶和编织，建筑居室和村落。由于生产工具的改进以及农业弥补采集和畜牧取代狩猎，人类从游猎走向定居，生存环境变得比较稳定，物质生活水平得以提高，文化生活也随之丰富起来。已发现的最著名的早期洞穴壁画，要算1.5万年前的阿尔泰米拉石窟壁画和拉斯科洞窟壁画，前者是在1879年被发现的，后者是在1940年被发现的。西班牙山丹得尔省幽暗的阿尔泰米拉山洞的顶和壁上画满了野牛、野猪、野鹿等动物，红色、黑色、黄色和暗红色的图像风格各异，共约150幅，其中的一幅上，一只伤势沉重的野牛虽然四足卧地不能站起来，但那低头怒目挣扎的神态似乎表明它要以双角迎接继续刺来的标枪。法国南部的拉斯科山洞长约180米，壁画的尺幅巨大，线条粗健，轮廓准确，野牛、野猪和野鹿奔驰的神态栩栩如生。这可能是原始人幻想的以虚控实的“魔法”，他们以为画一头被标枪刺中的野兽就会使下次行猎获得成功。画野兽这一事实表明，画者对它的习性有了一定的了解。可以说壁画就是史前人类理解自然的艺术，而且在他们看来这些都是生活的必需。原始人的这种生存方式是人类智力的第一次发蒙，是以后一切智力活动的最原始的“根”和“源”。把模仿自然作为控制自然的手段这种想法，无疑促进和推动了人类日后寻求正确的自然科学理论的途径。公元前60世纪以来在欧、亚、非、美各洲已形成了许多古代的农业社会中心，例如在近东地区发现的著名的卡塔尔·惠雅克新石器时代的遗址，属于公元前60世纪前后的文明，有许多壁画、石雕和大量泥制的女人像。人类在公元前60世纪发明了帆船，到公元前55世纪开始使用铜金制品并制造了精美的花瓶和大理石女神雕像等艺术品，还有了行政、宗教和行会之类的组织机构。公元前60—前35世纪，农业已相当发达，人们种植了小麦、大麦、玉米、稻谷、豌豆等十多种农作物，驯养了除马之外的各种动物。同时，骨石技术和制陶工艺也都有了新的发展。

言语是智力的基础，它与人的知觉、记忆和思维密切相关，在所有人类特有的行为中语言行为是最基本的。难以想象没有语言的生灵会怎样思考。我们可以设想，没有语言的世界在某种意义上和没有货币的世界差不多。句法是人类智力的主要标志，如果没有句法，人比黑猩猩高明不了多少。人类的语音包含三四十个音素，它们都不能单独表达意义。迄今尚没有人能解释我们的祖先是如何越过用无意义的音素的有序组合来代替一声一意的障碍，而它可能是在由猿向人的进化过程中发生的最重要的事件之一。为了使我们能说和能听懂新的句子，我们的头脑中必须贮存的不光是语言的词汇，而且还要有我们所用语言的可能的句型。这些句型所描述的，不仅是词的组合形式，而且也是词组的组合形式。语言学家认为这些形式是记忆中贮存语言的规则，并把所有这些规则的组合称为语言的思维语法。在脑中存在一种语言模块，它位于大多数人左耳上方的脑区中，通用语法可能在出生时就布线于其中，它可能是自组织的结晶。用句法来构造更巧妙的思维模式，最重要的是在听者的头脑中重建思维模式。虽然语言能力要经过学习才能形成，但和人类亲缘最近的黑猩猩依然学不会。这表明，经过长期的进化，只有人类获得了语言的基因。科学研究发现，如果在幼儿期没有学习语言的机会，成人以后再学习就会有极大的困难。这可能是因为人类的语言基因主要在幼儿期表达；同时幼儿期神经系统处于快速生长发育期，容易建立不同神经元之间的联系。语言是人类进行信息交流和逻辑思维的必要工具，它对形成人类智力有特别重要的作用。行为主义用刺激-反应公式和强化的原则来解释人的言语活动，而预成论则认为人类语言表面上呈现的多样性其背后存在着一种刚性的、不变的深层结构，它可能已经存在在 4 万年了，比我们祖先学会种植庄稼和饲养动物还要早。行为模式是以生物学结构为中介的，但创造性行为则主要是由发育过程建构的，从知觉直到掌握语言这个广阔的人类行为领域，都是名副其实的创造过程。在所有人类特有的行为中，语言行为是最基本的，没有语言我们的发明和即兴创作能力的适应价值就要小得多。美国语言学家乔姆斯基认为，从根本上讲，自然语言没有表观上那样巨大的差别，它们都遵守编码于我们的 DNA 中的“普遍语法”规则，正如白蚁建造蚁窝的规则被编码于它们的 DNA 中一样。在乔姆斯基看来，语言是一种生成的系统，其生成遵守一套规则——生成语法，它就像一套足以产生每个语句的计算机程序，不同语言的生成语法具有共同的编码。人类基因组研究的深入和功能基因组研究的发展，将有助于阐明生命和智力的起源。长期以来，乔姆斯基的理论思想对心理学关于言语理解和生成的研究有重要的影响。尽管近年来关于言语理解和生成过程的研究在广度和深度上已超越了乔姆斯基的理论框架，但在认知心理学中仍没有出现一种统一的理论框架足以替代它。

2.3.4　脑科学和人工智能①

脑科学，狭义地讲就是神经科学：是为了了解神经系统内分子水平、细胞水平、细胞间的变化过程，以及这些过程在中枢功能控制系统内的整合作用而进行的研究。脑科学分为基础神经科学和临床神经科学：基础神经科学主要包括神经生物学和计算机生物学等；临床神经科学侧重于临床应用研究，研究与神经系统有关的疾病，及其诊断、治疗方法、技术等。与人工智能相关的计算神经科学归属于基础研究，它是应用数学理论和计算机模拟方法研究脑功能的学科。

人工智能(Artificial Intelligence)，英文缩写为 AI。它是研究、开发用于模拟、延伸和扩展人的智能的理论、方法、技术及应用系统的一门新的技术科学。人工智能是计算机科学的一个分支，它企图了解智能的实质，并生产出一种新的能以与人类智能相似的方式做出反应的智能机器，该领域的研究包括机器人、语言识别、图像识别、自然语言处理和专家系统等。当前，人工智能的理论和技术日益成熟，应用领域也不断扩大。可以设想，未来人工

① 黄蓓执笔。

智能带来的科技产品，将会是人类智慧的"容器"。人工智能可以对人的意识、思维的信息过程加以模拟。人工智能不是人的智能，但能像人那样思考，也可能超过人的智能。

图 2-3-4 人工智能示意图

随着科技发展，人工智能在计算机领域内，受到了愈加广泛的重视，并在机器人、经济政治决策、控制系统、仿真系统中得到应用。人工智能是研究用计算机来模拟人的某些思维过程和智能行为(如学习、推理、思考、规划等)的科学，用以使计算机实现更高层次的应用。人工智能将涉及计算机科学、脑科学、心理学、哲学和语言学等学科，其范围已远远超出计算机科学的范畴。人工智能与思维科学是实践和理论的关系，人工智能处于思维科学的技术应用层次，是它的一个应用分支。从思维观点看，人工智能并不限于逻辑思维，要考虑形象思维、灵感思维才能促进人工智能的突破性的发展，因此，人工智能的发展离不开从人脑的结构中获得启发。

在过去半个世纪里，神经科学虽然在细胞水平上探索神经可塑性方面获得了很大的进展，但在理解神经环路和大脑功能可塑性方面仍面临巨大的挑战；如何从对大脑相当粗浅的理解中，抽取对类脑智能技术富有启发性的内容，将是类脑智能研究的主要课题。

发展人工智能的终极目标是找到通用人工智能的解决方案。当我们谈论类脑的时候，一定要分清楚结构和功能这两个层次。要想实现某个功能，最好的方法是考虑什么样的结构才能实现这样的功能。现在大家在谈论智能的时候总是下意识地将计算机当成实现平台。也许我们可以换一种思路，比如，当我们为神经网络量身打造出一个新的实现平台后，也许离强人工智能就更进一步了。而目前人工智能和脑科学的结合面临的挑战是，我们还无法弄清楚以下智能的机理：智能涌现、自组织、自学习。如果能够弄清楚，人工智能的发展应该会有一个突飞猛进的发展。

脑科学被视为理解自然现象和人类自身的“终极疆域”，也为发展类脑计算系统和器件、突破传统计算机架构的束缚提供了重要依据。虽然不少人工智能的名字中已经出现“大脑”两个字，“神经网络”“深度学习”等算法的产生受到大脑研究成果的启发，蒙特卡洛树的结构和大脑中神经突触的结构也非常相似，但目前人工智能的工作模式和人脑还有巨大差别。这主要是因为目前对人脑的解析还不够。

智能，简单地说就是智慧与能力，是综合、复杂的精神活动功能，是人运用自己已有的知识和经验来学习新知识、新概念并且把知识和概念转化为解决问题的能力。智能活动往往和记忆力、感知力、思维、判断、联想、意志等有密切的联系，人类的智能表现在能够进行归纳总结和逻辑演绎，人类对视觉和听觉的感知以及处理都是条件反射式的，大脑皮层的神经网络对各种情况的处理是下意识的反应。

今天，科学家们已经将“旅行者”号探测器送出了太阳系，实现了对基因这一生命密码的编辑，但是对人体最重要器官——大脑的了解仍然十分有限。一方面，大脑内有 860 亿个神经元，结构极为复杂；另一方面，囿于技术限制，科学家很难对大脑活动进行精确、直观的实时观测。人类已然制造出了战胜地球上最强围棋选手的人工智能机器人 AlphaGo，面对自身的大脑时，却依旧如同雾里看花。

IT 产业变革周期十分频繁，平均每 10 年就会发生一次技术变革，如今已进入以计算技术和人工智能技术为代表的智能化时代。尽管人工智能已经成为“工具”，逐渐渗透到人类的生活中，代替人类进行重复性工作，越来越多的机器使得人类劳动力得以解放，有精力去追求创造性劳动，但是现有的算法与理想智能还有距离，迫切需要对脑科学进行探索。因此，人工智能的发展进入了包括脑科学的认知机理在内的“生物智能”发展阶段。

脑科学的认知是生命科学的最后一座堡垒。人类大脑的重量一般为1.4千克左右，在大脑皮层上有百亿个神经元，每个神经元又包含一千多个分支，十分复杂。脑科学的发展不但对于脑疾病的防治有巨大的推动作用，而且更为重要的是，脑科学研究还有助于在人工神经网络技术中设计实现新的学习机理与拓扑结构。换句话说，脑科学的进步将强有力地推动人工智能进一步发展。

认识到脑科学对人工智能的推动作用，美国、日本、澳大利亚和欧盟等国家和地区都在积极布局各自的脑计划。总体思路一是探索脑科学的秘密，研究人类大脑成像技术的机制，统计大脑细胞的类型，把神经科学与理论模型统计学结合起来；二是提出新一代的人工智能理论与方法，建立从机器感知、机器学习到机器能够思维和机器决策的颠覆性模型和工作方式。其中，值得一提的是美国脑计划的目标：一是开发大规模神经网络技术；二是开发描述人类大脑成像技术的机器。

我国清华大学等单位研制的多维多尺度高分辨率计算摄像仪器取得突破性实验进展，探索了疾病机理并推动了人工智能跨越式发展。同时，我国创新性地提出了将脑认知功能的解析和技术平台融为“一体”，认知障碍相关重大脑疾病诊治和类脑计算与脑机智能技术为“两翼”的“一体两翼”脑计划布局。“一体两翼”的中国脑计划目的有三：第一是认识脑，第二是保护脑，第三是模拟脑。

人工智能与人类智能的关系是互为补充、相互制约，人与技术的融合是必然的。人工智能是20世纪中期以后产生的学科，人工智能就是用机器模拟人类的智能活动，从而用机器代替人类行使某些方面的职能。人工智能是通过探索人的感觉和思维的规律来模拟人的智能活动，电子计算机是人工智能的媒介和基础。阿伦·图灵说："如果一台计算机能骗过人，使人相信它是人而不是机器，那么它就应当被称作有智能。"如果以此为标准来界定机器的智能，那么人工智能的发展仍然任重道远。

第三篇
现代技术原理的进展

在经验基础上发展起来的技术，由于自然科学的诞生才有了科学基础。自然科学在17世纪的形成是工匠与学者结合的结果，直到19世纪下半叶科学才真正成为技术原理的主要来源。由于科学衍生的技术原理层出不穷，它通过工程实践形成了一个繁华的人工世界，因而技术分类是一个棘手的问题。本篇以物质、能量和信息三大要素为出发点考察基本技术原理，将其划分为物质变化技术、能量转换技术和信息控制技术。这种技术分类既揭示了技术本身的核心内容，又能说明技术与科学的渊源关系。任何技术工程实践，不外此三类基本技术的组合过程。任何技术产品的生产，一般都包括工具、动力和传输三个基本组成部分，也就是说它包含物质变化、能量转换和信息控制三个基本过程。冶金、化工、纺织、酿造和制陶的核心技术属于物质变化，各种不同类型的热机、电机和各种电池的核心技术属于能量转换，信号的编码和传送、机械的齿合和带连乃至基因的人工操作都属于信息控制。

科学发现和技术发明是人类认识和利用物质变化、能量转换和信息控制的手段。没有物质这个世界就不复存在，没有能量这个世界就不会运动，没有信息这个世界就不能控制。正是科学发现和技术发明推动了人类文明三次跃升的相继形成：以认识和利用物质变化为主导的农业文明，以认识和利用能量转换为主导的工业文明，以认识和利用信息控制为主导的科业文明。科学的本质功能在于它的预见力，技术的本质力量根源于它的科学性。它们究竟是造福还是危害人类，完全取决于人们对其社会运用合理与否。当代的科学和技术正面临着来自社会的三大挑战：人类生存环境的恶化倾向，高技术评估的困难，科学与人文的不平衡。在这种情况下，科学和技术的社会效果甚至连同其生命力，都取决于科学和技术对其资源利用的程度、科学和技术的目标与社会需求结合的程度、科学和技术面对社会需求的自我调节和应变能力。

3.1 物质变化技术的进展

物质变化包括外形和色泽的变化、物态和物性的变化、组成成分的变化等，所谓物质变化技术就是通过材料的制备、设计和加工，人为地实现物质的种种变化。如机械加工、编织、雕塑等核心技术属于改变外形，印染、磨刨等核心技术属于改变色泽，蒸发、结晶等核心技术属于改变物态，蒸煮、腌泡等核心技术属于改变属性，冶炼、烧制、发酵、蒸馏等核心技术属于改变组分。本篇不完全按上述的物质变化分类叙述物质变化技术，也不拟按材料的组分特征、性质和用途、工程或产业应用那种惯用材料分类法来叙述，而是为了简便和突出技术的时代特征，取一种折中的叙述方式，按燃料采掘技术、金属冶炼技术、化学合成技术和加工成型技术分别加以叙述。

3.1.1 燃料开采

早期的人类主要以植物为能源材料，近若干世纪以来才逐渐把注意力转向矿物燃料——煤炭、石油和天然气。人类大规模开采和利用煤炭开始于18世纪中叶，石油的广泛利用则是在19世纪中叶以后的事，而天然气直到20世纪中叶才开始加以利用。到20世纪末，世界一次性能源结构如下：煤炭占27.2%，石油占39.7%，天然气占23.1%，核电占7.3%和水电占2.7%。我国是一个富煤贫油的国家，在能源构成中，煤占75%，石油占17%，天然气占2%，其余6%为水电和核电。

1.煤炭

煤炭作为一种可燃固体，其主要成分为碳、氢、氧、氮四种元素，含有少量的硫、磷等元素。煤炭分褐煤、烟煤和无烟煤三类，褐煤生成时代最晚，无烟煤生成时代最早，烟煤生成时代介乎两者之间。

东汉地理学家班固(32—92)在《汉书·地理志》中“豫章出石，可燃为薪”的记载表明，早在公元前2世纪中国人就开始利用煤炭做燃料了。北魏地理学家郦道元(约470—527)在《水经注》中说，龟兹(今新疆库车)取煤冶铁供三十六国，由此可推知在公元 6 世纪的西域用煤冶铁已有相当大的规模。明代科学家方以智（1611—1671）《物理小识》记载，16 世纪中国已开始把煤烧成焦炭用于炼铁。

煤炭的大面积利用始于 18 世纪英国工业革命时期以煤炭为能源推动蒸汽机，随着用焦炭冶炼金属的技术的发展，衍生出以煤炭为原料的焦化工业。在这一发展过程中，煤炭的勘查、采掘和利用技术得以不断发展。

煤田勘测的主要方法是地质测量、探掘工程、钻探工程和地球物理勘探。地质测量对天然露头和人工露头的部位进行测量与描述，绘出矿区的地质地形图。探掘工程对覆盖较薄的地区用人工剥离的方法揭露岩层和煤层构造。钻探工程是进一步用钻机深入钻进，采集不同高度上的岩心和煤心进行分析，以取得煤层的位置、储量等准确资料。地球物理勘探是利用岩层、煤层等矿床所具有的不同物理性质，通过地震爆炸法测井等物理方法，从地球深处获得不同反应来分析煤层，圈定含煤地区，推断地质构造。

煤炭的开采一般采用矿井开采方式，对于埋藏较浅者可露天开采，先进的开采方式是地下气化开采。露天开采工艺包括穿孔爆破、采装和运输等几个环节。气化开采是将埋藏在地下的煤炭转化为煤气，通过管道输送给地上用户。地下气化原理与煤气发生炉相同，但生产条件差别很大。一般以水平巷道为燃烧室，开掘两条竖直的巷道通向地面：其一用作鼓入空气，另一条用作排出煤气。

原煤需要经过“选煤”加工才能满足各种不同的用项。所谓选煤就是将原煤中所含灰分、矸石和硫磷等杂质去除，按不同的煤种、灰分、热值和粒度分成若干等级。选煤工艺分为筛分选煤、物理选煤、化学选煤和细菌选煤。筛分选煤把煤分成不同粒度，物理选煤能去除 69％以上的灰分和 50％以上的黄铁硫矿，化学选煤和细菌选煤尚未在工业中普遍应用。在煤的利用方面发明了许多工艺，其中最重要的是煤的焦化、气化和液化技术，它们为方便、高效和广泛地利用煤炭提供了条件，同时也为化学工业提供了重要原料，主要是煤焦油、轻油和液态氨等。随着人们对于工业污染的日益关注，各种洁净的煤燃烧工艺被开发出来，如层煤燃烧法、悬浮燃烧法、液化床燃烧法以及相关的脱硫和脱氮技术措施。

2. 石油

石油作为一种油状可燃液体，其主要组成是碳和氢结合而成的碳氢化合物（简称烃），包括石蜡烃、萘类、芳香烃和芳香类等，按所含主要碳氢化合物可分为甲烷油、萘油、芳香油和甲烷萘油等。石油的化学成分中碳含量为80%，氢含量为10%～14%，其余硫、氧、氮等元素总计占1%～2%，统称为非烃化合物。

人类真正大规模地开采和利用石油是19世纪中叶以后的事情。1846年，加拿大医生兼地质学家格斯纳从沥青岩中提炼出油液，去掉其中的焦油后得到了可用于照明的煤油。1855年前后，美国药剂师基尔在钻探盐井时打出了石油，后来他发明了蒸馏装置，分离出用于照明的煤油。人们由于不满足于利用天然油泉而转向钻井开采石油，1859年，美国人德拉克在宾夕法尼亚州打出了第一口具有商业价值的油井，其后20年内油井遍布美国各地。进入20世纪以后，随着汽车工业的发展，汽油需求量越来越大，石油的勘查、开采和炼制技术得到发展。

寻找埋藏在地底下的石油，有地质法、物探法和钻探法三种方法。地质法又称地面地质调查法，首先通过航空测量在飞机上对地面摄影，再利用立体显微镜观察研究这些照片所显示的立体图，得出勘测区的地质地形图。随后进行地面踏勘，直接观察地表的地质现象，寻找露在地面上的油气苗，或者将找到的某种岩石进行切片，对岩样进行分析化验，利用显微镜观察寻找岩石上可能存在的生成石油的植物和浮游生物化石，分析是否存在储油结构。物探法是在地面上利用各种仪器，通过测量不同岩石的物理性质了解地下的地质构造情况，以判断是否有储油结构。常用的物探法有重力法、磁法、电法和地震法。钻探法就是钻井法，常用的有顿钻钻井、转盘钻井和井底动力钻具旋转钻井，以及熔化法、热涨裂法、化学反应法和机械诱导法等数十种钻井法，通过钻穿目的地层开采石油。

石油的开采技术分陆上钻井开采和海上钻井开采。前者开始时大多采用消耗天然能量开发的方式开采，当油井不能自喷时就利用人工提捞的方法采油。后来发展到用直径大小不同的油嘴控制采油，注意合理利用天然能量，一旦油井不能自喷就运用机械抽取采油。20 世纪初期，发展出向油层注水或注气增压的采油方法，其由于注水方便而被广泛采用。石油开采一般都先通过自喷采油，当不能自喷或虽能自喷但产量低时改为机械采油，接着采用向油层注水或注气的采油方法。海上钻井采油主要在大陆架上进行，工艺和设备与大陆钻井大致相同，主要区别在于要有一套安装钻井设备的辅助平台，为与海水隔离还要有一套特殊的井口装置。海上钻井采油是一项复杂的工程，适应技术发展相继出现了固定钻井平台、自升降钻井平台、半潜式钻井平台和钻井船等海洋钻井装置。

最早的石油炼制装置只是一口铸铁大锅，炼制时用火加热锅内的原油使其蒸馏分离为不同的成分。1870 年，美国人洛克菲勒创立标准石油公司以后，石油炼制技术的改进和标准化工作开始展开。19 世纪后半叶，石油提炼主要采用多组卧式蒸馏罐作为装置，用油田伴生气、煤或木柴做燃料，而且只能间歇性操作。到 20 世纪初，人们模仿酒精蒸馏塔建造新型的炼油装置，在原油蒸馏釜上增加了冷凝塔以及预热装置、冷凝器和换热器等，为实现炼油过程的连续化奠定了技术基础。1915 年，标准石油公司把英国人瑞德伍德早在 1889 年就提出的高温裂化原理工业化，通过大分子量烃分解成小分子量烃这一途径，为以石油重馏分生产汽油和重要的化工原料乙烯开辟了道路。1923 年，发展出减压蒸馏的精炼工艺，从而改进了高沸点润滑油的质量。从 1934 年起，逐步发展出各种提高汽油辛烷值的方法；1936 年，提出催化裂化方法，1938 年进一步发展为硫化床催化裂化装置，由于其能实现催化剂的连续再生，而于 20 世纪 40 年代取代热裂化成为石油炼制的主导工艺。1939 年，标准石油公司开发出氢催化重整工艺，后来美国联合石油公司开发出铂催化重整工艺，大大提高了石油重馏分的利用率。

概括地说，石油的炼制包括原油预处理、原油的分馏加工、分馏产品的化学转化、加工成化工原料和油品精制加工五大阶段。预处理是蒸馏加工的准备工作，主要是对原油进行脱水、脱盐。蒸馏加工又称原油的一次加工，依据石油各组分沸点的不同，将原油分离为汽油、煤油和重油等不同的馏分。分馏产品的化学转化又称原油的二次加工，主要有催化裂解、焦化、催化重整、溶剂脱沥青和加氢裂化等。生产化工原料的加工又称原油的三次加工，最重要和大量的工作是用石脑油和柴油生产乙烯。油品精制加工的主要目的是通过化学-物理方法去除石油粗品中的有害杂质，如硫、氧、氮等的化合物以及一些胶质和沥青质等。由于石油炼制工艺的这些发展，早期一度被认作危险物而烧掉的汽油成为汽车的主要能源，被认为没有什么用途的石脑油可以生产短缺的汽油和化工原料。

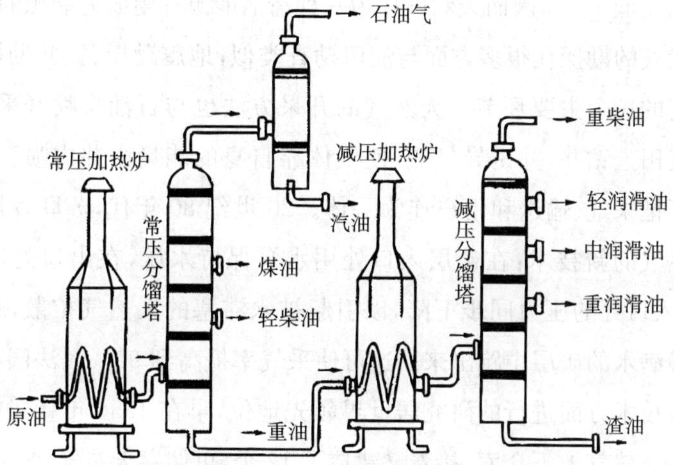

图 3-1-1　石油的分馏加工示意图

3. 天然气

天然气是埋藏在地下的可燃气体，主要成分是甲烷，还含有一些乙烷和丙烷等低分子量烷烃以及少量非烃气体。与煤炭和石油一样，天然气也能为工业提供化工副产品，可用以生产氨、乙烯、甲醇、炭黑等近千种化工产品。

最早利用天然气的国家是中国，早在公元前 221 年，四川省就建成了百米深的天然气井。在欧洲，英国于 1668 年开始利用天然气；在美洲，美国于

19世纪后半叶开始将天然气用于工业。美国在20世纪中叶开始大规模开采天然气；自1959年荷兰开发煤气田之后，欧洲也进入大规模利用天然气的阶段。20世纪50年代，世界天然气的85%以上是美国开采和利用的，其他国家只有委内瑞拉和苏联较多地使用天然气，因此天然气在世界使用矿物燃料总能量中所占的数量还不到10%。自20世纪60年代以来，天然气作为清洁、方便和热效率高的能源而迅速发展，苏联成为拥有世界上最大天然气输送系统的国家。20世纪下半叶，天然气在世界一次能源中的占比由1950年的9.7%上升为23.8%，而在苏联天然气所占的比例则高达41.5%。天然气的初期工业利用主要是用作锅炉燃料和生产炭黑、化肥，由于技术的进步，它已可作为汽车用燃料。燃烧天然气排放的一氧化碳等有害气体比燃烧汽油要低70%，因而天然气作为一种清洁能源有望成为能源的主体。

天然气的勘探在很多方面与油田勘查类似，地震勘探、钻井勘探和井下作业是它的三个主要环节。天然气的开采方法也与石油自喷开采法类似，即在油气田上钻井，并诱导气流，使气体靠自身的能量由井内喷至井口，其特点在于把采气、输送和用户连为一体。20世纪80年代，苏联发展了一项开采天然气的新技术：在矿层入口处用水泵保持水压，在出口处以风机调整，使出入口处的压力同步下降，以引起被水滞塞的天然气扩散，令其几乎全部从灌满水的矿层中跑出来。这可使采气率提高到90%。法国在天然气地下储藏技术方面进行的研究居世界领先地位，早在1956年就建成了世界上第一个天然气地下仓库，接着又建造了12个，可储存天然气98亿立方米。在天然气利用方面，1985年，新西兰建成世界上第一座把天然气转化为汽油的工厂，随后美国又发明了一种可把天然气转化为汽油的催化剂。天然气净化和液化技术的进步为天然气的使用提供了保障。

3.1.2 金属冶炼

狭义的金属指纯金属及其合金，广义的金属包括金属间化合物和某些金属化合物以及以半金属为基体的材料。在工业上把金属分为黑色金属和有色金属，黑色金属主要是钢，也包括铁、锰和铬及其合金，其余都归入有色金属。铁与钢的的区别只是含碳量的不同，含碳量小于 0.01%的为纯铁，含碳量大于 2%的为铸铁，含碳量为 0.04%～2.0%的为钢。早在 5000 年前人类就开始用木炭加热炼铜，在 3000 多年前又开始了冶铁，到 19 世纪黑色和有色金属材料技术都已相当成熟，而 20 世纪金属材料技术的主要进展是合金技术的突飞猛进。冶金技术包括金属和合金在生产、加工和应用的诸多环节中所涉及的各种工艺。

中国在工业革命以前的千余年间是世界冶金技术发展的主角。公元 6 世纪，中国就已用煤炭为能源、以兽力和水力驱动鼓风器冶炼铸铁；公元 10 世纪，冶炼铸铁的高炉已有五六米高且腰鼓似的形状已接近于近代高炉；到 16 世纪初，已广泛使用焦炭为冶金能源。在欧洲，中世纪采用渗法炼钢，到 16 世纪也采用水车带动的皮囊鼓风器冶炼铸铁，在 17 世纪只是把高炉由 6 米增加到 8 米，到 18 世纪中叶，才把冶金技术推进到一个新阶段。1709 年，英国人亚伯拉罕・达比（1678—1717）以焦炭代替木炭用于高炉炼铁，取得了巨大的成功，提高了生铁的产量，降低了成本，大大提高了生铁的质量。达比的发明具有划时代的意义，经常被后世视为引燃世界工业革命的火种，因为它完全改变了当时英国工业的格局和发展历程。在 19 世纪后半叶，德裔英国发明家西门子（1823—1883）和法国工程师马丁（1824—1915）发明的平炉炼钢法，英国工程师贝西默（1813—1898）发明的转炉炼钢法以及后继者的诸多改进，使大规模炼钢成为可能。在 20 世纪中叶，氧气代替空气用于转炉炼钢并逐步发展出氧气斜吹炼钢、卧式转炉双管吹氧和氧气底吹转炉等有效的炼钢法，促使 20 世纪 70 年代平炉炼钢退出历史舞台。

图 3-1-2 西门子

虽然 5000 年前的青铜就是铜和锡的合金，但青铜时代以来合金技术前进的步伐非常缓慢，当今广泛应用的合金钢和铝合金直到 19 世纪后半叶才出现。1882 年，英国工程师哈德费尔德(1859—1940)研制成具有耐磨抗震特性的锰钢，1900 年他又研制成具有很高磁导率的硅钢。20 世纪以后，人们研制成的合金钢达数千种，几乎包括了所有的金属元素以及少数非金属元素，如碳、氮、硼、硅等，这些合金钢具有不同的性能。1886 年，美国工程师霍尔和法国工程师埃罗(1863—1914)分别发明了电解制铝的方法。1930 年，德国首先研制出高硬度的合金铝。20 世纪 40 年代以后，锂、铍、铷、铯、铀、钍等稀有金属被提炼出来，各种稀土元素被提炼出来，并被用于制造各种合金。借助于光学显微镜、X 射线和热分析等新的观察手段，由于电子学和位错理论的发展，对合金的物性的理解不断加深，合金技术得以空前发展，新型合金大量涌现，如在钢铁方面有微合金钢、低合金高强度钢、双相钢等新钢种，在有色金属方面有高纯高韧铝合金、高强高模铝锂合金、高温铝合金、高强高韧高温钛合金、镍基和铁镍铬基高温合金、稀贵金属合金以及非晶态金属、贮氢合金、记忆合金和稀土永磁合金等。

金属半导体分元素半导体和合金半导体以及金属间化合物。元素周期表中有 13 个元素具有半导体性质，最常用的为锗和硅，锡的低温变体(锡灰)是半导体，铋呈块状时为半导体。锗是电子工业最早使用的半导体，为第一代半导体。到 20 世纪 50 年代，锗的生产工艺和器件制造技术已很完善，锗除用于制作晶体管外，还广泛用于温差发电、热敏电阻和光敏探测等方面。1950 年，人类制成第一只硅晶体管，20 世纪 60 年代硅半导体进入大发展时期，被称为第二代半导体材料，今天用作计算机芯片的是单晶硅。1952 年，德国科学家威尔克发现锑化铟化合物具有半导体性质，开辟了化合物半导体材料领域，三五族、二六族、二四族、二五族、五六族和六三族以及三元化合物型半导体材料才大量涌现。砷化镓被称为第三代半导体材料，是化合物半导体中使用最广的一种，在激光器和光电转换等方面获得广泛应用。用砷化镓制成的大面积薄膜太阳能电池，其光电转换效率比硅太阳能电池高出 40%。

金属超导体首先在金属中发现。1911 年，荷兰科学家卡麦林·昂内斯(1853—1926)首先发现在液氦的温度下汞的电阻几乎完全消失。后来人们发现钯、锡、铟、钽、镍、铊等诸多元素也具有超导电性，现在已知元素周期表中有24种元素具有超导电性。自1932年发现超导合金以来，一系列合金的超导电性被发现，超导临界温度有所提高。1953年以来发现的过渡金属碳化物和氮化物超导临界温度又有所提高，1986年以后发现的多元系氧化物超导材料（如钡-镧-铜氧化物和钡-钇-铜-氧体系）使超导临界温度一下提高到液氮温区。每一种超导体不仅都有一个标志其超导电性的临界温度，还有一个标志丧失超导电性的临界磁场。许多金属、合金、半导体和多元金属氧化物具有超导电性，已发现上千种超导合金和化合物，具有实用价值的多属第二类超导体，包括铌、钒、铌钛合金、铌锆合金以及铌氮、铌锡、钒镓、铌锗、铌铝等化合物。铌钛合金得到最广泛使用，先将其制成棒，外面套上直径合适的铜管，再把这一复合体加工成直径几微米或几十微米的细丝，最后经一定的热处理即可使用。铌锡和钒镓等的临界值比铌钛合金高，虽然加工难度大，但已可制成薄带或细丝。铌锆钛合金以及铌锡、钒镓、铌铝锗等金属间化合物已有销售。

冶金可大体分为物理冶金和化学冶金两大部分，化学冶金的核心技术是从矿石中提取金属并将其精炼到工业可用的纯度。物理冶金的核心技术是处理金属或合金的成分、结构与性能三者的关系以及加工工艺对其产生的影响。化学冶金有干法和湿法两类工艺：干法指借助于高温熔化从矿石中提炼金属或其化合物，湿法指借助于溶剂溶解从矿石中分离和提取金属。长期以来所使用的冶金技术，不仅有要求耐高温和耐浓酸碱腐蚀等苛刻条件，而且还带来高能耗、高污染、高成本。面对日益减少的资源和可持续发展的要求，矿物的生物提取和矿物的电极化提取开辟了一条新的冶金技术道路。矿物的生物提取是生物工程和微生物工程技术与矿冶工程交叉的产物，它利用微生物对矿物的酶催化氧化溶解作用及代谢产物对矿物的溶解作用，完成对矿物中有用成分的分离提取，在应用上包括生物选矿、生物湿法冶金等。生物提取基本在常温下进行，只需要稀酸，矿石不需要选矿、粗炼、精制多个步骤。美国的实践表明，生物选矿可以处理贫铜矿，成本也可大幅度降低。矿物的电极化提取是将催化技术用于矿冶，在电极催化作用下，将原需要高温、浓酸碱才能使矿物分解制炼的过程，变为在常温下和稀酸碱条件下发生反应。这一技术的具体工艺是矿物电位调控浮选和电极-矿粒溶解电解(又称矿浆电解)技术。这些技术在国内外也都有工业实验。

3.1.3 化学合成

化学合成，即用化学方法得到体现物质属性的最小单元的分子，是材料制备的最基本的技术。化学合成的核心技术是聚合，又称聚合反应，其作为单体生成聚合物的化学反应过程，可区分为加聚和缩聚两大类。加聚是单体通过加成反应生成聚合物的化学反应过程，而缩聚则是含两个以上的官能团单体的缩合反应。加聚物链节元素的组成与单体相同，仅仅在电子结构上有所变化；而缩聚物链节元素在组成和电子结构上都与单体有差别。聚合反应过程可以区分为链引发、链增长和链终止三个阶段。大多数烯类单体可以通过加聚合成聚合物。在物理学、化学、生物学和信息技术不断发展的基础上，19 世纪开创的化学合成技术在 20 世纪取得了长足的进步，不仅从天然物改性利用发展成人工合成为主，发展出催化合成、组合合成，而且正在走向分子设计合成。

虽然早在 1824 年就由无机物合成了草酸，1828 年又由无机物合成了尿素，但化学合成直到 1910 年酚醛树脂开始小批量生产以后才开始受到重视，1928 年成功地合成了“人造蚕丝”以后才真正兴起。20 世纪 30 年代的实验室研究导致 40 年代的工厂化生产，化学合成的塑料、纤维和橡胶等高分子材料迅速发展起来。高分子的化学合成技术是在实践中摸索出来的一些经验方法，对经验的不断总结和理论上的阐明逐渐发展成高分子学。高分子的研究主要是探索新的合成路线和新的合成方法。经过半个多世纪的研究，已经积累了相当丰富的经验，在理论上也有了较深的理解。高分子合成是从低分子合成高分子的聚合反应，也就是单体与单体通过价键形成而得聚合物。在加成和缩合技术的基础上高分子合成技术已有了长足的发展，定向聚合、络合聚合、异构重排聚合、模板聚合、界面缩合、溶液缩合、双烯合成聚合、偶极加成聚合等反应被发明出来。在探索用经济易行的化学方法合成大量能满足各种需要的物质方面，化学家和化学工程师们不仅探索聚合反应优化和聚合物的优质化，而且探索手征性化合物的不对称合成法以及非共价键的合成方法。

图 3-1-3　奥斯特瓦尔德

催化合成是化学合成技术进步的重要里程碑。虽然古人早就知道酿酒要用少量的酵母促进特定的反应，17 世纪时人们又发现了通过燃烧硫黄制备硫酸时加少量硝石会增加产量，但对催化进行科学研究只到 19 世纪才真正开始。法国的化学家迪索尔姆（1777—1862）和克莱门特（1779—1841）首先提出通过氮的氧化物使氧与硫作用形成硫酸的理论，俄国化学家基尔霍夫（1764—1833）研究了甲酸分解淀粉，英国化学家戴维（1778—1829）等研究了金属表面有机化合物氧化等多种催化反应。1836 年，瑞典化学家贝采留斯（1779—1848）命名了“催化剂”和“催化反应”。1894 年，德国化学家奥斯特瓦尔德（1853—1932）提出关于催化剂的现代见解，认为它的能量状态在反应前后不变，但能加快反应速度。催化作用作为一种技术受到重视而被广泛应用于生产，是从 20 世纪开始的。20 世纪初，催化技术主要应用于化学工业，如合成氨、硫酸和硝酸的生产都是通过催化剂实现的。30 年代后期，石油炼制生产开始使用催化技术。50 年代以后，石油化工广泛使用催化技术，如各种塑料、合成纤维、合成橡胶的生产。催化剂有三个主要特征：加快化学反应的“活性”特征、使化学反应沿某一专门方向进行的“选择性”特征和受到某种物质破坏活性的“中毒性”特征。催化技术有两大领域：多相催化作用和均相催化作用。前者指催化剂和反应物质不处于同一种物相，后者则指催化剂和反应物质处于同一种物相。催化研究还通过学科交叉形成了许多新的研究方向，如电催化、光催化、络合催化、环境催化、生物催化、膜催化和纳米催化等，进而产生了新的催化技术。

组合合成是一种快速制备大量相关化合物，可快速对其进行生物活性筛选的新的合成技术。与通常的一次只能合成一种结构的分子的化学合成法不同，组合合成可一次同时合成许多结构不同的分子。这种组合合成的概念是匈牙利化学家弗尔卡在1988年的一次学术会议上提出的，而见诸文献则是在三年后的1991年，1992年首次实现了具有安眠作用的一种药效组分的固相合成。组合合成的基本思路是，从某种单体或化合物出发，通过适当的程序快速合成数量巨大的寡聚物异构体，进行生物活性筛选以得到所需要的目的化合物。为了能较快同时合成数以百计乃至万计的化合物，组合合成发展了并行合成法、均分合成法、正交合成法、解卷积合成法和编码合成法等方法。组合合成的方法被用于建立分子库，聚合度为 N 的寡聚物，若其每个位置上可能置换的单体为 X，则按照排列组合的规律能产生总数为 X^N 个的寡聚物。这样，以20种氨基酸为单体可合成二肽 20^2 种，合成六肽 20^6 种，而合成八肽则为 20^8 种。这种无规的聚合物组合被称为“分子库”。

随着量子化学的进展，材料技术正走向它的最高理想，即合成具有指定性能的高分子材料。作为一门经验科学，百余年来化学已经制造出近千万种化合物，虽然积累了相当丰富的经验，但仍然带有很强的盲目性。虽然早在两百多年前人们就知道物质是由原子组成的，将原子和原子之间的结合叫做“化合”，而把这种结合的破裂叫做“分解”，但对于这种化合和分解的深入理解，直到量子力学诞生才有了可能性。在量子力学基础上建立的量子化学试图借助于量子力学的基本方程，计算分子间的电子运动的规律并据此解决种种化学问题。随着量子化学的进展，人们在解决化学实际问题时预见性更强了，科学家们才提出分子设计的奋斗目标。分子设计包括两方面的问题：一是如何合成具有指定分子结构的高分子化合物，二是什么样的结构会具有什么样的性能。如果对这两个问题有基本的理解并且有一些相应的加工工具，我们就能够按照某种合成方法和配方，经过某种加工成型的程序,制造出具有我们预期性能的高分子材料。直接求解方程是不容易的,例如对含有25个碳、14个氢、4个氮、7个氧原子的这样一个分子需要100亿个积分运算。电脑的进步使得这类复杂的计算成为可能。分子轨道法等近似计算方法、计算物性的分子动力学诸多模型和材料的电脑模拟,正在逐步实现科学家们的分子设计理想。高温超导体、有机半导体和医用药物等分子设计,已成为材料科学技术的重大前沿课题。

3.1.4　精细加工

加工技术包括各种成型,如金属的铸造、热处理和机械加工、塑料的成型、陶瓷的烧制、玻璃的吹制等,作为加工机器的车床的发明和改进具有特别重要的意义。虽然早在14世纪意大利就出现了用轮子驱动使用金属刀具的木制车床,但加工车床真正取得进展是18世纪下半叶才开始的。1769年,英国工程师斯密顿(1724—1792)制成水车推动的加工汽缸镗床,经1774年英国工程师维尔金森(1728—1808)的改进大大提高了其加工精度。1794年,英国工程师莫兹利(1771—1831)发明带刀具移动架的车床,后来他又发明了自动给进的螺纹加工车床。1817年,英国工程师罗伯茨(1789—1864)发明刨床和插床。1862年,美国工程师布朗(1816—1896)发明万能铣床和磨床。此后,英国工程师惠特沃斯(1803—1887)发明标准平台,使各种机床可以按照严格的标准制造出来。进入20世纪以后,机床都采用电力驱动,由于液压系统和电器元件在机床上的使用,在20年代机床发展进入半自动化阶段。40年代以后,数控和群控机床以及自动流水线出现,机床发展进入自动化阶段。1968年,英国的毛林斯机械公司制造出第一条由多台数控机床组成的自动线。材料加工技术在20世纪的重大进展突出体现在微电子学芯片制作中,它几乎囊括了所有加工技术。这类微观尺度的制造,正在通过从宏观到微观和从微观到宏观两条途径,把加工尺度从微米级推进到纳米级。

人类对微观结构和宏观性质认识得最深入并对它的加工制备技术掌握得最成熟的材料是半导体。早在1897年,德国物理学家塔姆曼(1861—1938)就提出晶体的生长取决于结晶核数目、结晶速度和热导率三个独立变量。1917 年，契克拉斯基发明拉单晶的技术。现在公认纯度和完整性好的晶体材料是人工合成的。半导体材料制备技术所达到的水平已经可以制成世界上最纯且完美性最好的单晶硅，并成功地解决了它的掺杂控制和薄层生长技术问题。此外，还发展了性能优异的锗、砷化镓等一系列材料，研究出分子束外延技术等，为器件制作和理论研究打下了基础。

1947 年，美国贝尔实验室的肖克利(1910—1989)、布拉顿(1902—1987)和巴丁(1908—1991) 发明了第一只晶体管。1958 年，美国德州仪器公司工程师基尔比集成(1923—2005)发明了第一个集成电路。随后，微米级的材料加工技术出现了日新月异的进展。半导体集成电路沿着小规模集成(大于一百)、中规模集成(一百到几千)、大规模集成(一千到十万)、超大规模集成(十万到千万)、特大规模集成(千万到十亿)前进到 1995 年极大规模集成(大于十亿)，一块几百平方毫米的芯片上集成数亿个元件。

1971 年，美国英特尔公司的霍夫(1937—　)与他的同事完成了第一个可供使用的微处理器，其芯片包含 2300 只晶体管。1982 年的 16 位 80286 芯片包含 13.4 万只，1986 年的 32 位 80386 芯片包含 27.5 万只，1989 年的 486 芯片包含 120 万只，1993 年的奔腾芯片包含 320 万只，1995 年奔腾芯片包含 550 万只，1997 年的奔腾 2 芯片包含 752 万只。

图 3-1-4　霍夫

集成电路制作使用的是微米技术，即在一块硅片上做出微米大小结构的技术。微米级制造工艺，包括光刻、刻蚀、淀积、外延、扩散、溅射、测试、封装等工序。平面处理工艺以曝光机为主要工具，先在基片上涂覆一层有机聚合物薄膜，然后用紫外光曝光机在其上制作掩模图形，再利用这个图形对基片进行选择加工，制出微电子器件。现在最好的光刻机的分辨率为 0.12 微米。微米级技术本身延伸出的 X 光刻机、电子束曝光机、离子束刻蚀机以及对材料进行的原子级修饰技术，已把微米级加工技术推进到纳米级。

除电子计算机芯片外，还有两项引人注目的微米级加工技术，它们是微电子机械和基因芯片。微电子机械指大小在几厘米以下乃至微米的机械装置。人们已利用微电子材料和工艺制作了微型的梁、槽、齿轮和薄膜乃至马达。这种马达可以用来移动原子或开闭阀门以抽取微升量级的液体。它们也可以像制作晶体管那样成批地制造，一次制造上百万个。当前，这种微机械可以进入人的血液里去清除胆固醇和病毒，可以为电子系统提供通向外部世界更直接的窗口而使之能感知并控制信息，微机械的集成装置可以造出甲虫大小的侦察机和重 0.1 千克的微卫星。

基因芯片的制作被看作材料加工领域一项前景远大的技术进展。所谓基因芯片，是指在 1 平方厘米的玻璃或硅衬底上，有序地固化大量特定序列的 DNA 片段(探针)，构成有大量生命信息贮存的 DNA 芯片。DNA 芯片的概念兴起于 20 世纪 80 年代，到 90 年代初美国率先实现 DNA 高密度集成，现在已应用于生物医学、分子生物学的基础研究，人类基因组研究和医学临床实验。基因芯片的制作一般采用在位组成合成化学和微电子光刻技术或其他方法，目前 DNA 芯片的空间分辨率已经达到 1 微米，基因芯片将对生物学基础研究产生革命性的影响。

微电子技术的不断进步促成纳米技术的诞生。微米级技术本身延伸出的 X 光刻机、电子束曝光机、离子束光刻机以及对材料进行的原子级修饰技术，首先成为发展纳米技术的工具。电子束曝光机可聚焦为 1 纳米，已经做到 5 纳米的结构，离子束刻蚀机也可以用来做纳米器件且可以直接沉积在基片上。X 曝光机也是一种纳米工具，具有并行处理的特点，但需要一种掩模板。最精微的工具是新发展出来的用于原子尺度加工的扫描探针显微镜，例如扫描隧道显微镜和原子力显微镜，在正常条件下使用几乎对材料表面没有什么影响。原子力显微镜，如果将扫描头和基片的距离缩短，则可在基片上写出图形。扫描隧道显微镜的扫描头和基片之间的极高电场可以被用来蒸发扫描头，也可以用来引发局部化学反应，把化学反应局限在扫描头下，还可以用来移动单个原子。电子曝光机和离子曝光机是目前实用的纳米加工工具，而扫描探针显微镜则是原子尺寸加工的唯一可行的工具。1990 年，美国商用机械公司(IBM)已经用扫描隧道显微镜将 35 个原子排列成"IBM"图样，1991 年，他们又将单个原子成功地移动到预定的位置。英国已能够制作出 4 纳米大小具有开关特性的复杂分子。中国也能在石墨上刻画出 10 纳米的字符和图形。

以纳米技术为基础的新工具将促成小于 100 纳米的超微分子器件的诞生，例如分子计算机和分子机器人等。这些分子器件可能具有更为主动和复杂的性能，能够帮助人类完成更为复杂的操作。基于分子装配的纳米技术，将能够对物质的结构进行完全的控制，使人类能够按照自然规律制造超微的智能器件。美国物理学家费曼(1918—1988)在 1959 年就曾认为可以用大机器制造小机器，用小机器制造更小的机器，以至能把大英百科全书记录在针尖大小的地方，甚至排列原子。20 世纪 60 年代，人们利用硅平面技术制造了微梁和压力传感器，70 年代制造了微小尺寸的机械零部件，1988 年制造了转子直径为 60～100 微米的硅静电马达。从此，微机械逐步成为一类新的微电子器件。随着集成电路技术的发展，微机械零部件与微系统一起集成，亦即构成所谓微电子机械系统。这里的机械不限于机械力学中的机械，代表一切具有能量转化、传输等功能的效应，包括力、声、光、磁、化学和生物等，其尺寸在毫米级到微米级之间。2001 年，美国 IBM 公司用纳米碳管制造了一个电压逆变器，这种单分子逻辑电路的成功意味着，纳米碳管取代硅作为制造计算机电路的基本材料已经为期不远了。

图 3-1-5　费曼

3.2　能量转换技术的进展

所有物质都是由原子组成的，原子是由原子核和电子组成的，而原子核又是由质子和中子组成的。物质的这种结构形式蕴藏的能量，可以通过各种相互作用方式改变其结构而释放出来。通过控制物质的相互作用，人类不仅能够实现物质的能量释放，而且能够实现各种能量形式之间的相互转换。当代人不仅都很熟悉摩擦生热、煤气做饭、电灯照明，而且对于汽车发动机、家用电器上的电动机和蓄电池也不陌生。这些都是基于能量的释放和转换技术实现的，摩擦生热是机械能转换为热能的过程，煤气燃烧是化学能转化为热能的过程，电灯是电能转化为光能的器件，汽车发动机是热能转化为机械能的装置，电动机是电能转化为机械能的装置，蓄电池是化学能和电能相互转化的装置，而我们最常用的电是由电厂的发电机将煤蕴藏的热能或水流的动能转化而来的。本章引导读者特别关注以下几种最重要的能量转换形式：热能和机械能之间的相互转化、电能和机械能之间的相互转换、电能和光能之间的相互转换以及化学能和核能的释放。

3.2.1　热机和冷机

热能与机械能的相互转换涉及热能转换成机械能和机械能转换成热能两个方面，前者主要包括蒸汽机、内燃机和火箭发动机等各种热机的技术原理，后者其本质是热机逆过程，因而可成为各种冷机的技术原理，但热机的发展一直居于主导地位。热机是把从高温热源吸收的一部分热量转换成机械能的装置，另一部分热量则通过低温热源向外界放出。所有热机的共同原理在于，将热能转变成气体膨胀的动能来推动机械。

1. 蒸汽机

蒸汽机主要是利用蒸汽在汽缸内推动活塞往复运动而做功的热力发动机；一些类似的装置，如利用喷嘴或固定叶把高温蒸汽压的热能变成动能，通过其产生的冲力和反冲力运转叶轮而产生动力的装置，也可以归入蒸汽机的范畴。

蒸汽机的诞生和发展与矿井提水的需要密切相关。1655 年，英国人萨默塞特（1610—1667）制造了一台蒸汽提水机；1674 年，英国人莫莱（？—1696）以活塞密封环改进了萨默塞特的提水机；1687 年，法国人巴宾（1647—1712）制造了一台活塞式的蒸汽机；1698 年，英国人萨弗里（1650—1715）制造的蒸汽水泵“矿工之友”获得了专利，但由于效率低、不安全和价格昂贵等缺点，矿工们还是因袭人力和畜力。直到 18 世纪中叶，蒸汽机才真正成熟起来，并且由于热力学的基本成果，以及钢材及其加工技术的进步，内燃机和涡轮机得以诞生和发展。

真正可作为原动机使用的蒸汽机是由英国铁匠纽科门（1663—1729）在 1705 年发明的，经英国工匠史密通（1724—1792）对锅炉和阀门的改进，遂成为 18 世纪使用最为普遍的蒸汽机。该机是一种杠杆式蒸汽机，杠杆的一端与活塞相连接，而另一端则紧固于作为动力受体的机器上，以 100℃ 的蒸汽注入汽缸推动活塞运动。英国机械发明家瓦特（1736—1819）在提高蒸汽机效率和改进运转方式方面做出了重大贡献。1763 年，他依据热力学潜热理论把冷凝工序从汽缸中分离出来；1782 年，他进一步把杠杆蒸汽机改造为双向旋转蒸汽机；1789 年，他发明可根据负荷而调节供汽的离心调速器；1790 年，他发明蒸汽气压表。经瓦特改进的蒸汽机，由于分离的冷凝器避免了汽缸喷水降温而提高了热效率，借助于一组齿轮的“行星运动”把杠杆的上下运动转变成旋转运动，使之便于作为原动机连接其他受体机器，调速器和气压表使蒸汽机成为可安全操作的系统。这种比较完善的蒸汽动力系统，在 19 世纪上半叶得到了广泛应用，成为工业的主要原动机。

图 3-2-1 瓦特

在瓦特之后，蒸汽机的主要进展是高压蒸汽机和复式蒸汽机的诞生和改进，使用高压和大膨胀进一步提高了效率，减轻了机体的重量。1802 年，英国人特里维西克（1771—1833）制造了第一台高压蒸汽机，蒸汽压从瓦特机的 0.8 个大气压提高到 3.5 个大气压。1816 年，英国人沃尔夫（1766—1837）制成中、低压复合式蒸汽机，燃料消耗降低为瓦特机的一半。1845 年，英国人马克瑙制成高、低压复合旋转式蒸汽机，燃料消耗降低为瓦特机的三分之一。1849 年，美国人考利斯（1817—1888）制成杠杆式高压蒸汽机。1871 年，英国人霍德制成三缸高压蒸汽机。1887 年，英国人威兰斯（P. W. Willans）制成三级膨胀式高压蒸汽机。

在蒸汽机出现之后就有人设计制造蒸汽轮机，以致瓦特蒸汽机的生产商博尔顿（1728—1809）担心蒸汽轮机会成为蒸汽机的有力竞争者。瓦特不以为然，认为除非它能高速运转，否则蒸汽轮机就不会成为蒸汽机的竞争者。汽轮机的关键问题是高压蒸汽的获得，1829 年英国工程师斯蒂芬森（1781—1848）父子首先解决了这一问题。但因缺乏适应高速旋转的材料，直到 19 世纪末汽轮机才成熟起来。1883 年瑞典工程师德拉伐尔（1845—1913）设计出转子速度为 26000 转/分的冲击式涡轮机，1884 年英国工程师帕森斯（1854—1931）制成转子速度为 8000 转/分的多级叶轮和功率为 7.5 千瓦的反击式涡轮机。帕森斯涡轮机的优点在于，蒸汽经过一系列分级膨胀通过转子，以便控制转子的速度。其间内燃机作为动力机已得到普及，而且几百千瓦的蒸汽机也已投入使用。迫于竞争对手的压力，汽轮机的研究也加快了步伐。1895 年美国工程师柯蒂司（1860—1953）设计出转速较低的双速式冲击涡轮机，1898 年法国人拉托（1863—1930）的压力复式涡轮机获得成功，现代各种涡轮机的原型几乎都亮相了。不久，汽轮机就取代了往复式蒸汽机，逐渐占据了动力机的地位。在 20 世纪，汽轮机的改进主要在于提高功率，以便用于船舶和发电的动力，20 世纪末汽轮机的单机功率已提高到 30 万千瓦。

2. 内燃机

内燃机是在发动机的汽缸内部燃烧燃料以形成高温、高压气体而产生动力的装置，包括汽油机、柴油机、石油机、煤气机等由汽缸和活塞组合而成的往复式发动机和旋转式发动机，以及开放循环型燃气涡轮机和喷气式涡轮发动机。

由于煤气工业的进展，1860 年，法国工程师勒努瓦（1822—1900）制造了第一台煤气机，它是一种非预压式的二冲程发动机。1862 年，法国工程师德罗夏（1815—1891）提出四冲程发动机原理，试图制造一种高效的内燃机。1872 年，德国工程师奥托（1832—1891）按德罗夏的理论制造出四冲程煤气内燃机，其转速为 180 转/分，功率为 2.2 千瓦。由于石油工业的进展，1883 年德国工程师戴姆勒（1834—1900）制成第一台汽油机，1885 年普里斯特曼制成更安全的石油机，1892 年德国工程师狄赛尔（1858—1913）制成第一台柴油机。柴油机采用廉价的重油做燃料，也不需要点火系统，燃料在喷入压缩的高热空气中发生燃烧，其效率明显高于其他内燃机。

图 3-2-2　狄赛尔

柴油机不仅可制作小型发动机，而且还可制作大型发动机。

用燃气直接产生旋转运动的燃气轮机，可连续且无震动运转。1872 年，斯托尔茨制造了一个成功运转的燃气轮机，它是一个外燃式空气汽轮机。1902 年，美国工程师莫斯发表有关燃气涡轮机的论文。1905 年，巴尔贝扎特制造了一个可实用的燃气轮机，它是一个以汽油为燃料的定压式发动机。1918 年莫斯用汽油机排出的燃气驱动涡轮，1926 年英国工程师格里菲斯（1893—1963）提出涡轮叶片的气动力理论后，莫斯与英国工程师惠特尔（1907—1996）先后于 1927 年、1928 年发明燃气涡轮螺旋桨轴带动

图 3-2-3　惠特尔

的轴向和径向增压器，促进了螺旋桨飞机的诞生。20 世纪 30 年代，瑞士工程师阿梅尔首次制成工业上实用的 4000 千瓦定压热功循环的燃气轮机。1937 年美国为推动火车和轮船制造燃气轮机，1941 年英国工程师惠特尔设计的以燃气涡轮机为发动机的飞机试飞成功。燃气轮机作为提供巨大动力的原动机，在第二次世界大战期间被广泛用于航海和航空。

喷气发动机是利用高温气体从圆筒形的容器尾部喷射产生的反作用力来达到推进的目的，它有风洞推进器和火箭推进器两种形式。这两种形式的原则性区别在于，后者由于工作在没有空气的太空，因而需要自带液体或固体氧化剂。风洞推进器主要用于航空器，1865 年，法国工程师勒布里(1808—1872)设计了一架安装了喷气发动机的单翼飞机，实际飞行并没有成功。1939 年，德国工程师奥亥茵设计的安装了喷气发动机的飞机试飞成功。第二次世界大战期间，喷气战斗机开始活跃起来。英国将惠特尔喷气发动机的原型送给了美国和苏联，后来它成为美苏两国发展喷气发动机的基础。大战结束后，世界上最早的喷气式客机——彗星 1 型于 1952 年试航成功，到 20 世纪 60 年代美国波音公司已制造出巨型喷气客机。

3. 火箭发动机

早在 1883 年，俄国科学家齐奥尔科夫斯基(1857—1935)就提出了用喷气推进原理制造宇宙飞船的设想，1903 年他发表了令科学界震动的论文《利用喷气工具研究宇宙空间》，他因此而被称为“航天之父”。他认识到火箭的排气速度与燃气的温度和气体分子的质量有关，设想以液体作为火箭燃料，以液氢做燃烧剂和以液氧做氧化剂。但火箭的发射

图 3-2-4 齐奥尔科夫斯基

实验直到 1926 年才获得成功，美国工程师戈达德(1882—1945)发射了长 2.04 米、重 5.5 千克的液体火箭，只升空十几米。到 1935 年，戈达德发射的

火箭已冲破了 20 千米的高度，速度达 1193 千米/小时，创造了人造飞行器首次突破音速的记录。罗马尼亚裔德国科学家奥伯特(1894—1989)毕生致力于液体火箭研究，提出火箭点火的公式和脱离地球引力的办法，对星际飞行的许多问题进行了深入的探讨。他的后继者德国人布劳恩(1912—1977)在 1942 年成功地发射了能飞行 190 千米的导弹，证明发射远距离火箭是可行的。德军最高司令部随后就开展了 V 系列(复仇使者)火箭的研究，在第二次世界大战期间生产了 5000 多枚 V－2 火箭用于战争。战后德国的火箭专家和火箭资料作为战俘和战利品为美国和苏联占有，于是 V－2 火箭成为这两个国家发展火箭的蓝本，在军备竞争的背景下迅速发展起来。

1957 年，第一枚洲际导弹试飞成功和第一颗人造地球卫星上天；1969 年，人类第一次登上月球；1971 年，第一个空间站进入地球轨道；1981 年，第一架航天飞机环球飞行；1997 年，第一个航天器在火星着陆。至今，人类已经发射四五千颗航天器，有四五百人乘航天器遨游了太空。

图 3－2－5　人类首登月球

作为现代科学技术综合体系的航天工程是以喷气推动技术为其基础的。推动宇宙飞船的动力来自燃料的化学能，到 1994 年把 1 千克物体送上轨道只需 2 吨燃料，运载火箭的运送能力已经从几十千克提高到数百吨。当代喷气推动技术已能够使运载火箭的发射力足以实现三个宇宙速度的任何一个。虽然第三宇宙速度可以实现，但以这个速度航天，飞出太阳系要花费万年级的时间，而且与远在太阳系之外的宇宙空间飞行器进行一次通信联络也要一年的时间。所以,尽管美国的“旅行者”号是为飞离太阳系设计的,但在相当长的时间内,人类的航天活动主要还是以地球为中心。

4. 制冷机

英国物理学家汤姆逊(1824—1907)在 1852 年曾指出:如果将机械能施加到一个热机上,使它的工作向反向进行,那就会使低温处的热抽到高温处,这样它在低温处就成为制冷机,而在高温处成为暖气机。

图 3-2-6　开利

把机械能转换成热能以从低温热源取热的早期装置是制冰机。1755 年,英国工程师卡伦(1710—1790)用空气泵造成低压以使水蒸发而成功地制出冰;1810 年,英国工程师莱斯利(1768—1832)用空气泵抽空浓硫酸上空的空气再吸入水蒸气而制成冰。作为制冷机,前者是蒸发式的而后者是吸收式的。1834 年,美国工程师帕金斯(1766—1849)制造出以乙醚为制冷剂的制冷机。1860 年,法国工程师卡雷(1824—1900)发明以水做吸收剂的制冷机。1875 年,德国工程师林德(1842—1936)和美国工程师博伊尔(1837—1891)差不多同时制造了以氨为制冷剂的吸收式制冷机。1902 年,美国工程师开利(1876—1950)发明了世界上第一台空调。后来大量使用的以氟利昂为制冷剂的制冷机是 20 世纪 30 年代在美国制造的。第二次世界大战后不久,美国运输工程公司研制出以水做制冷剂和以溴化锂做吸收剂的冷冻机;利用压缩空气的急剧膨胀造成温度下降的空气冷冻机大致是跟蒸汽压缩式冷冻机同时发明的。

制冷机的工作原理在于通过工作物质逆循环达到外界对系统做功的目的,制冷机中的工作物质依靠外界输入的功从低温热源吸取热量并通过高温热源放出热量而实现制冷。典型的制冷机主要由压缩机、冷凝器、热交换器、膨胀机或节流伐等部件组成，压缩机的机械能通过工作物质的相变转换成热能。作为制冷剂的气体工作物质被压缩机绝热压缩后，在冷凝器中放出过热热量而冷凝成液体，然后再通过绝热膨胀降压降温而从被冷却的物体中吸取热量。由于冷冻机总是把热能从低温吸向高温处，所以有时也称它为热泵。

3.2.2 电动机和发电机

电能与机械能之间的相互转换原理源于电磁学实验。1820 年，丹麦物理学家奥斯特（1777—1851）以伏打电池做电磁学实验，发现在通电导体——白金丝下边的磁针发生了偏移。对电流产生机械运动的这一伟大发现的继续研究导致了电动机和发电机的诞生，为人类利用电能和机械能的相互转换奠定了基础。1821 年，英国物理学家沃拉斯顿（1766—1828）依据奥斯特的发现推测，通电的螺线管会使附近的通电导线绕其轴旋转，但他自己没能以实验加以证实。通过实验证实这一猜想的是英国物理学家法拉第，也是在 1821 年他发表了其实验结果，即与沃拉斯顿的电磁设想完全不同的另一种电磁旋转——载流导线绕磁体旋转和磁体绕载流导线旋转，从而演示了直流电动机的原理。1831 年，法拉第发现一根磁棒在螺线管中来回抽动会产生振荡的电流，从而演示了交流发电机的原理。同在 1831 年，法拉第又设计了一个能产生稳定电流的装置，即一个在马蹄形磁铁中间旋转的铜盘会在盘心至边缘的方向上产生稳定的电流，从而演示了直流发电机的原理。正是在法拉第这些实验的基础之上，人们设计出了发电机和电动机。

图 3-2-7 法拉第

发电机和电动机都是基于导线与磁体的相对运动，载流导线相对磁体转动为电动机，而非载流导线的这种相对运动会成为在其中激发出电流的发电机。早在19世纪30年代，俄国物理学家楞茨（1804—1865）就弄清了电动机和发电机的可逆性，1863年意大利人帕奇诺蒂（1841—1912）首先设计出发电和电动两用机的模型，1873年比利时人格拉姆（1826—1901）误将一台发电机电极接反而使之像电动机一样转起来，1878年威斯顿（1850—1936）提出发电机可作电动机用。电动机和发电机几乎是同步独立发展的，由于电池作为电源的先期存在，电动机的发展自然从直流电动机开始；而发电机的发展则与电动机正好相反，由于技术上的方便首先发展的是交流发电机。两者之间的相互影响主要表现为，一方面直流电动机对强大电流的要求推动了直流发电机的发展，另一方面交流发电机为交流电动机的发展提供了电源条件。

图 3-2-8 格拉姆

早期的电动机和发电机一般只具有演示科学原理的作用。在电动机方面，1831年美国科学家亨利（1797—1878）设计了第一台往复式电动机，1833年里奇（1790—1837）设计了第一台旋转式电动机。在发电机方面，1832年法国科学家皮克希（1808—1835）制造了一台手摇旋转磁石式交流发电机，1834年美国工程师萨克斯顿（1799—1872）发明了采用旋转电枢型的手摇磁石交流发电机。

电动机的实用化发展始于德国工程师雅柯比（1801—1872）。1835年他采用电磁铁代替永磁铁制造了一台电动机，1838年他制造的旋转式直流电动机能驱动4人坐的小艇。1839年英国工程师达文波特（1802—1851）用电磁铁制成的电动机驱动了印刷机，1842年英国工程师戴维森、1854年美国工程师佩奇（1812—1868）各自进行了以往复式电动机驱动火车头的试验。

发电机的实用化发展是从19世纪中叶开始的。1840年前后伍尔里奇制造出以蒸汽机驱动的用作电镀电源的磁石交流发电机，1849年诺莱(1794—1853)发明了磁石交流发电机，1856年英国工程师霍尔莫斯制造了用来点燃弧光灯的磁石交流发电机。为增加输出功率，人们还发明了包含多只永久磁铁的组合型交流发电机。受雅柯比电动机的启发，发电机也开始采用电磁铁。电枢的改进和自激方法的发明，使得制造大功率稳定输出的交流发电机成为可能。1856年德国发明家、企业家维纳·西门子发明了产生交流电的双T型电枢，1860年意大利工程师帕奇诺蒂发明了产生交流电的环形电枢，交流发电机从此成熟起来并被广泛应用于弧光灯照明。1876年，俄国科学家亚布洛契科夫(1847—1894)提出多相交流发电机的设想，并于1878年试制成功。1887年，德国工程师哈兹万德(1859—1932)制造了三相交流发电机，从而开辟了我们今天普遍使用的三相发电的方法。

交流发电机的发展导致交流电动机的诞生。1882年，南斯拉夫工程师特斯拉(1856—1943)提出旋转磁场原理，并制造了一个异步交流电动机模型。1883年，英国工程师霍普金森(1849—1898)发明同步电动机。1885年，英国工程师菲拉利斯(1847—1897)利用两个独立的周期相同而位相不同的交流电产生旋转磁场，成功地制造了第一台双相感应电动机。1891年在法兰克福展览会上，德国工程师多利沃-多布罗沃斯基(1862—1919)用他发明的大旋转磁场的三相感应电动机，做了长距离送电试验的演示。此后这种形式的电动机被大量制造，并在欧洲和美国得到广泛应用。

由于交流发电机不便于使用而开始研制直流发电机，并且由于雅柯比电动机的启发而采用电磁铁。1866年，维尔德(1833—1919)设计制造了第一台三级联直流发电机，第一级是磁电机，它产生的电流激励第二级的电磁发电机，第二级又激励第三级。1866年，德裔英国发明家、企业家威廉·西门子发明了不需要分离激励的电磁铁而利用电机本身枢电流的自激式直流发电机，接着西门子公司的费弗尼-阿尔特涅克(1841—1912)发明了鼓状电枢。前者大大简化了发电机的结构而后者大大缩小了转子的体积，从而提高了发电机的效率。1869年，格拉姆(1826—1901)发明了带整流子的直流发电机，它采用完整的环形绕组作为转子，绕组上均匀地分布着许多与整流子的各个金属片相连的抽头，从而保证所发出的电流平稳而无脉动。格拉姆型直流发电机被广泛应用于电镀、弧光灯等众多领域，发电机从此开始进入商品化时期。

进入20世纪以后，电动机和发电机的制造原理没有多少改变，但随着各国对电力的需求量的增大，电机的冷却技术、绝缘技术和磁性材料等方面获得了巨大进步。在冷却方面，由表面冷却发展为导体直接冷却，由空气冷却发展为氢冷却、水冷却。在绝缘材料方面，采用合成树脂作为黏合剂和浸渍剂，提高电机的电压。在磁性材料方面，由于硅钢片技术的发展，大大降低了铁损。20世纪90年代以后，各国努力发展超导材料，期望制成超导电机，完全消除电机的电能损耗。

3.2.3　从电灯到太阳电池

光能与电能的相互转换技术主要包括电能转换成光能的电光源和光能转换成电能的光电池。在用于照明的电光源方面，我们要介绍电灯的原理，阐述激光器的技术原理。对于可持续发展具有重要意义的光电转换技术，我们主要介绍太阳电池的原理。

1. 电灯

就电光转换的机理来说，迄今为止的电光源可分为热辐射、气体放电辐射和固体电致发光。热辐射光源的基本原理是，通过电流被加热到高温的灯丝发出可见光辐射。这类电光源主要有普通钨丝白炽灯、卤素灯、带红外反射膜的卤素灯和白炽灯、选择辐射白炽灯等。因为发光效率决定于灯丝的温度，所以作为灯丝的材料要耐高温、稳定性高、不易蒸发、加工性能好。1878年，英国工程师斯旺（1828—1914）以很细的碳丝做灯丝制成白炽灯，才用几个小时灯丝就被烧毁了。1879年，爱迪生（1847—1931）利用许多种灯丝材料，甚至包括他的一个朋友的胡须进行多次试验，最终他

图3-2-9　爱迪生

把炭化竹子纤维装入真空玻璃瓶内制成一种新的白炽灯。虽然这种炭丝白炽灯的光效只有1.4流/瓦，且寿命仅几小时，但是在爱迪生发明了灯座、保险丝盒、电度表以及配电系统与炭丝白炽灯配套使用后，炭丝白炽灯迅速在世界范围内被采用。电光源早期研究的注意力主要集中在寻找合适的灯丝材料及其加工技术上，直到1913年才取得了突破性的进展，找到了以粉末合金制成的钨丝取代炭化竹丝而制成直钨丝白炽灯，其光效提高到10流/瓦，平均寿命也延长到千小时以上。进一步的研究在于提高光效，主要研究如何抑制高温下的钨丝蒸发。人们发现，在灯泡中充入稀有气体可以防止灯丝蒸发，把灯丝绕成螺旋状可以缩短灯丝的有效尺寸。于是，在1934年就有了充气双螺旋灯丝的白炽灯，其光效为12～13流/瓦。以后的钨丝白炽灯研究主要集中在结构设计方面，寿命延长到几千小时，光效却没有明显提高。其原因是钨丝在高温下蒸发产生钨沉积在玻璃泡壁上而降低了光效，这个难题因发现充卤防止钨丝蒸发的有效方法而得以解决。在灯泡中卤钨再生循环可使蒸发的钨回到灯丝上，从而达到提高光效和延长寿命的效果。基于这一原理，1959年，制成了世界第一个以碘作为循环剂的卤钨灯。1964年，制成了以溴化氢为循环剂的溴钨灯，其效果比卤钨灯更好。无论白炽灯还是卤钨灯，光辐射都只占总辐射的6%～10%，70%以上的辐射在近红外波段。于是，人们想到利用近红外辐射：在灯泡壁上涂一层薄膜，让可见光透过而反射近红外辐射，以提高光效。这种具有多层介质红外反射膜的卤钨灯，其光效可达36流/瓦，而寿命约为2000小时。

气体放电光源的基本原理是：当气体通过电流时由于其分子和原子受到电子的碰撞激发而发光。已经发明的气体放电光源主要有低气压汞蒸汽放电灯、高气压汞蒸汽放电灯、高气压钠蒸汽放电灯、金属卤化放电灯、无极放电灯和准分子光源等。由于气体放电灯的光谱取决于分子和原子的种类，通过选择气体而选择光谱有可能达到比白炽灯高得多的光效，而且由于气体发光物质不存在蒸发和烧毁问题而使寿命大大延长。低气压汞蒸汽放电灯的原理是利用汞原子的紫外辐射使涂复在管壁上的荧光粉发射可见光，所以它也叫做荧光灯。由于汞原子的紫外辐射的效率可高达 60%，所以低气压汞放电灯的光效比白炽灯有明显的提高。1936 年，爱迪生创立的美国通用电气公司首先研制成功管径为 38 毫米的低气压汞荧光灯。到 20 世纪 60 年代，低气压汞荧光灯工艺已基本成熟，由于卤磷酸钙荧光粉的研制成功其光效为 60～80 流/瓦，由于三螺旋钨丝电极和改进的三元氧化物电子粉的使用其寿命达 2 万小时。1973 年开发成功的稀土离子激活的三基色荧光粉，使荧光灯技术进入一个新的阶段，其光效达到 100 流/瓦，且具有光效与显色统一的优点。高气压汞蒸汽放电灯与低气压汞蒸汽放电灯的不同之处在于，在高压下汞原子的紫外共振辐射消失，可以在更高的能级之间跃迁，使可见辐射效率大大提高。1952 年研制成功的高气压汞蒸汽荧光灯，以石英玻璃为放电管，以锆酸钡为电极发射材料，以 365 纳米激发的氟锗酸镁为荧光粉，其光效达到 50 流/瓦，显色指数提高到 42，为广场、车站和马路提供了有效的照明光源。589 纳米的钠蒸汽共振线在高蒸汽压下的展宽和自吸收有利于改善荧光的显色性，在多晶体半透明氧化铝陶瓷解决了钠腐蚀问题以后，1965 年研制成功高压钠蒸汽荧光灯，其光效达到 100 流/瓦。把金属以卤化物的形式加入汞荧光灯中，可以大大改善其光效和显色性。20 世纪 60 年代以这种原理制成了金属卤化物灯，80 年代这种灯的颜色一致性和稳定性有了明显的提高，其寿命普遍延长到 1 万小时，从而开始得到广泛应用。取消灯管的放电电极可以延长荧光灯的寿命并提高光效，低气压汞蒸汽无极放电灯的寿命可达 10 万小时，微波激发的高强度无极放电灯光效达 160 流/瓦。由于不稳定的准分子不存在辐射的自吸收，其效率可达 50%以上，1995 年制成的氙准分子灯以 172 纳米激发荧光粉，可以用于液晶背景照明。

2. 激光

人类对于光的认识和利用虽然已有几千年的历史，但科学地认识到它本质上是一种电磁辐射却只是近两个世纪的事情。爱因斯坦 1917 年提出的辐射量子理论为激光器的发明奠定了理论基础，因为这一理论区分了自发辐射和受激辐射。太阳光是自发辐射光，普通的人造光源也是自发辐射光；

而激光则是自然状态下难以出现的受激辐射光。在量子力学建立后不久的20世纪30年代,两种不同发光方式的物理内容得到了更为深刻的阐明,光谱学在实验和理论两方面的发展为激光器的发明提供了更为直接的理论指导。在20世纪40年代,科学家们已经认识到实现受激发射的必要条件是发光分子中的电子分布要处于远离热平衡状态,位于能量高的激发态能级上的电子数多于位于能量低的基态上的电子数,形成与平衡态不同的粒子数反转状态。第二次世界大战期间,微波技术得以快速发展,因而微波受激辐射研究成为激光器发明的先导。50年代,美国物理学家汤斯(1915—2015)与苏联的物理学家巴索夫(1922—2001)和普罗霍洛夫(1916—2002)几乎同时认识到,受激辐射原理可用作研制分辨率非常高的微波探测器、微波振荡器和微波放大器。1954年汤斯和他的同事们成功地研制出世界上第一台微波的激射器,1960年美国物理学家迈曼(1927—2007)成功地研制出光波的激射器——激光器。

图 3-2-10　汤斯

作为一种光电转换器的激光器,能把电能转变成激光能。最早的激光器有四个主要构成部分,即激光工作物质、泵浦光源、光学谐振腔和工作电源。工作物质的选择基准是具有合适的能级结构以形成亚稳态的基础,泵浦光源像水泵一样把电子从低能级抽到高能级以维持受激辐射所必需的粒子反转态,光谐振腔的作用是使光增强和减小发散,工作电源为泵浦光源提供电源。迈曼首创的红宝石激光器,其工作物质为掺有极少量硫离子的固体红宝石。对于物理学家来说,红宝石的价值不在于它的商业上的名贵身份,而是它适合用作激光器的工作物质,因其晶体结构比较简单而易于加工处理和人工合成。迈曼将红宝石做成一个圆柱体,其直径约11厘米,长约22厘米。圆柱体的两端平行且蒸镀银膜以形成光学谐振腔,一端为不透明的全反射膜而另一端为半透明的半反射膜或者在半反射膜中心有一个小孔。迈曼用作泵浦光源的是一个充有氙气的石英闪光灯管，其输入能量为650焦耳，辐射面积约25平方厘米，其供电电源由一个大电容器和直流电源组成。

激光器按波长可分为红外(包括远红外)光、可见光和紫外(包括远紫外)光激光器等，按工作方式可分为连续激光器和脉冲激光器，以及单一频率的激光器和频率可调节的激光器；在更多情况下激光器按工作物质分类分为气体激光器、固体激光器、半导体激光器、液体染料激光器等。此外，还有许多各种名目的激光器，如拉曼可调激光器、受激准分子激光器、非线性频率转换激光器，以及利用化学反应实现粒子数反转的化学激光器等。甚至还出现了基于不同工作原理的各种激光器，如自由电子激光器和原子激光器，前者是源于加速器的高能电子在极性交替变化的磁场中做扭摆运动而产生的相干电磁辐射，后者是基于原子的激光冷却技术使原子发生玻色-爱因斯坦凝聚而产生相干的物质波。作为20世纪中叶的一项重大技术发明，激光经过半个世纪的发展和应用开拓已经形成一种影响广泛的光学工程，在通信、电脑、机械、医疗、能源、化工、轻工、国防、文化、娱乐等诸多产业领域发挥着重要作用。

3. 太阳电池

光电转换现象早在19世纪就已被发现。1839年，法国物理学家贝克勒尔(1852—1908)意外地发现，用两片金属浸入溶液构成的伏打电池，受到阳光照射时会产生额外的伏打电势，他把这种现象称为光生伏打效应。1877年，英国物理学家亚当斯发现半导体光生伏打效应(晶体硒和金属接触在光照射下产生电动势)。1889年，俄国物理学家斯托列托夫(1839—1896)提出获得光电流的电池方案。20世纪20年代半导体光生伏打效应投入应用，1958年美国“先锋1号”卫星使用太阳能电池，90年代开始

图3-2-11　贝克勒尔

进入太空太阳能实验时期。

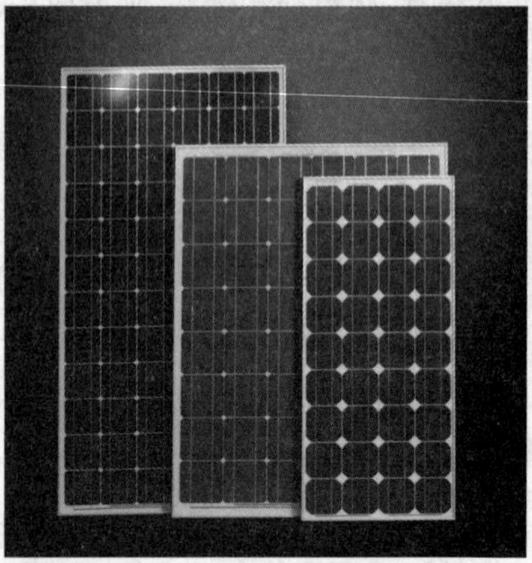
图 3-2-12　单晶太阳能电池板

半导体光生伏打效应是一种光照引起电动势的效应，在气体、液体和固体中都会发生，但只有在固体特别是在半导体中才有较高的能量转换效率，通常发生在半导体的界面。它的重要应用之一就是把太阳能直接转换为电能，其装置称为“太阳电池”。太阳电池是一种物理电池，它把光能直接转换成电能的主要过程是：吸收一定能量的光子后，电子由价带跃迁到导带上去，而在价带留下一个空穴，从而形成电子-空穴对，又称光生载流子；电性相反的光生载流子被半导体中 PN 结所产生的静电场分离开；光生载流子被太阳电池的两极收集，并在外电路中产生电流，从而获得电能。

太阳电池的光电转换效率是指电池输出的电功率与入射在太阳电池上的光功率之比，它与所用材料、电池的结构、PN 结的特性、电池的工作温度和环境等因素有关。单晶硅、非晶硅、砷化镓、硫化镉等材料都可以用来制作太阳电池，早期的太阳电池主要用硅单晶材料制成，自 1975 年实现非晶硅的掺杂效应以后，利用大面积非晶硅薄膜制备太阳电池成为可能。利用非晶硅薄膜作光电池，不仅降低了成本而且提高了转换效率，应用范围也从航天器逐渐扩大到作为地面特殊场合的辅助能源。倘若大容量超导太阳能蓄电池的研制获得成功，长时间、无耗损地大量贮存太阳能就有可能实现。

太空太阳发电是以光电转换技术、航天技术和无线电技术为基础获得电能的新方式。早在 20 世纪 70 年代末，美国能源部和航天局就进行了可能性的探讨。其基本方案是发射专用的太阳能卫星，把太阳电池盘送进地球同步轨道，把太阳光转换成电能，然后经过换能器把电能转换为微波能，从太空中源源不断地向地面输送，地球上的接收天线将其再转换成电能。据科学家推算，同样面积的太阳电池，在太空发电卫星上所发的电量，是在地面上所发电量的10倍以上。这是因为这种方式避免了地球大气层对太阳辐射光能的吸收、反射和散射的损失。太空发电有两大优点：一是可以充分利用太阳光，同时又不会污染环境；二是不用架设输电线路，可直接向空中的飞船和飞机提供电力，也可向边远的山区、沙漠和孤岛送电。

日本一直重视太空发电研究，1987年成立了专门研究组织，设13个专题小组，提出7万千瓦和1万千瓦两个方案。1994年，日本制造出一颗小型太空发电卫星——PSP2000。它的形状为等边三角柱形，每边长336米，高303米，重240吨。三角柱的两面贴有薄膜状的太阳电池，在另一面装有向地面输送的天线。该发电卫星在赤道上空1100千米高的轨道上运行，输出功率为1万千瓦。德国、美国等国家也纷纷投入巨资开展太空太阳发电技术研究。1995年，16个国家的航天专家开会，提出4项基本计划，其中之一就是空间太阳能发电。

3.2.4　化学电池和核反应堆

1905年爱因斯坦推导出质能关系式，即$E=mc^2$，它意味着一个物体的质量m是其所含能量E的量度。由于光速是一个巨大的数值，每秒30万千米，所以微小的质量即对应巨大的能量，比如1克的质量相当于百万亿焦耳，相当1亿度电的能量。核能源于原子核分裂或聚合，而化学能源于原子的化合与分子的分解。一个碳原子与一个氧原子燃烧反应所释放的能量只为一个铀原子核裂变所释放结合能的五千万分之一。

1. 化学电池

化学电池是把化学能转换为电能的一类装置，其基本结构主要由正、负电极和电解质组成，依靠其内部的氧化还原反应在正、负电极之间维持一定的开路电压。虽然早在19世纪末法国化学家拉瓦锡就阐明了燃烧现象的氧化说，但直到1952年美国化学家陶布(1915—2005)提出电子转移理论才揭示出氧化还原的物理本质。按照电子转移理论，所谓氧化还原指的是一类物质失去电子发生了氧化而另一类物质得到电子发生了还原。燃烧是一种碳与氧相互作用的氧化还原过程，我们常用的电池的工作原理是基于金属电极与盐溶液发生电子转移的氧化还原反应。把金属电极浸入一种盐溶液中，其表面的一些原子具有将电子留在金属电极上而自身以正离子的形式进入溶液的倾向，而溶液中的金属离子则具有从金属电极表面获得电子还原为原子而沉积于其上的倾向。若失去电子的倾向大于获得电子的倾向，则电极上因积聚电子而带负电，靠近电极附近的溶液带正电；若获得电子的倾向大于失去电子的倾向，则情形相反。这样，在电极和盐溶液之间产生了电势差，称为电极电势或氧化还原电势。基于这种原理的电池可区分为原电池、蓄电池和燃料电池。

图 3－2－13　伽伐尼

电池的发明源于一系列的电学实验。1786 年，意大利医生伽伐尼（1737—1798）在研究静电荷对蛙腿肌肉的作用时发现，以连接在一起的两种金属的两端分别接触蛙腿会使之发生抽搐。他把这种现象解释为连接在一起的两种金属引起蛙的生物电释放，而意大利科学家伏打（1745—1827）则认为是连接在一起的两种金属产生了电流。加尔瓦尼将锌片、浸透盐水的厚纸片、铜片依次反复叠加成堆，制成能够连续提供电流的电源，这就是最原始的电池，称为伏打电池。1836 年英国科学家丹聂尔（1790—1845）对电池做了改进而发明了湿电池，1836 年英国科学家格罗夫（1811—1896）在电池中添加防腐剂，1840 年德国科学家本生改进了格罗夫电池，使其能产生稳定的大电流。进入实用阶段的电池经历了一系列的改进，1868 年法国科学家勒克郎谢（1839—1882）设计了作为今天的干电池前身的锰电池，1803 年德国科学家里特（1776—1810）进行了可充电电池的实验，1854 年辛斯特顿（1803—1891）使用铅做电极，1859 年法国科学家普兰特（1834—1889）制造了现在的铅蓄电池的原型，1881 年法国科学家福尔(1840—1898)采用糊状氧化铅,1883 年图德(H. Tudor)把普兰特和福尔的方法结合起来而制成一种卓有成效的蓄电池。

在丹聂尔湿电池中,锌质的负极浸在硫酸锌溶液中,而铜质的正极浸在硫酸铜溶液中。两种溶液靠一个多孔的陶瓷环隔开,溶液不易渗混而离子却可以自由通过。氧化还原的动态效果是,锌极带负电而铜极带正电。在勒克郎谢电池中,正极是碳棒而负极是锌棒,电解液是氯化铵溶液,以二氧化锰粉和颗粒状碳粒或石墨装在多孔陶瓷杯内包围着锌棒作为去极化剂。早期的湿电池早已为干电池所取代,最常用的干电池是碳锌电池。负极锌做成一个圆筒,内装氯化铵作为电解质,少量氯化锌、惰性填料和水调成糊状电解质,正极是四周裹以掺有二氧化锰的糊状电解质的一根碳棒。其电极反应是负极处锌原子成为锌离子而释放出电子,正极处铵离子得到电子而成为氨气和氢气,用二氧化锰驱除氢气以消除极化。锌锰电池是应用最广的干电池,镍氢电池和锂离子电池等高能量密度新型电池发展迅速。

图 3-2-14　普兰特

蓄电池是一种可以通过充电而反复使用的电池。1859 年法国物理学家普兰特发明了第一个实用的蓄电池,它以氧化铅做阳极,以铅做阴极,以硫酸做电解液。1914 年美国发明家爱迪生研制出碱性蓄电池,以镍做阳极,以铁做阴极,以氢氧化钠溶液做电解液。蓄电池有许多种,除上述铅蓄电池和铁镍蓄电池外,还有镍镉蓄电池和银锌蓄电池等。铅蓄电池是一种酸性蓄电池,酸性的稀硫酸为电解液,以铅合金制成的格栅为极板,两极板皆覆盖有硫酸铅。充电时,在正极处极板上硫酸铅转变成二氧化铅,在负极处极板上硫酸铅转变成金属铅;放电时的化学反应则相反。铁镍蓄电池是一种碱性蓄电池,以碱性的氯化钾溶液为电解液,正极为氧化镍,负极为铁,这种电池轻便且易于保养,但效率比较低。镍镉蓄电池的正极为氢氧化镍,负极为镉,电解液是氢氧化钾,这种电池寿命长且便于携带,多用于小型电子设备。银锌蓄电池的正极为氧化银，负极为锌，电解液是氢氧化钾溶液，这种电池因比能量大而能大电流放电，多用于航天器上。铅酸蓄电池和可充放电的镍镉电池，为应用最广泛的蓄电池。

燃料电池是将燃料的化学能直接转化为电能的发电装置，这项新发明由于清洁、安全、方便和高效，被公认是最有希望并行将引起一场电力工业革命的能量转换技术。燃料电池由燃料、氧化剂、电极和电解液四个主要部分组成。就工作原理来看，燃料电池与一般电池并没有原则上的不同，都是通过电极上的氧化还原反应把化学能转化为电能。它们之间的区别在于，一般电池里的反应物质是预先放在电池里的，当这些物质在反应中消耗完了以后电池也就不能供电了；而燃料电池的反应物质是贮存在电池之外的，当燃料和氧化剂连续输入电池中时，燃料电池就可以源源不断地发出电来。燃料电池的优点是结构简单，使用、维护方便，它不需要锅炉、汽轮机、发电机等媒介，燃料的利用率高，一般为 50%—70%，工作没有噪声，不产生有害气体，可连续地、大功率地供电。燃料电池的种类很多，按照所使用的燃料、氧化剂和电解液的不同，可分为氢-氧燃料电池、金属氢化物-空气燃料电池、甲醇-氧燃料电池、肼-空气燃料电池、烃燃料电池、氨燃料电池、高温固体电解质燃料电池、磷酸燃料电池、质子交换膜燃料电池、熔融碳酸盐燃料电池和固体氧化物燃料电池。燃料电池的电极分正极和负极，正极也叫“氧电极”，负极也叫“燃料电极”。常用的电解液有氢氧化钾水溶液、质子导体高聚物膜、离子导体陶瓷等，它们有两个作用：一是把燃料与氧化剂隔开；二是使燃料和氧化剂分别在两个电极上发生“氧化还原反应”，在反应中直接放出电子，从而产生电能。固体氧化物燃料电池被认为是最有前途的，已有 100 千瓦级的示范电站在美国运行。

2. 核反应堆

不同的原子核结合能是不同的，在核物理中以电子伏特为单位，1 电子伏特等于 1.602×10^{-19} 焦耳，这是一个非常小的能量单位。氘核的结合能最小，为 2.23 兆电子伏特；铋核的结合能最大，为 1640 兆电子伏特；其他原子核的结合能在两者之间。原子核的结合能与组成其核子数的比值叫做“比结合能”。比结合能是原子核稳定程度的标志，比结合能越大原子核越稳定。质量较小的原子核和质量较大的原子核的比结合能都是比较小的，而中等质量的原子核的比结合能是比较大的。因而，把轻核聚合成较重的核，和把重核分裂成中等质量的核，这两种过程都将释放出相应的能量，前者叫做轻核聚变而后者叫做重核裂变，它们是人类利用核能的两种基本途径。为利用它们，原子科学家们发明了控制核反应过程的技术装置——核反应堆。

图 3－2－15　哈恩

核裂变的发现导源于人工核反应，即用具有一定能量的粒子同原子核碰撞，通过相互作用使原子核的状态改变或形成新的原子核。大量研究的一般结果是：轻原子核被中子轰击后经常会发出一个 α 粒子而变成原子序数低的原子核，重核则吸收中子而变成原来元素的一个重同位素。1938 年，德国化学家哈恩（1879—1968）与他的合作者奥地利女物理学家迈特纳（1878—1968）和德国化学家施特拉斯曼（1902—1980）发现了难以置信的情况：铀原子核被慢中子轰击而分裂成两个新原子核。瑞典物理学家弗里施（1904—1979）和迈特纳通过计算证明，铀原子核的质量与新生成的两个原子核的质量和之间的质量差值，恰与爱因斯坦的质能关系式相符，于是他们类比生物细胞的分裂，将这种核反应称为原子核的“裂变”。许多物理学家立即开始研究裂变链式反应的可能性，即裂变产生的两个新原子核有可能再放出一两个中子并引起临近铀核的裂变，如此继续下去而形成一个裂变过程链。有关科学家对裂变反应的实现条件进行了一系列理论思考，1939 年玻尔借助于原子核的液滴模型发现具有奇数个中子的铀核易于裂变，1940 年美国物理学

图 3－2－16　费米

家麦克米伦(1907—1991)发现铀-238俘获中子后变成镎-239,化学家西伯格(1912—1999)发现镎-239能衰变为具有奇数个中子的钚-239,瑞典物理学家弗里施和美国物理学家派斯(1918—2000)估算裂变必须达到的临界质量铀-235约15千克和钚约5千克。在这些主要理论工作的基础上,费米(1901—1954)在1942年设计建造了一座核裂变反应装置,用以研究链式反应的细节并把铀-238变成钚-239,它由中子减速剂石墨和铀逐层叠放而成并被称为"反应堆"。这个反应堆高约6米,除了做减速剂用的石墨以外,为了控制核反应的程度,还把一些能够吸收中子的镉棒插在堆中,以通过调整其插入深度控制核反应的强度。1942年12月10日,这个反应堆开始运行,最初其功率只有0.5瓦。1943年又建造了一座1千瓦的反应堆,每天可生产1克钚-239。正是这个核裂变反应堆为制造原子弹和建设核电站的工程提供了技术基础。1945年,第一颗原子弹在美国爆炸成功。1954年,第一座核电站在苏联建成,开辟了和平利用核能的道路。

图3-2-17 泰勒

核聚变的发现源于对太阳的研究。1929年,美国天体物理学家罗素(1877—1957)根据太阳光谱资料的分析得出太阳大气总体积的60%是氢,为理解太阳的光和热的能源提供了基础。1938年,流亡在美国的德国物理学家贝特和德国物理学家魏扎克分别证明,氢聚变成氦核释放的能量足以使太阳在今后几十亿年内维持如今的光和热的发射。以太阳的情况估计氢核聚变的条件当是在高温和高密度的等离子体(即在数千万开的高温下由于氢原子的电子被剥离而形成由质子和电子组成的导电气体)中,两个氢原子核通过碰撞克服其静电斥力而形成不稳定的双质子,由于其中的一个质子衰变成中子而转变为氢的同位素氘,氘核进一步与质子结合成一个氦-3,而两个氦-3通过碰撞聚合成一个氦核。这一由4个氢核聚合成一个氦核的过程，由质量转变成的能量约为 27 兆电子伏特。1942 年，流亡在美国的匈牙利物理学家泰勒(1908—2003)产生了利用原子弹瞬间所产生的高温和高压实现核聚变的想法，估算了满足聚变发生的条件，说明用原子弹点燃氢弹是可能的。于是，美国在研制原子弹的同时又开始了对氢弹的理论探讨，结果在 1954 年成功地爆炸了第一颗氢弹。要想实现核聚变能的和平利用，还必须设法控制热核聚变反应的速率，特别是控制等离子体的密度和反应时间。1957 年，英国物理学家劳逊对等离子体的密度和约束时间的乘积提出了一个判据，为实现核聚变的人工控制奠定了理论基础。人类已经先后探索了两种可行的技术方案，其一是磁约束，其二是惯性约束。所谓磁约束，是用一定强度和几何形状的磁场将带电粒子约束在一定空间内并保持一段时间，这是一种低密度、长约束时间的方案。所谓惯性约束，就是利用聚变等离子体的惯性，在等离子体受热膨胀但还来不及飞散的一瞬间完成聚变反应，这是一种高密度、短约束时间的方案。在磁约束路线中托卡马克型的闭合等离子体装置占有重要的地位，而在惯性约束路线中激光驱动最为常用。

从 1895 年发现 X 射线到 1945 年原子弹爆炸总共只有半个世纪，在这半个世纪里人们的认识迅速地深入原子内部，发现了原子核的裂变和聚变释放能量的科学原理并发明了控制它们的相应技术。而在其后的半个世纪中，由于核弹的爆炸声重新唤醒了人类的理性，人类认识到以核武器相互残杀会使整个人类世界毁灭，因而核技术的发展转向和平利用，显现出它前所未有的应用前景，核聚变能可能是 21 世纪人类最有希望的能源之一。从燃料的能效和自然丰度考虑，核聚变堆是最有前途的能量转换装置。1 千克的氘核的结合能约为百亿亿焦耳，相当于万亿度电的能量，是燃烧相同质量的煤所获能量的千万倍。

3.3 信息控制技术的进展

信息作为与物质和能量并行的第三类资源，已经成为信息产业的核心和基础。信息技术包括获取、传输、显示、变换、贮存、识别、比较、加工和复制等种种工程，人们通常把它视为扩展人类生理器官(包括感觉器官、传导神经网络、思维器官以及效应器官和执行器官)功能的技术。信息概念运用于分子遗传学已取得突破性进展，遗传的信息本质已成学界共识，因而可以把"遗传工程"作为信息技术来处理。信息技术外延的这种扩大使我们对信息本质的认识提高到控制，因而信息技术也就是形成信息控制系统。在这一章中我们将分别介绍物理载体、生命载体和心理载体的信息控制，以及正在兴起的信息革命的基本特征。

3.3.1 电子、光子和分子

信息的物理载体控制技术，最先发展且应用最为广泛的是电子和光子的控制技术，接着在20世纪中叶以降示踪原子技术发展起来，随着对于生物酶化学反应专一性的关注而于20世纪80年代发展出分子识别技术。

1. 电子和光子的控制

电子自19世纪末被科学实验发现，即被纳入技术控制的范围，在其波动性被发现后，人们发明了对于它的新控制方式。17世纪以来，光学望远镜、光学显微镜的发明和改进皆属光频电磁波控制技术。19世纪末以来，有线的和无线的电讯技术，是以电子和光子能量转换为基础的，电磁波的发射、接收和显示成为信息控制的重要手段。这需要有产生和放大电磁波的电子器件以及由电阻、电容和电感组成的电路，通过各种信息的获取和显示设备提高信息技术的效率和质量。20世纪下半叶，电子计算机的发明和改进，以及信息存储和数据处理技术的进步，为信息技术的腾飞插上了翅膀。

在认识电子在真空中和固体中运动规律的基础上，人们发明了种种真空和半导体电子管。它们与电子线路的结合形成的放大和振荡、调制和解调等基本电路，以及通过电场和磁场控制电子束装置的发明，为电讯、广播、电视、雷达、电脑和各种自动控制设备的出现创造了基本条件。1904 年，英国科学家弗莱明（1849—1945）发明真空二极管。1906 年，美国工程师德福雷斯特（1873—1961）发明真空三极管。1919 年，德国科学家肖特基（1886—1976）发明真空四极管。1931 年，荷兰菲利普公司发明真空五极管，美国科学家索思沃斯（1890—1972）发明微波波导管（1936 年）。1939 年，美国科学家瓦里安兄弟发明超短波调速管。1940 年，英国科学家布特和兰德尔，以及苏联科学家阿列克谢耶夫和马略罗夫分别独立发明微波多腔磁控管。在电子电路设计方面，英国工程师 T. 甘布里尔和哈里斯发明了碳膜电阻器（1897 年），美国工程师普平（1858—1935）发明加感线圈（1899 年），英国工程师莫塞基发明管状玻璃电容器（1904 年），德国工程师斯拉比（1849—1913）发明共振电路（1901 年），德国工程师迈斯纳（1882—1974）发明反馈电路（1911 年），美国工程师德福雷斯特发明再生式电路（1912 年），美国工程师费森登（1866—1932）发明外差接收法（1912 年），美国工程师阿姆斯特朗（1890—1954）发明超外差电路（1919 年），美国工程师皮尔斯（1872—1956）发明电压振荡器（1923 年），英国工程师安森发明锯齿波电路（1924 年），阿姆斯特朗又发明频率调制技术（1933 年）和调频制（1935 年）。

真空电子管与由电阻、电容、电感组成的用于产生或放大电磁波的基本电子电路，本质上是不同形式的电磁能的转换器，即直接或间接地实现直流和交流电磁能的相互转换的装置。它们能产生作为信息载体的电磁波以实现信息的转换和传输等功能，正是这些真空电子器件支撑了 20 世纪前半叶的无线电电子技术。20 世纪下半叶的电子技术则转为主要利用控制固体中电子运动的固体电子器件，除大功率发射设备尚用真空电子器件外，真空电子器件几乎都为固体电子器件所取代。半导体固体电子器件的发明，从法拉第发现氧化银的电阻率随温度的升高而增加（1833 年），经过光电导效应（1873 年）、光生伏打效应（1877 年）、整流效应（1906 年）的发现，到 1947 年美国物理学家肖克莱等人发明晶体管，经历了漫长过程。其后各种半导体管的发明层出不穷，随之而来的固体电子器件取代真空电子器件，为各种电子设备的小型化提供了基本条件。

图 3-3-1　布劳恩

在电子器件和电子电路发明的基础上，各种电子设备，特别是电视机、雷达、射电天文望远镜、电子显微镜和电子计算机等影响深远的设备被制造出来。1987 年，德国工程师布劳恩(1850—1918)首先发明用电场控制电子束的阴极射线管。1906 年俄国工程师罗金格(1869—1933)发明机械扫描装置并用于控制阴极射线实现图像的屏幕显示，1907 年英国工程师坎贝尔和斯文顿(1863—1930)提出用阴极射线管接收无线电传像的原理，1911 年他们又发明了用于电视显像的阴极射线管。1913 年美国工程师库利奇(1873—1975)发明热阴极射线管，1924 年美国工程师兹沃里金(1889—1982)发明电视显像管，1925 年英国工程师贝尔德(1888—1946)发明机械扫描电视。1926 年贝尔德用无线电播放电视图像成功，1928 年他进行彩色电视机实验。1929 年，美国工程师艾夫斯(1882—1935)在纽约和华盛顿之间进行彩色电视图像传送。1935 年英国皇家物理研究所制成一台脉冲雷达，翌年美国也研制成功一台雷达装置，1938 年雷达开始在防空中得到应用，1942 年美国人发明了用于射击的雷达定位器，1943 年德国人用雷达操纵火箭，1946 年美国人用雷达探测月球。

望远镜和显微镜是人类获取视觉信息的重要工具，它们的发明极大地延伸了人类的视觉器官，使人类得以了解遥远的天体和微观世界物质的原子结构。它们的工作原理在本质上是电子和电磁波的控制。光学望远镜和显微镜是借助于镜片的曲率控制光学波段的电磁波，射电天文望远镜和电子显微镜是通过对电子运动的控制进行工作的。最早的实用光学望远镜是伽利略的折射望远镜(1609 年)和牛顿的反射式望远镜(1668 年)。19 世纪的望远镜主要是折射式的；20 世纪的反射望远镜不断改进，并且把几个中等口径的反射镜组合形成一个望远镜阵，以至可以做成百米口径的望远镜阵。在发展光学望远镜的同时，人们也在发展红外望远镜和接收1毫米以上电磁波的射电望远镜。1932年，美国无线电工程师詹斯基(1905—1950)研制成世界上第一架射电望远镜，其原理就是利用一个或多个大型天线接收来自太空的无线电信号，从而达到天文观测的目的。1937年荷兰裔美国工程师雷贝尔制成抛物面天线直径达3米的射电望远镜，并于1944年开始描画银河系射电图。20世纪50年代末，英国天文学家赖尔(1918—1984)发明利用多台天线干涉原理提高分辨率的综合孔径技术。1972年，英国建成综合孔径射电望远镜，其口径为5千米，分辨率为1角秒。到20世纪末，射电望远镜的分辨率提高到100微角秒。

最早的光学显微镜是荷兰人詹森发明的复式显微镜(1590年)和荷兰生物学家列文虎克(1632—1723)发明的单式显微镜。由于消色差光学玻璃的发明和加工的精细，1880年以后制造的显微镜放大倍数大大提高。极限分辨率决定于波长，光学显微镜的分辨率仅限制在300纳米左右。电子的德布罗意波长比光波波长短几个数量级，其分辨率可达到能分辨原子间距离的范围，因而人们开始研制基于电子波动性原理的电子显微镜——以电子束代替光束来放大样品图像的显微镜。1926年布歇提出电子显微镜的设计，1931年德国人克诺尔和鲁斯卡(1906—1988)制造出第一台电子显微镜。电子显微镜的进一步改进是放大倍数的提高进而发展出扫描电子显微镜和扫描投射显微镜，它们的分辨率与束斑直径(0.3纳米)相当，而放大倍数为显像管的扫描幅度与样品上电子束的扫描幅度之比。1982年宾尼希(1947—　)和罗雷尔(1933—　)发明扫描隧道显微镜，其原理是基于量子力学所揭示的电子的隧道效应，即电子有一定的几率穿透势垒。其基本结

图3-3-2　罗雷尔

构是一个极细的金属针，在其针尖与导电试样之间加入一偏压，当两者之间的距离仅有零点几纳米时，基于量子隧道效应而形成的隧道电流即导通，并在针尖和样品之间通过。如这两个电极的距离有微小的变化，隧道电流将与此距离成指数关系变化，当针尖沿样品表面扫描并用反馈回路保持隧道电流不变时，就可探测到样品表面的形貌与结构。调节针尖的三个轴的尺度后，就能得到样品表面的三维图像。如果针尖做上述精细调整，就能得到精度小于一个原子尺度的实体图像。

图 3-3-2 冯·诺依曼

计算机的历史可以追溯到1642年法国数学家巴斯卡(1623—1662)的加法机、1694年德国数学家莱布尼茨(1646—1716)的四则运算机和1883年英国数学家巴贝奇(1792—1871)的分析机设想，查卡织布机(1802年)、布尔代数(1854年)和霍勒里斯(1860—1929)的打孔式统计机(1884年)为数值和信息的二进制机械表达提供了启迪。1936年英国数学家图灵提出机械计算模型，1938年美国科学家申农(1916—2001)提出用布尔代数分析复杂的开关电路，1940年犹太裔美国科学家维纳(1894—1964)提出自动计算机应采用电子管作高速开关组成的逻辑电路以进行二进制加法和乘法的数字运算，1945年匈牙利裔美国科学家冯·诺依曼(1903—1957)提出计算机要内存程序。电子计算机主要是在这些思想的指导下诞生和发展的。从第一台通用电子数字计算机“埃尼雅克”(ENIAC，电子数字积分器和计算机)诞生，经过电子管、晶体管和集成电路诸阶段，电子计算机已发展出能为广大公众普遍应用的个人计算机。所有现代数字电子计算机都是由硬件和软件两大部分组成的，硬件好比人的躯体而软件则好比“灵魂”。电子计算机最本质的特点是“可编程”和“数字化”：所谓可编程是指计算机具有按照人们事先编排的程序通过一系列的运算完成指定任务的能力，所谓数字化是指计算机的控制、判定和运算等各种信息处理操作都是以二进制数字为基础进行的。以惊人的速度发展着的电子计算机，作为协助脑力劳动的主要工具，在科学计算、大信息量处理和实时自动控制三大应用领域产生了巨大影响。

2. 放射性原子示踪

放射性电磁辐射与物质的相互作用所导致的物理的、化学的和生物的效应，感知物质及其运动状态的技术也属于信息技术的范畴。主要由示踪原子、核分析和核检测构成的核信息技术，由于其不接触性、无创伤性、非破坏性和高灵敏度等无可替代的特性，已经获得了极为广泛的应用。

图 3－3－4　赫维西

原子、分子及其化合物的化学和生物学性质完全由电磁相互作用确定，原子核中所含中子数目的不同并不影响化合物的化学和生物学性质，因此，可以利用同一元素含不同中子数的微量放射性同位素作为示踪剂研究化学、生物或其他过程。这种方法即为示踪原子技术，亦称放射性示踪技术或同位素示踪技术，这种技术被人们称为“流动型的原子显微镜”。由于放射性物质会不断地发射具有一定特征的射线，因而可以通过放射性探测的方法，追踪含有放射性物质的标记物在体内或体外的位置及其数量的运动变化情况。示踪原子技术是赫维西(1885—1966)在 1912 年发明的，随着重氢同位素和人工放射性核素的发现，20 世纪 30 年代以来它在生命科学、化学、医学乃至工业和农业生产中的应用日益广泛。其在生命科学中的应用，可使人们在分子水平上动态地观察生物体内或细胞内的生理和生化过程，认识生命的物质基础，例如利用碳－14 和氧－18 等同位素研究光合作用，利用碳－14、氚和磷－32 等同位素研究核酸与蛋白质的关系。其在医学中的应用，主要是对各种疾病的诊断，利用不同药物在不同脏器有特定的富集和分布的特征，将放射性药物注入人体内，通过体内外的射线测量，以达到脏器的体外显像和功能检查。例如，患者口服或注射能发射γ射线的同位素标记试剂后，利用γ照相机等探测仪器就可以从体外显示标记试剂在体内分布的情况，以了解组织器官的形态和功能。示踪原子技术在工业中也有广泛应用，如确定金属扩散速度和测量流体的流速，进行材料探伤，在自动生产线上动态控制钢板厚度等；在农业上用于施肥途径和施肥效果的研究，例如半衰期为14.3天的磷-32是农业上用以研究合理施用磷肥的有力工具。

核分析技术是比化学分析更灵敏的超微量分析技术，包括活化分析技术、离子束分析技术和超精细相互作用分析技术，主要用于物质的结构和成分的痕量分析。核分析技术可为天体演化、地球灾变和文物鉴定等领域的研究提供精确的测量数据。活化分析作为最早发展起来的核分析技术，包括中子活化分析、带电粒子活化分析和光子活化分析，主要用来测定物质内痕量杂质的平均浓度。中子活化分析已经为古生物在白垩纪大量灭绝的推断提供了有力的证据。离子束分析作为低能加速器提供的核分析技术，最常用的是瞬发核反应分析、卢瑟福背散射分析和沟道效应分析。

核监测技术包括工业监控仪表和无损伤检测设备的设计和制造。已经利用毫居里以下的各种弱放射源制成了各种计量和检测仪表，例如料位计、厚度计、密度计、核子秤、中子水分计以及感烟式火灾报警器、黄金成色仪、静电消除器、中子照相装置和γ射线探伤机等设备。中子照相利用中子穿透物体时的衰减情况显示某些物体内部的结构，依所用中子能量的不同而分为冷中子照相、热中子照相和快中子照相。传统的中子照相以核反应堆产生的中子作中子源。使用电子加速器产生的γ射线用于大型机械锻铸件中的无损探伤已有几十年的历史。近些年的一个重要进展是加速器与核物理探测技术结合对集装箱进行加速定时透视检查。现在，工业领域出现的核子控制系统为生产过程的自动监控和产品质量的无损检测增添了全新的内容。

3. 分子识别

1987年，法国化学家莱恩(1939—　)把信息概念引入生物学中的“分子识别"，认为分子在化学反应中将根据自身和对方所提供的化学信息寻求最佳的偶合状态。这里的分子识别主要指由化学信息诱导的分子间的化学反应或相互作用，而分子识别所需的化学信息都贮藏在相互作用着的分子的构造之中。1894 年德国化学家费歇尔(1852—1919)首次提出以形状为基础的"锁-钥匙理论"解释酶催化作用的专一性；20 世纪五六十年代出现的"诱导合理论"进一步发展了它，使酶与底物之间的分子识别从刚性模板过渡到分子之间构象上可变动的镶嵌模式。莱恩的工作无疑为理解化学反应的专一性提供了信息论的基础。

图 3-3-5　莱恩

地球上的生物已有 35 亿年的历史，在漫长的进化过程中形成了优化的结构、协调的机制、可靠的功能和适应环境的能力，这些无疑是以其体内的物质合成、能量交换和信息控制的不断优化为基础的。化学仿生在分子水平上模拟生物功能，将生物的功能原理用于化学过程以改进现有的并创造崭新的化学工艺。模拟生物体内的化学反应过程、能量转换过程和信息控制过程是化学仿生技术的三个基本方向，人们在模拟生化反应的研究方面已取得诸多进展，其中化学模拟生物酶的成绩最为显著。

生物体内的酶有很多种，它们能在常温下甚至在一个很复杂的混合体系中，专一地、有条不紊地催化特定的化学反应。同非酶催化剂相比，酶有三个催化优点：一是高效性，它比非酶催化剂的反应速度要高数百万到数十万亿倍；二是专一性，生命过程中的酶能区分空间结构互为镜面对称的不同手征性分子——光学异构体，而化学合成酶通常是做不到的，设计专一的化学合成酶是化学中最困难的问题之一；三是强选择性，有些酶能在某一特定的部位引入双键或原子，以提高其催化效率，如甾体的代谢过程。

生物酶的高效专一和温和的反应条件，在生命体的新陈代谢中发挥着重大作用，它的活力调控使生命活动的各种反应得以有条不紊地进行。将生物酶直接应用于有机反应发展出一种不同于化学合成的生物合成方法。生物合成已得到了相当好的结果，甚至可以将逐个催化过程成功地结合为一体，成为一种特效催化剂。以生物合成方法进行的有机反应可以达到很高的效率并具有很高的选择性，是实现催化的高选择性合成的有效途径。在生物合成中酶催化的有机反应被研究得最多，商品化的生物酶催化剂已有近千种，其中从嗜高温的微生物中获得的高温醛缩酶比一般醛缩酶的催化效率高百倍，已发现可使可卡因水解率提高上千倍的单克隆抗体酶，在哺乳动物消化道中获得的氢氧化酶也开始用于催化。

把酶直接应用于工业生产遇到了诸多困难，因为大部分工业生产是非活体过程而不能为酶所催化；即使在参与活体代谢过程的工业生产中，不稳定的酶也极易受物理的和化学的影响而失活。因而，研究酶的作用原理并以其为指导制备具有酶功能的催化剂成为必要，这就是模拟生物酶研究的出发点。模拟生物体内酶的催化作用是催化合成的一个重要方向，但以简化的化学模型，用非生物的方法模拟结构非常复杂的酶是很困难的。业已进行的主要工作有金属络合物模拟酶、高分子模拟酶、模拟酶功能的大环化合物、胶束模拟酶的催化作用等。化学酶与生物酶不同，它们是一类结构简单的有机分子，例如人工合成的肽酶（如凝胰蛋白酶和蛋白酶）只含29个氨基酸，其含量还不到天然酶的三分之一，但它能像天然酶一样具有催化高选择性反应的功能。在自然界中多种多样的固氮酶微生物能在常温常压下固氮成氨，用化学的方法模拟固氮酶自20世纪60年代以来已成为模拟酶的重要课题，但至今仍未成功。

3.3.2 从核移植到基因重组

生命过程包括物质过程、能量过程和信息过程，从遗传的角度看信息过程对于生命过程可能更为本质。遗传物质DNA分子双螺旋结构的发现、遗传表达中心法则的提出和遗传密码的破译，使得人们对基因的具体结构及其作用方式等有关问题有了基本的了解。作为DNA分子上遗传信息功能单位的基因，其通过转录和翻译过程控制蛋白质一级结构的形成，以及调控蛋白质二级和三级结构形成的某些线索的发现，为生命信息控制技术开辟了前景。所以，我们可以把基于基因的遗传控制技术作为人工控制生命信息的手段。

基因技术是按照预先设计的施工蓝图，把需要的甲种生物基因（称为目的基因）转入乙种生物的细胞中，使目的基因被复制并表达出来，从而使乙种生物的细胞获得甲种生物的性状，形成新的生物类型。按照操作水平的不同，基因移植技术大体可以区分为核移植、转基因和基因重组，其最终目的都是使作为受体的单个细胞在一种特殊的环境下分裂、分化、发育成完整生物个体。三者的不同在于，核移植是作为细胞整体或其核的整体移入非受精的受体细胞，而转基因和基因重组则通过基因的人工操作将外源基因直接引入或组入受体细胞。

1. 核移植

每一个植物或动物个体，都是由一个细胞经无数次分裂后形成的细胞集合体。细胞的每次分裂都把细胞核中的遗传信息"拷贝"并平均分配到两个分开的新细胞中，尽管根和叶子的细胞不同，肌肉和血液的细胞不同，但统一的植物或动物体的每个细胞核中所携带的遗传信息则是完全相同的。因此，原则上，植物和动物体上的任何一个细胞，在合适的条件下，都能发育成一个新的个体，这就是所谓"细胞全能性"。人类通过技术实现细胞全能性经历了从"受精卵"到"卵细胞"再到"体细胞"的"三部曲"。实现细胞全能性的核心手段是核移植技术，即将目的基因的细胞核移入核的宿主细胞。如果目的基因取自体细胞，这样的核移植则被称为"体细胞克隆"，或"克隆"。

早在 20 世纪 30 年代胚胎细胞核移植技术就在单细胞有机体上获得成功，到 80 年代在哺乳动物上开始进行类似的移植实验。1986 年，英国科学家将绵羊 8 细胞及 16 细胞期分裂球与去核未受精卵融合，成功地进行了一次核移植绵羊尝试。类似的试验分别在牛、兔、猪和山羊身上取得成功。再进一步的努力是非受精卵细胞的核移植，1997 年美国科学家宣布两只小猴于 1996 年 8 月降生，他们从一只母猴身上取出一个卵细胞，用人工授精的方法使之受精，再将每一个细胞中的遗传物质放到另一个自身遗传物质已被取出的卵细胞中，等到这批含有新的遗传物质的卵细胞发育成胚胎后，再将其移植到母猴体内。

动物成功克隆的最早一例是1997年克隆羊“多利”的诞生。它的具体“孕育”过程包括如下一些操作：从一只已怀孕的6岁芬兰多塞特种绵羊的乳腺中取出细胞（体细胞）；在苏格兰黑脸种母绵羊身上注射性腺激素28～33小时以令其产卵，将其卵细胞尽快去除细胞核放在两种溶液中培养5天，使细胞饥饿并进入细胞核染色体停止分裂期；将多塞特羊的体细胞核植入黑脸羊的去核卵细胞中，用电冲击法使之融合；将融合细胞置于羊的被结扎的输卵管里，6天后发育成桑甚期胚胎，再转移到代理母绵羊的子宫内，直到148天后产下体重6.6千克的小羊多利。用体细胞核移植法进行动物克隆的成功率很低。维尔穆特及其同事，以434个体细胞和434个去核的卵细胞进行细胞融合，产生了227个融合细胞，成功率为63.8%。这227个融合细胞在输卵管里能够发育成桑葚期胚胎的只有29个，成功率为11.7%。29个桑葚期胚胎移植到13只代理母羊子宫中，仅一个胚胎能发育，母羊妊娠率为7.7%，所以克隆的成功率为1/434。

图3-3-6　克隆羊多利与其核供体母羊

2003年2月，兽医检查发现多利患有严重的进行性肺病，这种病在目前还是不治之症，于是研究人员对它实施了安乐死。

绵羊通常能活12年左右，而多利只活到了6岁，它的早夭再次引起了人们对克隆动物是否会早衰的担忧。正值壮年的多利死于肺部感染，而这是一种老年绵羊的常见疾病。

事实上，科学家现在发现，这一克隆过程在克隆动物的染色体中留下了一些小缺陷。尽管经过了10年，并有15种哺乳动物被克隆，克隆的效率却很低：克隆的卵子中只有2%～5%最后能成功地诞生出能存活的动物。每克隆成功一个动物，就会有成百上千的克隆动物在出生后几天或几周后死亡。

在正常的发育过程中，被称为甲基的分子会按正确的时间模式附着在DNA上，该模式控制着什么时间传递何种基因。在克隆过程中，这种时间模式却并非总能被准确重建。这也能解释为什么克隆的成功率会如此低。

高等哺乳动物能够克隆，人是否也能克隆？“克隆人”的后果引起了世界震撼。它作为一颗伦理的原子弹的威力成为政界、哲学界、学术界及公众所关心的话题，有人担心克隆出希特勒，有人设想克隆出爱因斯坦。1998年初，一位美国物理学家里查德·希德宣布他将为几位不能生育的志愿者实施克隆人实验，1998年12月韩国科学家宣布他们克隆了四个身体细胞。看来，克隆人并非无望之举。

2. 转基因

1973年，美国分子生物学家科恩(1935—　)等人成功地制造出了转基因的大肠杆菌；他们转入的是两个抗药性基因，转基因之后的大肠杆菌如预期一样具备了抵抗抗生素的能力。这一技术很快成熟并工业化。如1978年，能够制造人胰岛素(一种小分子蛋白质)的转基因大肠杆菌制造成功。重组人胰岛素于1982年进入市场，大大降低了胰岛素的价格。目前，主要通过转基因方式生产的蛋白质类药物将近百种，还有数百种正在进行安全性检测。

图3-3-7　科恩

将外源基因转移到原生质、细胞或组织的技术称为转基因技术，包括转基因植物、转基因动物、转基因药物和基因治疗。

将基因的表达载体整合到植物的株系及种子进行繁殖，以培养出抗病、抗虫、丰产和优良的植物品种的过程，就是转基因植物工程。将基因的载体直接注入受精卵或早期的胚胎细胞，然后植入假怀孕的母体动物，经植床后发育成胎，最后成熟分娩，产生带有该基因的动物的过程，就是转基因动物工程。例如，由于将拟南芥的光敏素基因A导入烟草而得到了能显著提高单产的转基因烟。作为模式植物的十字花科野草拟南芥，它的基因仅含约1亿对核苷酸，却具有任何一种农作物的必备基因，阐明它的基因系列将为改良农作物提供基本信息。在转基因动物方面，如将鱼的胰岛素植入大家鼠培养成转基因鼠，类似于有转基因猪和转基因羊等特殊用途的转基因动物。

转基因技术用于生产人类所需药物的过程是，将带有特定启动子和增强子的表达载体注入受精卵或直接导入牛或羊等动物的乳腺，从而让动物从乳汁中分泌出我们所需要的药物，这种以“生物反应器”代替体外发酵罐的生物工程称为转基因药物工程。经过二十多年的研究，转基因家畜药物生产工厂的幻想已经成为现实，在常规条件下的转基因家畜可以很容易生产出浓度很高的目的蛋白质。知道了在健康组织中表达基因的差异，就能鉴定发挥正常功能所需的蛋白质和导致疾病的有关蛋白质，而根据这些信息可能开发出改变同疾病有关的蛋白质和基因活动性的新药物。

转基因技术可应用于治疗。将正常基因转入病患者的细胞中，以取代病变基因表达所缺乏的产物，或者关闭或者降低异常表达的基因，达到治疗某些遗传病的目的，这被称为基因治疗。近些年来，基因遗传病研究已有显著进展，神经分裂症和躁狂抑郁症相关基因、阿尔茨海默病相关基因、肥胖症相关基因、高血压症相关基因、糖尿病相关基因、支气管哮喘相关基因、肿瘤易感基因等，都得到了某些确定的结果，可以为基因治疗提供很多信息。人类在单基因遗传病治疗方面已经取得较好的临床效果，但当前开展大规模基因治疗是不现实的。然而，随着人类基因组计划的加速进展，基因治疗必将得到广泛的应用。

3. 基因重组

20 世纪 70 年代的两项发现促成了基因重组技术的形成。一项是美国生物学家伯格(1925—2008)等人发现细胞中存在几种限制性内切酶,它们可以像剪刀一样切断 DNA 分子,而且常常是专一作用的。另一项是美国生物学家柯恩(1922—)等人发现,经过人工改造的 DNA 片段能够以质粒、温和噬菌体为载体进入宿主细胞。这就有了在体外重新组成一种新的 DNA 分子并引入宿主细胞的可能性。

图 3-3-8 柯恩

1972 年伯格成功实现 DNA 分子的体外重组,1973 年柯恩成功将重组体插入质粒并引入宿主细胞,从此开创了基因重组技术。

所谓"基因重组",就是将 DNA 进行新的组合,然后把新组合的 DNA 分子转移到我们操作的生命体中。举例来说,我们要获得一种抗虫的农作物,首先就要分离一段这样的基因,它能编码某种专门杀虫的毒蛋白,然后将这段基因放在一个载体上,通过这一载体将这段基因转到农作物植株细胞的 DNA 上去(这一过程又称 DNA 整合)。这样,在这些转入基因的农作物细胞中就能产生杀虫的蛋白,虫子一吃就会被杀死。这种能杀虫的特性可以随着 DNA 的复制而传给后代,因此这种良好的特性就被固定下来了。基因重组成功与否,在很大程度上取决于目的基因是否正确和能否表达,因此要求目的基因与启动子(启动基因表达)正确拼接,并和增强子(增强表达的元件)以及表达终止元件组成一个"重组体",即基因重组。

基因重组包括以下五项基本程序:获取目的基因,在选定的载体上重组,将重组载体送入选定的宿主细胞,对重组分子进行选择,将目的基因表达成蛋白质。获取所需的目的基因的主要方法包括:使用超声波等机械方法或者使用限制性内切酶将 DNA 大分子剪断成便于操作的小分子;或者先以信使 RNA 为模板在逆转录酶的作用下获得与其互补的 DNA 单链,再在聚合酶作用下复制成双链分子;或者用化学的方法人工合成。载体是能专一地感染某一类细胞的环状DNA分子，具有多个可供使用的限制性内切酶位点和选择性标记，能在细胞中随染色体的复制而独立复制，并随着细胞的分裂而扩增，在连接酶的作用下目的基因与载体分子连接在一起，然后携带着目的基因的重组载体被送入宿主细胞。宿主细胞的选择要考虑到基因表达的问题，既要保证目的基因准确地转录、翻译成蛋白质和维持稳定，又要根据研究或应用的目的，或大量地表达或表达后分泌出细胞，以利于提纯等。重组载体送入宿主细胞的方式有转化（用于重组质粒）、转染、转导（体外噬菌体包装）、直接注射等多种。载体上的选择性标记可以提供一种选择的方法，另外还可以通过免疫学方式和分子杂交等方式选出重组的载体。只有目的基因表达成蛋白质我们才能进一步鉴定其功能或提纯应用，因此在选择宿主细胞时要考虑基因表达。

3.3.3 逻辑推理和语法转换

信息的心理载体控制与其物理载体和生命载体控制不同，是一种心理操作的过程。属于这种心理操作的思维技术很多，其中形式逻辑推理和语法转换规则，在日常生活和科学研究中都非常重要。

逻辑推理是从一些判断合理地得出另一些判断的规则，凡运用概念、判断和推理都必须遵守。公元前4世纪，古希腊哲学家亚里士多德建立了由大前提、小前提和结论组成的逻辑学三段论式。中国墨家学派大约在公元前5—前3世纪发展了一种由故、法和类组成的名辨学三物法。印度正理派在公元1世纪左右创立了由宗、因、喻、合、结组成的因明学五支论法；在公元5世纪佛教哲学家陈那（400—480）把五支去掉合和结，简化为三支。虽然它们分别在各自民族的日常生活中都发挥了重要作用，但只有古希腊的逻辑学对现代科学的产生和发展发生了深刻的影响。亚里士多德倡导一种归纳—演绎的科学研究程序，认为科学应该是通过演绎组织起来的一组陈述。他对于科学理论的这种逻辑上的要求，在欧几里得（前330—前275年）的几何学中和阿基米德（约前287—前212）的静力学中最早得以实现，通过中世纪唯名论哲学家对逻辑问题进行过比较深入的讨论，被以牛顿为代表的科学家们继承和发展。以演绎方法为中心的形式逻辑的现代发展是数理逻辑的诞生，德国科学家、哲学家莱布尼茨的“思维演算”思想，经两位英国数学家布尔(1815—1864)和德摩根(1806—1871)的发展而奠定了符号逻辑的基础，通过公理方法的发展和逻辑演算的确立，逐渐形成演绎逻辑、集合论、递归论、模型论、证明论等诸多分支。形式逻辑及其现代形式——数理逻辑对于科学的运用，产生了更为具体的科学问题的逻辑、科学发现的逻辑、科学检验的逻辑、科学解释的逻辑以及科学理论的逻辑结构等科学的逻辑方法。这些科学研究的思维规则能帮助科学把握各种思维的逻辑关系，做到概念明确、判断恰当、推论合理、论证有力。

语法转换规则是把一种语法转换成另一种语法的规则体系。语言学已先后发展出多种不同类型的转换规则体系，迄今最为完善的是美国语言学家乔姆斯基在其转换生成语法中建立的语法转换规则体系。乔姆斯基认为人类天生具有某种高度特异化的语言机制，并且这种天生能力决定了人类使用的各种语言之间的相似性；语言学的任务就是建立一种能够应用于一切语种的语言结构理论，它必须能够说明一种语言中可能有的所有句子。他的转换生成语法把句子作为描述对象，将组成句子的各种句法成分间的关系用短语结构规则来描述，通过转换规则对句子进行适当的调整和组合。20世纪50年代末，乔姆斯基出版《句法结构》一书，提出由短语结构规则、转换规则和形态-音位规则构成转换生成语法理论。1965年，他出版《句法理论的若干问题》一书，对语言能力和语言运用作了区别，提出表层结构和深层结构的概念，包括句法、语义和语音三部分构成的标准理论。20世纪70年代，他进一步以抽象化的原则代替规则体系而修改成扩充标准理论。生成是人在把想要说的意思转换成外部语言时所发生的心理活动。转换规则的主要功能在于，把一个句子类型转换成

图3-3-9　乔姆斯基

另一个句子类型，也可以在一个句子中增减某些成分，改变一些句子成分的次序，用一个句子成分去代替另一个句子成分，等等。转换规则可以用来对基本句进行加工，形成不同类型的句子，如陈述句、疑问句、祈使句、否定句等。根据语言活动的需要，适当地选择转换规则就可以构造复杂的句子形式，可以将若干核心句子连接起来，如“那本红书在桌子上”这个句子可以看作下列两个核心句的转换形成的：“那本书在桌子上”和“那本书是红的”。

3.3.4 集成化、数字化和网络化

电子电路集成化、信息处理数字化和信息传输网络化构成了信息技术革命的三部曲。虽然早在1937年就已产生脉冲编码调制通信技术，但直到以集成电路芯片为心脏的电子计算机成为信息处理的普遍工具和光导纤维出现以后，数字化信息革命才真正实现。音像模拟信号转变成数字信号，其可压缩性和可纠错性，极大地提高了信息传输的效率和质量。半导体激光技术和光导纤维技术与卫星通信技术和网络技术结合，正在形成完整的全球通信网，一个鲜活的信息社会正在成长。

1. 电子电路集成化

在晶体管问世之前，作为电子技术主体器件的真空电子器件和电子电路已经发展得比较完善，形成了载波通信、无线电广播、电视、雷达和电子计算机信息设备。但是这些设备难以小型化，特别是不能集成化，因为它们的工作原理是在真空中控制电子运动，物理工作区大于毫米量级。晶体管问世以后，1950年美国无线电公司首先制成实验晶体管电视机，1956年美国电气实验站制成最早的晶体管电子计算机。晶体管的工作原理是控制固体内的电子运动，其工作区在微米量级，因而为电子电路集成化提供了物理基础。在晶体管替代真空电子管走上电子设备小型化的同时，电子电路集成化的努力也开始了。1952年英国人达默提出集成电路的设想，1958年美国人基耳比（1923—2005）和诺伊斯（1927—1990）各自独立地制成最早的集成电路。到20世纪末，集成电路经历了从小规模集成到中规模、大规模、超大规模集成的过程，进而向极大规模集成挺进。

图 3-3-10 基耳比

集成电路的出现打破了电子技术中器件与线路分立的传统，晶体管和电阻、电容等元件及其连线都安装在小小的半导体基片上，开辟了电子元器件与线路一体化的方向，为电子设备缩小体积、减小能耗、降低成本提供了新途径。集成电路之所以成为现实，除物理原理外还得益于许多新工艺的发明。其中重大的工艺发明包括：1950 年美国人奥耳(1898—1987)和肖克莱发明的离子注入工艺，1956 年美国人富勒发明的扩散工艺，1960 年卢尔和克里斯坦森发明的外延生长工艺，1970 年斯皮勒和卡斯特尼发明的光刻工艺。这些关键工艺，为晶体管从点接触结构向平面型结构过渡并使其集成化，提供了基本的技术条件。

1950 年肖克莱等人发明的平面型晶体管工艺为集成化提供了可能性。平面型晶体管的面积可以小到数百平方微米，还可以在这个范围内进行微米级或亚微米级的几何结构图形和杂质分布的精确设计和加工，使上千万乃至数亿只晶体管有机地组合在一个小硅片上。对于双极型晶体管，千万只晶体管集成在一起遇到功耗的困难。每只工作电流为 0.1 毫安，1 千万只就是 5 千瓦，所散发的热量足以把集成电路烧毁。单极型的金属-氧化物-半导体(MOS)场效应器件的出现为解决这一难题开辟了道路，因为它是电压控制器件而不是电流控制器件，输入电流几近于零。1958 年法国人研制出第一只场效应晶体管，同年美国通用电器公司开始生产这种场效应管，1963 年美国无线电公司制成金属-氧化物-半导体场效应管芯片，1968 年又制成

图 3-3-11 肖克莱

互补金属-氧化物-半导体(CMOS)集成电路。至此,大规模和超大规模集成电路原则上有了技术原理上的保障。大规模集成电路的出现,特别是金属-氧化物-半导体集成电路作为计算机内存储器的可能性,为轻便的个人计算机问世提供了条件。美国商用机械公司在1964年制作了世界上第一台集成电路计算机,1969年美国通用电气公司的法金提出台式微处理机的设想方案,1971年第一部通用微型电子计算机问世。英特尔公司后来居上,1972年把微处理器从4位提高到8位,1978年提高到16位,1981年提高到32位,1992年提高到64位。

2. 信号处理数字化

数字化技术的核心是模数转换,即将模拟信号转换为二进制数字信号。传统的盒式录音机就是以模拟信号工作的,传到麦克风上的声波使其上的纸盆振动,沾在纸盆后面的线圈随纸盆在永久磁铁的磁场中作同步振动。由于线圈相对磁场运动而在线圈中产生与纸盆的振动同步变化的电流,这个变化的电流又产生与电流同步变化的磁场,这个变化的磁场与录音磁带表面的磁介质同步地发生磁改变。我们说磁带记录了声音,这是在模拟信号意义上说的。这一录音过程包括一系列的模拟变换:纸盆的振动模拟声波,线圈中变化的电流模拟纸盆震动,磁带表面的磁性变化模拟线圈内的电流变化,最终磁带表面的磁性变化就是声音的磁模拟信号。将以上过程逆转就能把所记录的磁模拟信号还原为声音。音像模拟电子技术都是以类似的过程将模拟对象的过程转换作为电磁信号记录下来的。

模拟信号数字化实质上就是把连续的模拟信号变成分立的数字信号。我们还是以声音为例,一秒钟的录音对应着磁带上的一段距离,把一秒钟的录音分成10份,每一份为0.1秒,如果每一份用一个二进制的数字来表示,一秒钟的录音就变成了10位二进制数。显然二进制数位越高,所能代表的声音的状态就越多,对声音的表达就越准确。当记录信号回放时我们听到的实际上是10个声音信号,这样的声音信号可能不够圆润,可能会有断断续续的感觉。但是,如果我们把一秒钟的声音分成更多的份数,比如100份,

1000 份，我们所记录的声音就与被记录的声音更为接近，甚至超过人耳所能分辨的精度。

同模拟信号相比，数字信号有许多优点，其中最重要的优点是纠正错误的能力和数据压缩的能力。一盘记录模拟信号的磁带在反复复制之后，失真会越来越大，噪音也会越来越大。但是一张记录数字信号的磁盘，无论怎样复制，所得到的信号都与最初的记录相同，除非磁盘磨损到不能使用。数字信号所传递的只是 0 和 1 两个数，接受方所要识别的也只是 0 和 1 两种状态。只要信号能够读出来，在传递过程中就不会失真。如果传递距离过长，可以设立中继站，在信号失真到不能识别 1 和 0 之前，把干扰去掉，达到纠错的目的。数据压缩是对数字信号的一种常用的处理方法，比如在一个电影镜头中，并不是所有的物体都处于运动中，其背景在相当长的时间里是不变的或者相似的。用模拟信号记录必须每一个画面都全部记录，而用数字信号记录则可以对相同的背景只记录一次，同时附加一个记录，记录这个背景在何时何处再次出现，这样就可以大大地压缩所要记录的内容。当然，这只是一种形象的说法，实际的数据压缩并非如此。

信息处理数字化的关键设备是电子计算机。因为电子计算机采用二进制数进行数值的运算或逻辑的判断，所以它能够作为信息数字化处理的最基本的设备。1936 年图灵提出机械计算模型，1938 年申农提出用布尔代数分析复杂的开关电路，1940 年维纳提出自动计算机应采用电子管的高速开关组成逻辑电路以进行二进制加法和乘法的数字运算，1945 年冯·诺依曼提出程序可以用数字的形式和数据一起存储在计算机内存中，在这些思想的指导下制成了电子计算机。电子计算机经过电子管、晶体管和集成电路诸阶段而发展成能为公众普遍应用的个人计算机。最初的电子计算机硬件包括运算器、控制器、内存储器以及输入和输出部件五个组成部分。随着电子电路集成化的进展，运算器和控制器合并为中央处理器（CPU）做在一个芯片上，输入和输出部件（I/O）合并在一个芯片上，连同内存储器芯片共三个芯片。进一步的发展出现了所谓单片机，五个组成部分都安装在一个芯片上。

数字信号的纠错功能和数据的压缩功能极大提高了数据传递的能力，从而改变了人类的生活。信息处理数字化是当代信息技术革命的重要推动力。数字程控电话和数字电视出现以后，电脑和电视机、收音机、录像机、电话机、传真机和影碟机等的结合会更加紧密，所有这些电器可能统一在一个平台上，这导致“多媒体”的诞生。传统媒体可分为第一媒体印刷品（书报和杂志）、第二媒体广播、第三媒体视听（电影与电视）。而所谓“多媒体”则是以计算机为工具，集多种传播手段于一体的信息传播方式，它包括文字、图片、声音甚至电影与电视。多媒体的一个重要载体是CD光盘。在数据传输网络化之后，多媒体不一定要物化为CD光盘，而是通过卫星、光缆以及计算机构成的网络在短时间内传递到地球的任何一个角落。数字化与小型化结合将会使视听设备家庭化。

3. 信息交换网络化

人类的生存范围总是与它所能达到的有效的通信范围相一致的。电脑网络连接技术、光缆铺成的信息高速公路和安放在地球轨道上的通信卫星，这三者使人类的通信能力已达到覆盖全球的程度，以至偌大的地球也仿佛变成了一个小小的村落。在地球上繁衍了几百万年的人类使地球本身发生了改变，造成了诸如生态问题、能源问题等全球性问题，而这样的全球化的通信网的基本格局及其进一步完善，为人类联合起来解决生态等全球性问题提供了有力的技术手段。

图 3-3-12 巴兰

现在公众所熟悉的“国际互联网”（亦称“因特网”）是从美国国防计划署的军用“阿帕网”发展而来的。随着电脑应用的扩展，电脑之间的有效联接被提上日程。1961年美国麻省理工学院的克莱因罗克发表论文《大型通信网络中的信息流》，1962年美国兰德公司的保罗·巴兰（1926—2011）发表论文《论分布式通信网》，1965年英国物理学家戴维斯（1934—　）设计了数据包传送的可能方案，他们独立地提出有悖于传统“中央控制式”的电脑网络模型。1966年10月美国国防计划署信息处理技术办公室的拉里·罗伯茨(1937—　)在一次会议上提出一份划时代的报告《通向分时的电脑网络》，1967年10月他在另一次会议上提出建立“阿帕网”的计划《多电脑网络和电脑间的通信》，1969年底由4个节点构成的阿帕网正式投入运行，到1971年4月阿帕网已扩大到包括15个节点并管理着23个大学工作站的规模。通过1972年10月在“国际电脑通讯大会”上的展示，阿帕网的网络工作方式得到确认。随着接入阿帕网的电脑的增加，1989年美国国家科学基金会建立国家研究网，以接替美国国防计划署已运行20年的阿帕网。美国国家基金会斥2亿美元巨资把国家研究网建成高速远距离的电脑网，使之成为包含21个节点和几万个网站的因特网主干。它包括高容量的电话联线、微波、激光、光纤和卫星，从而把各个网络、计算机站和全世界各地的人连接起来，人们可以通过因特网利用世界各大图书馆的资料及其他资源。1991年欧洲核子物理中心的伯纳斯-李(1955—　)发明了超文本链接网页的环球网(World Wide Web，WWW)，亦称“万维网”。万维网与以往的互联网只能提供文字不同，它作为因特网的服务系统不仅能提供文字还能提供声音和图像，使得整个因特网成为一个巨大的信息库。万维网的建立对国际互联网的发展起到了巨大的促进作用。因特网使多媒体进一步发展为第四媒体，即在网络上发布多媒体信息的一种传播方式。第四媒体与前三种媒体有着很多重大的不同，具有即时性、平等性、互动性、广泛性。1995年4月，美国国家科学基金不再为因特网的主干网提供资金，因特网开始实行企业化的运行机制。

图3-3-12　伯纳斯-李

20世纪90年代以后，信息高速公路成为各方面人士关注的对象。所谓信息高速公路是指以光纤电缆为主干连接电脑的激光通信系统，它的提出和实施是以激光和光缆为其技术基础的。1991 年 9 月，美国国会参众两院通过了一项法案，同意拨款 10 亿美元铺设连接超级计算机的光导纤维网络。参与这一法案的起草者之一是当时代表田纳西州的民主党参议员戈尔，他首次把作为信息基础设施的全国性光导纤维网络称为“信息高速公路”。1992 年，戈尔被克林顿挑选为副总统候选人，他在其竞选施政纲领中再次提出建设信息高速公路的设想，克林顿上台后于 1993 年 9 月推出“国家信息基础结构行动计划”。这一计划已超出了运用光导纤维连接超级计算机的原有概念，扩大到了连接每家、每户，深入社会生活的几乎每个角落的大范围。信息高速公路作为国家信息基础设施，其实质是以现代通信技术和计算机技术为基础，建设一个以光缆为干线的覆盖全国的智能通信网，以推动国家或地区经济与社会的高度信息化进程。目前，信息高速公路事业已经跨越单一国家而成了全世界规模的事业。1995 年 2 月，西方七国集团召开会议，讨论建设全球信息高速公路的问题，提出 11 项分工合作计划。1996 年 5 月，在南非召开“信息社会与发展”部长级会议，四十多个国家派出政府代表团，18 个国际组织派出代表，酝酿全球信息基础设施计划。信息高速公路建设成为必须由各国政府决策和国际协调合作的重大问题。

卫星通信是发射地球同步轨道卫星作为用于通信的电磁波赖以中转的一个空中固定点与地面站以及卫星小站组成的无线通信系统。1957 年第一颗人造地球卫星上天，1958 年 12 月 18 日美国发射载着艾森豪威尔总统圣诞文告的世界第一颗通信卫星“斯科尔号”，接着苏联开始通信卫星的发射试验。1960 年美国发射受动型通信卫星“回声 1 号”及延迟中继通信卫星“信使 1 号”，1962 年美国发射的“电星”首次进行了横跨大西洋的电视转播和电话传输，而其“转播 1 号”则成为美国、欧洲、南美洲和日本之间的中继站。1963 年美国地球同步轨道通信卫星发射成功，实现了日本和美国之间的电视转播，从此通信卫星进入实用阶段。1965 年美国发射国际商用通信卫星“晨鸟 1 号”，可中继 120 条话路或一条电视频道。1975 年国际电信卫星组织发射“国际通信卫星”，与其他 6 颗国际通信卫星组成了一个通信网。

带有信息转发器的通信卫星有两种利用方式:一是利用三颗高空同步轨道卫星覆盖全球,二是利用低空非同步轨道卫星群覆盖全球。首先发展起来的卫星通信方式是高空同步轨道卫星,在35800公里高的赤道上空安放三颗同步轨道卫星就足以覆盖全球。与地球自转的方向一致并且速度相等的同步轨道卫星相对地面是静止的,可与固定的诸地面站保持稳定的联系,一颗卫星可以安装几十个转发器,可同时提供几万路电话线路或转发几十路电视。20世纪90年代,作为全球移动电话系统的低空非同步轨道卫星群开始布建,发射距地面几百公里的非同步的低轨道卫星群,可以使地球任何地方在任何时候都能通过这一系统的一颗卫星同任何其他用户通信。耗资50亿美元的全球铱星通信卫星系统(由66颗低轨道卫星组成)的发射已于1998年5月17日全部完成,并于1998年11月1日开始向部分用户提供商业服务,不幸的是,其后来由于非技术原因关闭了。由于卫星通信摆脱了地面复杂地理条件的限制,通信容量大、组网灵活、准确迅速、经济节省,它与地面的光缆的相互匹配将不断完善全球数字化通信网。

3.3.5 仿生学和控制论[①]

人类的智慧不仅仅停留在观察和认识生物界上,而且还表现在人类运用所独有的思维和设计能力模仿生物,通过创造性的劳动增加自己的本领。

作为一门独立的学科,仿生学正式诞生于20世纪60年代。1960年9月,美国空军航空局在俄亥俄州的空军基地戴通召开了第一次仿生学会议,会议讨论的中心议题是"生物系统所得到的概念能否用到人工制造的信息加工系统的设计上去"。美国科学家斯蒂尔将新兴的科学命名为"Bionics",它由拉丁文"bios(生命方式的意思)"和字尾"nic('具有……的性质'的意思)"构成,意即研究生命系统功能的科学;1963年我国将"Bionics"译为"仿生学"。斯蒂尔把仿生学定义为"模仿生物原理来建造技术系统,或者使人造技术系统具有或类似于生物特征的科学"。简言之,仿生学就是模仿生物

① 黄蓓执笔。

的科学。确切地说,仿生学是研究生物系统的结构、特质、功能、能量转换、信息控制等各种优异的特征,并把它们应用到技术系统,改善已有的技术工程设备,创造出新的工艺过程、建筑构型、自动化装置等技术系统的综合性科学。从生物学的角度来说,仿生学属于“应用生物学”的一个分支;从工程技术的角度来看,仿生学根据对生物系统的研究,为设计和建造新的技术设备提供了新原理、新方法和新途径。仿生学的光荣使命就是为人类提供最可靠、最灵活、最高效、最经济的接近于生物系统的技术系统,为人类造福。仿生学也被认为是与控制论有密切关系的一门学科,而控制论主要是将生命现象和机械原理加以比较,进行研究和解释的一门学科。

20 世纪 40 年代,电子计算机的问世更给人类科学技术的宝库增添了宝贵的财富,它以可靠和高效的本领处理着人们手头数以万计的信息,使人们从海量的数字、信息中解放出来,使用计算机和自动装置可以使人们在繁杂的生产工序面前变得轻松省力,它们准确地调整、控制着生产程序,使产品规格精确。自动控制装置是按人们设定的固定程序进行工作的,这就使它的控制能力具有很大的局限性。自动装置对外界缺乏分析和作出灵活反应的能力,如果发生任何意外的情况,自动装置就要停止工作,甚至发生意外事故,这是自动装置所具有的严重缺点。要克服这种缺点,无非是使机器各部件之间,机器与环境之间实现即时“通信”,也就是使自动控制装置具有适应内外环境变化的能力。要解决这一难题,在工程技术中就要解决如何接受、转换、利用和控制信息的问题。因此,信息的利用和控制成为工业技术发展的一个主要问题。如何解决这个问题呢? 生物界给人类提供了有益的启示。

人类要从生物系统中获得启示,首先需要研究生物和技术装置是否存在共性。1940 年出现的调节理论,将生物与机器在一般意义上进行对比。到 1944 年,一些科学家已经明确了机器和生物体内的通信、自动控制与统计力学等一系列的问题是一致的。在这样的认识的基础上,1947 年,一个新的学科——控制论产生了。

控制论(Cybernetics)是从希腊文而来,原意是“掌舵人”。控制论的创始人之一美国数学家维纳(1894—1964)给控制论下的定义是:控制论是关于在动物和机器中控制和通信的科学。虽然这个定义过于简单,但它直截了当地把人们对生物和机器的认识联系在了一起。

控制论的基本观点认为,动物(尤其是人)与机器(包括各种通信、控制、计算的自动化装置)之间有一定的共体,也就是在它们具备的控制系统内有某些共同的规律。控制论研究表明,各种控制系统的控制过程都包含信息的传递、变换与加工过程。控制系统工作的正常与否,取决于信息运行过程的正常。所谓控制系统,是指由被控制的对象及各种控制元件、部件、线路有机地结合成的有一定控制功能的整体。从信息的观点来看,控制系统就是一种信息通道的网络或体系。机器与生物体内的控制系统有许多共同之处,于是人们对生物自动系统产生了极大的兴趣,并且采用物理学的、数学的甚至技术的模型对生物系统开展进一步研究。因此,控制理论成为联系生物学与工程技术的理论基础,成为沟通生物系统与技术系统的桥梁。

图 3-3-13　维纳

生物体和机器之间确实有很明显的相似之处,这些相似之处可以表现在对生物体研究的不同水平上。由简单的单细胞到复杂的器官系统(如神经系统)都存在着各种调节和自动控制的生理过程。我们可以把生物体看成是一种具有特殊能力的机器,和其他机器的不同就在于生物体还有适应外界环境和自我繁殖的能力。也可以把生物体比作一个自动化的工厂,它的各项功能都遵循着力学的定律;它的各种结构协调地工作;它们能对一定的信号和刺激做出定量反应,而且能像自动控制一样,借助于专门的反馈联系组织以自我控制的方式进行自我调节。例如我们身体内恒定的体温、正常的血压、正常的血糖浓度等都是肌体内复杂的自控制系统进行调节的结果。控制论的产生和发展,为生物系统与技术系统的连接架起了桥梁,使许多工程人员自觉地向生物系统寻求新的设计思想和原理。于是出现了这样一个趋势，工程师为了和生物学家在共同合作的工程技术领域中获得成果，主动学习生物科学知识，创造了仿生工具。

电子蛙眼：现代战争中，敌方可能发射导弹来攻击我方目标，这时我方可以发射反导弹截击对方的导弹，但敌方为了迷惑我方，又可能发射信号来扰乱我方的视线。在战场上，敌人的飞机、坦克、舰艇发射的真假导弹都处于快速运动之中，要克敌制胜，必须及时使真假雷达相配合，发明的电子蛙眼可以像蛙眼一样，看活动的东西很敏锐，对静止的东西却视而不见，敏锐迅速地跟踪飞行中的真目标。

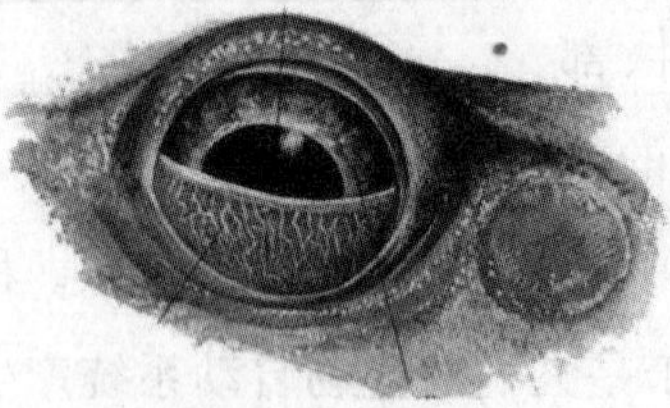

图 3-3-14　电子蛙眼

图 3-3-15　蝙蝠与雷达

现代雷达：科学家研究发现，蝙蝠不是靠眼睛，而是靠嘴、喉和耳朵组成回声定位系统。蝙蝠在飞行时发出超声波，又能觉察出障碍物反射回来的超声波，科学家据此设计出了现代的雷达，一种无线电定位和测距装置。

生物学家还通过对蛛丝的研究制造出高级丝线、抗撕断降落伞与临时吊桥用的高强度缆索。船和潜艇来自人们对鱼类和海豚的模仿；响尾蛇导弹等就是科学家模仿蛇的“热眼”功能和其舌上排列着一种似照相机装置的天然红外线感知能力的原理，研制开发出来的现代化武器；火箭升空利用的是水母、墨鱼反冲原理；科研人员通过研究变色龙的变色本领，为部队研制出了不少军事伪装装备。

白蚁不仅使用胶粘剂建筑它们的土堆，还可以通过头部的小管向敌人喷射胶粘剂，于是人们按照同样的原理制造了武器干胶炮弹；美国空军通过毒蛇的“热眼”功能，研发出了微型热传感器；我国纺织科技人员利用仿生学原理，借鉴陆地动物的皮毛结构，设计出一种 KEG 保温面料，且其具有防风和导湿的功能。

仿生学的研究范围主要包括：力学仿生、分子仿生、能量仿生、信息与控制仿生等。

力学仿生：研究并模仿生物体大体结构与精细结构的静力学性质，以及生物体各组成部分在体内相对运动和生物体在环境中运动的动力学性质。例如，建筑上模仿贝壳修造的大跨度薄壳建筑，模仿股骨结构建造的立柱，既消除应力特别集中的区域，又可用最少的建材承受最大的载荷。军事上模仿海豚皮肤的沟槽结构，把人工海豚皮包敷在船舰外壳上，可减少航行湍流，提高航速。

分子仿生：研究与模拟生物体中酶的催化作用、生物膜的选择性、通透性、生物大分子或其类似物的分析和合成等。例如，在搞清森林害虫舞毒蛾性引诱激素的化学结构后，合成了一种类似的有机化合物，在田间捕虫笼中用 10^{-7} 微克便可诱杀雄虫。

能量仿生：研究与模仿生物电器官生物发光、肌肉直接把化学能转换成机械能等生物体中的能量转换过程。

信息与控制仿生：研究与模拟感觉器官、神经元与神经网络以及高级中枢的智能活动等生物体中的信息处理过程。例如，根据象鼻虫视动反应制成的“自相关测速仪”可测定飞机着陆速度。根据鲎鱼复眼视网膜侧抑制网络的工作原理，研制成功可增强图像轮廓、提高反差从而有助于模糊目标检测的一些装置。已建立的神经元模型有100种以上，并在此基础上构造出新型计算机。

仿生学的范围很广，信息与控制仿生是一个主要领域。自动化向智能控制发展的需要，加上生物科学已发展到这样一个阶段，使研究大脑成为对神经科学最大的挑战。人工智能和智能机器人研究的仿生学方面（生物模式识别的研究，大脑学习记忆和思维过程的研究与模拟，生物体中控制的可靠性和协调问题等)是仿生学研究的主攻方面。

最广泛地运用类比、模拟和模型方法是仿生学研究方法的突出特点。其目的不在于直接复制每一个细节,而是要理解生物系统的工作原理,以实现特定功能。一般认为,在仿生学研究中存在下列三个相关的方面:生物原型、数学模型和硬件模型。前者是基础,后者是目的,而数学模型则是两者之间必不可少的桥梁。

由于生物系统的复杂性,搞清某种生物系统的机制需要相当长的研究周期,而且解决实际问题需要多学科长时间的密切协作,这是限制仿生学发展速度的主要原因。

仿生学的研究内容,从模拟微观世界的分子仿生学到宏观的宇宙仿生学,包括极为广泛的内容。当今的科学技术正处于一个各种自然科学高度综合和互相交叉、渗透的新时代,仿生学通过模拟的方法把对生命的研究和实践结合起来,同时对生物学的发展也起了极大的促进作用。在其他学科的渗透和影响下,生物科学的研究在方法上发生了根本的转变;在内容上也从描述和分析的水平向着精确和定量的方向深化。生物科学的发展又是以仿生学为渠道向各种自然科学和技术科学输送宝贵的资料和丰富的营养,加速科学的发展。因此,仿生学的科研显示出无穷的生命力,它的发展和成就将为促进世界科学技术的发展做出巨大的贡献。

3.3.6 虚拟现实和增强现实①

虚拟现实是多媒体技术的终极应用形式,它是计算机软硬件技术、传感技术、机器人技术、人工智能及行为心理学等科学领域飞速发展的结晶。

虚拟现实主要依赖于三维实时图形显示、三维定位跟踪、触觉及嗅觉传感技术、人工智能技术、高速计算与并行计算技术,及人的行为学研究等多项关键技术的发展。人们戴上立体眼镜、数据手套等特制的传感设备,面对一种三维的模拟现实,似乎置身于一个具有三维的视觉、听觉、触觉甚至嗅

① 张燕翔执笔。

觉的感觉世界，人与这个环境可以通过人的自然技能和相应的设施进行信息互动。

早在20世纪40年代，美国就开始了飞行模拟器的设计。随着计算机技术尤其是计算机图形技术的发展，这种模拟器又发展为大屏幕显示器和全景式情景产生器。

1957年，美国电影摄影师莫顿·海利希发明了一台叫传感影院的机器，用户只要把头伸进机器里，就会感受到3D视觉效果，甚至能闻到气味。不过由于想法太过超前，加上没有互动性，传感影院并没有引起很大反响。

1963年，麻省理工学院的学生伊凡·苏泽兰特研发出了叫做画板的一套计算机程序，这可以借着一些手握的装置，像光笔等在显示器上直接建立影像，这标志着互动式计算机图像技术的诞生。伊凡·苏泽兰特还向世人推出了计算机图形用的向量显示器，他被认为是计算机互动图像与计算机用户界面的鼻祖。

图3-3-16　伊凡·苏泽兰特

1965年，伊凡·苏泽兰特发表论文 *The Ultimate Display*（《终极的显示》），描述了一种把计算机屏幕作为观察虚拟世界窗口的设想，这被看作虚拟现实技术研究的开端。1965年，道格拉斯·恩格尔巴特发明了一种专利设计，通过重新定位计算机屏幕上的光标，可以测量自己所在的X轴和Y轴的坐标值，并且将该资料传进计算机处理器。连着这个东西的是一条小巧可爱的电缆线，恩格尔巴特将它昵称为“鼠标”。

1968年，伊凡·苏泽兰特又提出了头盔式三维显示装置的设计思想，并给出一种设计模型，奠定了三维立体显示技术的基础。此后，这一领域一直没有突破性的发展，直到20世纪80年代初，才由杰伦·拉尼尔正式提出“虚拟现实”这一名词，同时一系列更完善的仿真传感设备（如头盔式三维显示器、数据手套、数据衣、立体声耳机等）及相应的计算机软硬件系统被研制出来。到了 90 年代,虚拟现实技术的研究更加普遍,发展也更为迅速。

1965 年,犹他大学的计算机系获得了美国国防部高级研究计划署每年 500 万美元、共计三年的资助,用于开展计算机视觉技术的研究。许多教师和学生都投入这个研究中来,并且产生了许多计算机图形技术中重要的算法和理论。这些成果包括隐藏曲面、渲染、批量渲染、Z-buffer、材质、抗锯齿、光照、大气效果、环境贴图、面部动画、过程建模、Splines、Beta-splines 等。

1973 年,全录公司的帕罗奥多研究中心使用恩格尔巴特发明的鼠标和一个具有小窗口、图标和工具选单的有趣操作系统,建造了一部具有图形界面的计算机。该中心属于研究机构,并没把这部计算机商品化。但后来他们将这个窗口操作系统向史蒂夫·乔布斯炫耀,然后乔布斯又向比尔·盖茨炫耀,结果比尔·盖茨和保罗·艾伦嗅到了赚钱的机会。于是,比尔·盖茨和保罗·艾伦撰写了一套程序语言,从学校休学后成立了微软公司。史蒂夫·沃兹尼克和史蒂夫·乔布斯也成立了他们自己的苹果公司,出售他们的套装计算机苹果一号。

1973 年,康奈尔大学的计算机图形研究组获得了国家科学基金的支持,他们最著名的工作是关于真实感图形合成方面的研究,他们以辐照的方法计算场景中直接与间接的光照效果,并且发展出一种基于物理光照模型的渲染方法,这种方法获得的图像在视觉效果上和真实世界中的图像几乎没有差别。

1978 年,从贝尔实验室获得博士学位的特纳·惠特泰德开始进行光线追踪算法的研究。1986 年,特纳·惠特泰德由于其简单而高质量的光追踪算法而获得当年的惠特泰德图形成就奖。

1981—1984 年,国际商业机器公司觉得苹果公司的台式计算机很有趣,决定推出自己的产品,并取名作 IBM-PC,它执行的是由微软发展出来的 PC-DOS。苹果计算机也推出一种使用恩格尔巴特式的鼠标和全录式窗口操作系统,并用了一个水果样式的商标名:青苹果。

1984 年,约翰·拉塞特离开了工作多年的迪斯士尼,加入了卢卡斯影业旗下的工业光魔公司。两年后，苹果公司创始人史蒂夫·乔布斯花1000万美元买下了工业光魔公司的电脑动画部，成立了皮克斯动画工作室。

增强现实(AR)诞生于1990年，是对真实场景利用虚拟物体进行“增强”显示的技术，与虚拟现实相比，具有真实感强、建模工作量小的优点。增强现实技术有视频叠加和光学透视两大类型。视频叠加指信息叠加在摄像头的实时画面上，画面往往存在一定畸变，如基于PC的AR、基于移动端的AR；光学透视指实时信息直接叠加在用户所看到的真实内容之上，其镜片需要同时具有反射和穿透功能，如基于头戴式AR设备的显示。

1991年5月，皮克斯迈出了具有历史意义的一步——与娱乐巨匠迪士尼结为合作伙伴。1995年11月22日，世界上第一部全电脑制作的动画长片《玩具总动员》在全美上映。《玩具总动员》是迪士尼与皮克斯合作的第一部电脑动画，成本逾亿，历时4年才完成。皮克斯的电脑技术在《玩具总动员》中得到了充分发挥。该影片以1.92亿美元的票房刷新了动画电影的纪录，还为导演约翰·拉塞特赢得了奥斯卡特殊成就奖。

1995年7月21日，任天堂公司发布了虚拟现实游戏机虚拟男孩。它采用头戴显示器的设计，内置两块384×224分辨率的红色LED单色显示器，可支持128级对比度的黑色、红色显示。显然，这个设计非常具有前瞻性，目前先进的虚拟现实头戴显示器基本上均以此为基础，只不过搭载了更先进的屏幕。

谷歌公司于2012年4月发布一款“拓展现实”眼镜——谷歌眼镜，它具有和智能手机一样的功能，可以通过声音控制拍照、视频通话、辨明方向，以及上网冲浪、处理文字信息和电子邮件等。谷歌眼镜主要结构包括在眼镜前方悬置的一台摄像头和一个位于镜框右侧的宽条状的电脑处理器装置，配备的摄像头像素为500万，可拍摄720p视频。2015年1月19日，谷歌停止了谷歌眼镜的“探索者”项目。

2012年8月，虚拟现实头盔Oculus Rift项目登陆Kickstarter众筹网站。Oculus Rift具有两个目镜，每个目镜的分辨率为640×800，双眼的视觉合并之后拥有 1280×800 的分辨率。同时，这款游戏产品的一大特色是具有陀螺仪控制的视角，使游戏的沉浸感大幅提升。2014 年 3 月 26 日，脸书宣布以约 20 亿美元的总价收购沉浸式虚拟现实技术公司 Oculus VR。2015 年 5 月 7 日，Oculus 公司在官方博客发布其消费者版的虚拟现实头盔 Oculus Rift。

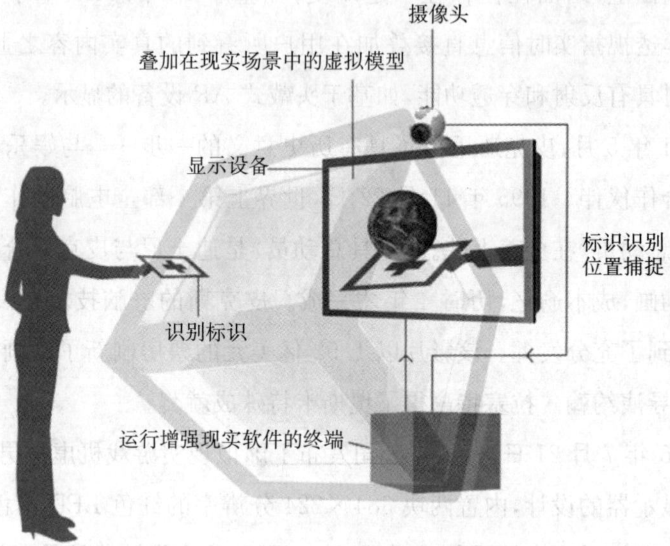

图 3-3-17　AR 技术原理框图

由宏达国际电子股份有限公司与维尔福软件公司联合开发的 VR 头戴显示器，于 2015 年 3 月在 MWC2015 上发布，通过以下三个部分致力于给使用者提供沉浸式体验：一个头戴式显示器、两个单手持控制器、一个能于空间内同时追踪显示器与控制器的定位系统。

2015 年 1 月 22 日，微软发布了混合现实头戴显示器 HoloLens，它可以将计算机生成的内容叠加于现实世界之上。用户看到的是在现实画面上增强显示的虚拟世界，并且眼镜会追踪你的运动和视线，进而生成适当的虚拟对象，投射叠加在现实世界之上并呈现给用户。用户可以通过手势与虚拟 3D 对象交互。

3.4 海洋与海洋技术[①]

海洋是生命的摇篮，是风雨的故乡，是资源宝库，是交通要道，是人类赖以生存和发展的新空间，对人类的繁衍生息发挥着至关重要的作用，也是构建人类命运共同体的新疆域。随着陆上资源的日渐枯竭，世界各国将目光投向了海洋，特别是位于国际海域的深海。深海进入、深海探测、深海开发成为新时代海洋工作的主旋律。我国已吹响加快海洋强国建设的号角。

3.4.1 认识海洋

人类赖以生存的地球，海洋总面积约为3.61亿平方公里，占地球表面积的70.8%。地球的表面三分是陆地，七分是海洋，所以也可以认为地球是一个“水球”(图3-4-1)。国际上一般认为水深为1000米以上的海域为深海[②]。海洋的平均水深是3800米，海洋及地球的最深处是位于太平洋的马里亚纳海沟，其深度达11034米。超过1000米的深海的面积约占海洋面积的70%，可以说地球约一半(70.8%×70%=49.56%)的表面积被深海所覆盖。

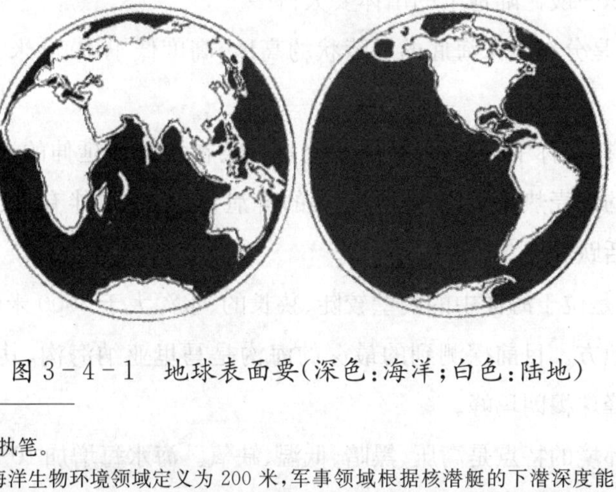

图3-4-1 地球表面要(深色：海洋；白色：陆地)

① 史先鹏执笔。

② 目前，海洋生物环境领域定义为200米，军事领域根据核潜艇的下潜深度能力定义为300米，海洋工程、资源与海洋科学研究领域定义为1000米，海洋沉积领域定义为2000米。

深海和陆地一样，也有高山、丘陵、盆地和平原等典型地形。如果能将海水抽干，首先映入眼帘的最奇特的景象就是一条首尾相连的“巨龙”，居然盘踞在曾经认为是平坦的洋底上。这种被称为“洋中脊”的巨型海岭占据地表总面积达23%。下面简要介绍几种典型的深海地形。

图3-4-2　洋中脊

深海盆地：简称海盆，位于洋中脊与大陆边缘之间，是水深2000～6000米的洋底地域。

海山：是大洋盆地中高出周围深海底1000米以上、分布在水下的高地。海山的体积一般比陆地上的山体要大得多。

海丘：是分布于深海底的丘陵状的高地，高度低于1000米，多分布于深海平原中。

洋中脊：又称中央海岭，在地貌上是一条在大洋中延伸的海底山脉。洋中脊顶部的地壳热量相当大，是地热的排泄口，并时常伴有火山活动，地震活动也很活跃。

海沟：是位于海洋中的两壁较陡、狭长的、水深大于5000米的沟槽，是海底最深的地方。目前探测到的最深的海沟是马里亚纳海沟，其海拔超过了陆上最高峰珠穆朗玛峰。

海洋环境的特点是高压、黑暗、低温、缺氧。海水每增加10米，压力增加1个大气压，相当于每平方厘米承受1公斤压力。“蛟龙”号载人潜水器下潜至7000米深度时意味着每平方厘米需要承受700公斤压力。水深超过200米，光照无法到达，水温一般为2～10 ℃，环境异常恶劣。在地球板块交界处的洋中脊附近深海热液区的喷口处，温度高达400度。深海区域所存在的巨厚海水，使人类认识深海底部非常困难，以至于在人类早就踏上月球的今天，人类对深海的了解还远远不如太空。

3.4.2　研究海洋

深海中蕴藏着丰富的战略金属、油气能源和生物基因资源，是国际政治、经济、科技和军事竞争的重要场所。要开发和利用海洋，首先要对海洋进行深入的研究，掌握它的内在规律和属性。

开展海洋研究特别是深海研究，不只是了解地球亟待填补的空白，还是国家资源和安全保障之所系。厚厚水体的存在，使得海洋的探索和研究更具有挑战性。目前正在开展的海洋科学研究主要分为四个方面：物理海洋学，海洋地质学，海洋生物学，海洋化学。物理海洋学研究海水交换和运动等物理性质，海洋地质学研究洋底沉积、地貌和海底深层结构及其物理性质，海洋化学研究海洋中和海底发生的化学反应，海洋生物学研究海洋中生命和环境问题。

海洋是一个开放的并具有多样性的复杂系统，其中有各种不同时空尺度和不同层次的物质存在和运动状态。这一属性决定了海洋科学的多科学综合与交叉，可以说海洋科学是所有各门科学在研究海洋现象中的应用。海洋科学的发展在很大程度上依赖于技术的进步和装备水平的发展。最近40多年来，随着海洋科学技术的发展，科学研究证明海底原来是“漏”的，不但有形成金属矿的“热液”（图3－4－3）和有

图3－4－3　深海热液

可燃冰逸出的“冷泉”(图3-4-4),还有不靠光合作用的“黑暗食物链”和海底的“深部生物圈”。

图3-4-4 深海冷泉

海洋研究与发展,前景广阔,潜力无限。21世纪以来,世界各国掀起了海洋研究及开发的热潮,它们利用科考船舶、水下机器人、海底观测网络等技术手段实现对海洋的认识,并适时加以利用。据统计,截至目前,人类只对5%的海洋面积进行了勘察探索。同时,海洋下面不仅有自然的历史,还有人类的历史。深海才是地球上最大的博物馆,它包含的历史比世界上所有博物馆所展示的历史事件合起来都要多。据估计,目前有100万艘古代沉船沉睡海底,等待人们去考古发掘已经尘封的历史。海洋探索、深海研究,重要的发现往往来自偶然,但是进入海底,是发现的第一步。

3.4.3 海洋技术

认识海洋,揭示海洋内在规律与特征,开发深海资源,攀登深海科学高峰,需要深海高技术与装备的支撑。全国科学技术名词审定委员会对海洋技术给出定义:海洋技术是研究海洋自然现象及其变化规律,开发利用海洋资源和保护海洋环境所使用的各种方法、技能和设备的总称。伴随着工业技术等基础行业技术的飞速进步,海洋技术的发展呈现多元化态势,包括海洋调查技术、海洋渔业技术、海水淡化技术、海洋油气技术、船舶建造技术、海洋军事技术、海洋遥感技术、海洋生物技术、海洋探测技术、海洋材料技术、海洋防腐技术和海洋医药技术等。这里,我们着重介绍海洋调查技术。

海洋调查技术是认识海洋的最关键技术。海洋调查,伴随着历史的发展和技术的进步而演变。早期的海洋调查,主要是利用调查船舶,实现对海表面物理参数的测量。伴随着时代的变迁和技术的进步，海水表面以下的探测成为可能。从船舶调查到潜水钟深入海底，从局部基于声呐技术的探测到宏观的卫星观测，海洋调查技术随着造船技术、潜水、水下定位、水下导航、测深等技术的发展而发展。

现代海洋调查活动，通常以法国科学家皮埃尔·西蒙·拉普拉斯通过观察巴西和非洲海岸的潮汐运动来分析考察大西洋的平均深度为开端，他计算出该海域的深度为3962米。之后的声学方法测量表明，该计算值非常精确。随后，为了满足海底电缆的精确安装技术需求，开发精确的探测技术变得非常迫切，进而开展了第一个基于精确声学原理探测的海底调查活动。第一个深海生物样本，是1864年由挪威的研究人员在3109米深处的海百合生物样本上获取的。1872年，英国政府利用"挑战者"号探险船发现了715种生物新属和4417种新的海洋物种，这一探险航次开展了四年，这些样本也是这四年调查所获得的样本的总和。

深海调查比较闻名的事例要数1960年在马里亚纳海沟开展的载人潜水器下潜活动。当年，雅克·皮卡尔和美国海军中尉唐纳德·沃什搭乘"里雅斯特"号深海载人潜水器下潜到马里亚纳海沟10916米深处，这一深度接近世界海洋的最深处。

在深海极端环境下开展资源调查，比陆地上要艰难得多，需要精心设计的方法与技术。以下罗列了国际上一些深海调查的重大事件。

1521年，费迪南德·麦哲伦试图利用长度为2400英尺的重力线来测量太平洋的深度，但没有探到太平洋的底部。

1818年，英国研究人员约翰·罗斯爵士在世界上首次发现深海处存在生命，他利用一种特殊的装置在深海2000米左右捕捉到水母和蠕虫。

1843年，产生了著名的Abyssus理论。爱德华·福布斯认为，生活在深海的生物多样性并不丰富，并且生物多样性随着深度的增加而减少，所以他认为在深度超过550米的水域可能没有生命。

1850年，迈克尔在深度800米处的海域发现了丰富的深海动物，从而驳斥了 Abyssus 理论。

1872 年到 1876 年，第一个较为系统性的深海调查是由“挑战者”号探险船承担完成的，该航次由查尔斯率领。这个探险队发现深海藏着一个多元化、丰富的生物群落。

1890 年至 1898 年，由澳大利亚和匈牙利两国海洋科学家组成的联合科考队开展了在东地中海和红海的深海调查活动。

1898 年到 1899 年，第一个德国深海科考航次在南大西洋深度大于 4000 米的深处发现了许多新的海洋物种。

1930 年，威廉·毕比和奥蒂斯·巴顿最早到达深海，他们搭乘由钢制成的钢球，到达了海底 435 米的深度，在该深度发现了海蜇和虾。

1934 年，威廉·毕比和奥蒂斯·巴顿乘坐过的钢球进一步到达了海底 923 米左右的深度。

1948 年，奥蒂斯·巴顿搭乘钢球进一步下潜到 1370 米的深度。

1960 年，雅克·皮卡尔和唐·沃什搭乘“里雅斯特”号载人潜水器到达了“挑战者”号载人潜水器下潜到的马里亚纳海沟深渊底部 10916 米的深度。在那里，他们发现了深海鱼类和其他深海生物。

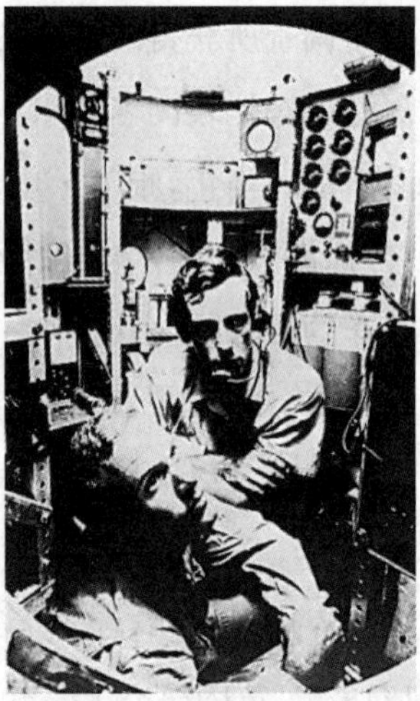

图 3-4-5　雅克·皮卡尔(右)和唐·沃什(左)

总的来说，19 世纪 60 年代以前，人们对深海的认识还比较肤浅，很多方面处于空白，所开展的深海调查活动处于比较初级的阶段，目的性不强，对深海的研究意义与研究价值认识不够，调查仪器和技术手段相对比较原始和落后。

伴随着 1964 年美国“阿尔文”号载人潜水器的研制成功与投入应用以及世界各国对海洋调查工作的重视，从 20 世纪 60 年代开始，国际海洋调查工作进入了一个全新的时期。各国单独开展及联合开展深海大洋调查的次数越来越多，频率越来越高，并出现了利用浮标、潜标、载人潜水器、海底观测网络等新型手段开展的深海调查作业活动。特别是从20世纪八九十年代开始，品种繁多的水下潜水器(机器人)的出现，大大提高了海洋调查的效率。比如，无人有缆遥控水下机器人ROV的大量涌现和使用，已经实现了产业化，被广泛应用于海洋油气生产等作业领域。大量的无人无缆自治潜水器AUV和水下滑翔机Glider等无人潜水器的广泛应用，改变了深海调查需要动用大型科考船舶的历史，自治潜水器呈现出更大的智能性和灵活性。深海潜水器的操纵作业是通过携带具有一定调查目的的传感器来实现的，深海潜水器的发展又带动了深海传感器产业的不断进步。另外，海底观测网络可以实现海底大范围区域的长时间连续观测，可实时将多种不同传感器的数据源源不断地输送到岸基，在海洋科学研究、海洋科普教育、海洋灾害预警、环境污染预防与水质保护、生态保护、国防安全以及作为新研制设备入网海试测试平台等领域发挥着重要作用，逐渐被各国所重视。

我国起初的深海调查研究活动大多源于深海油气资源调查与开发活动。在海洋探查与资源开发技术方面，围绕深水海域油气与天然气水合物资源勘查、深海矿产资源探测以及海底立体探测和成像等方面开展了相关关键技术研究。我国开发了一大批关键技术装备(比如深海可视抓斗、7000米“蛟龙”号载人潜水器、潜龙系列无人自治潜水器、海龙系列无人缆控潜水器等)，为我国油气资源评价和深海矿产资源勘探提供了技术支撑，从整体上提高了我国海洋地质调查和深海资源勘查的能力。

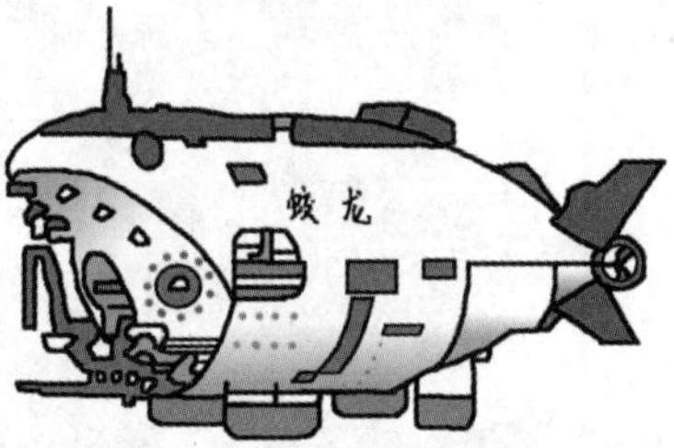

图3-4-6　蛟龙号

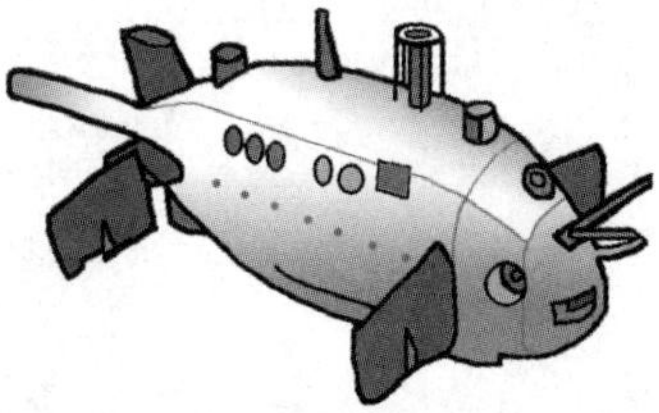
图3-4-7　潜龙号

目前，我国在中国大洋事务管理局的组织和领导下，已向联合国国际海底管理局提交了在东北太平洋、西南印度洋、西北太平洋等国际公共深海海域开发相关海底矿区的申请，具备了矿区资源的优先勘探权与开发权，为未来深海资源的开发与利用奠定了基础。在深海油气方面，我国起步较晚，只初步掌握了大深度（大于 2000 米）深海钻探技术。其中，“蓝鲸 1 号”半潜式钻井平台研制成功，在南海相关海域助力我国首次成功实现可燃冰的试开采，可助力我国首次成功实现海底可燃冰开采。

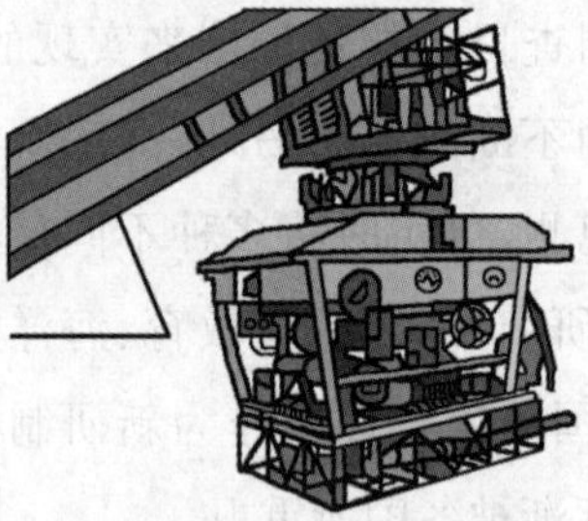

图 3-4-8 海龙号

图 3-4-9 蓝鲸一号

第四篇

走向未来的科学

预测未来有四种基本方法：一是基于对象的规律；二是基于同对象有关的相关现象；三是基于对象抽样样板的频率；四是基于对象历史的外推。对于科学来说，这些方法都不能真正严格地运用，因为不能说我们已经掌握了科学发展的规律；科学事件也没有类似于鸡叫与天亮那样的相关关系，科学家行为的个性特征似乎不允许进行抽样分析，科学活动难得留下完整的历史数据。原则上讲科学的未来是不能严格预测的。

4.1 全球变化研究

全球性环境问题及其对区域环境影响问题的研究，就其科学内容而言已经远远超出了传统学科的范围。“自然系统”作为一个新的科学概念被提出来，并且不同等级的自然系统已经成为基于不同目标的研究对象。从全球尺度上看，可以把地球看作由相互关联和相互作用的各具特性的地核、地幔、地壳、水圈、气圈、生物圈、人类圈和地球空间诸圈层综合集成的、连续开放的、复杂的动力系统，也可看成由相互作用和相互关联的固体地球子系统、地球表层子系统和地球空间子系统组成的复杂动力系统。

作为国际科学前沿领域之一的全球变化研究，已经设计了三个彼此独立而又相互联系的重大国际计划：世界气候研究计划(WCRP)，主要研究与全球气候相关的物理过程；国际地圈-生物圈计划(IGBP)，主要研究全球环境变化相关的生物地球化学过程及其与物理过程的相互作用；全球变化的人类影响(HDP)，主要研究人与环境的关系。此外，还有全球气候观测系统(GCOS)、全球海洋观测系统(GOOS)和全球陆地生态观测系统(GTOS)，进一步还将建立完整的全球监测系统。接下来我们将从地球系统研究、日地系统研究和人地系统研究三个不同领域，介绍全球变化研究历史和现状。

4.1.1 地球系统

地球系统主要有固体地球、地表流体和生物圈三个子系统，地球科学就是试图发展一种包括各组成部分物理的、化学的、生物的和人工的相互作用的地球系统的模式，并在地球系统模式和全球监测系统可提供的信息和资料基础上建立具有预测能力的全球和区域的环境模式，以进行环境变化的定量预测。

固体地球作为地球系统的核心，是人类栖息和获取生活资源的基地，研究涉及资源和能源的开拓、环境保护和减轻灾害等问题，直接关系到经济和社会的持续发展。这种研究是围绕地球动力学展开的，并向地球内部发展而把岩石圈的研究与地幔研究相结合，阐明大陆的形成、变形、裂解、迁移及其控制的基本过程，在有关地球的众多学科发展的基础上形成地球动力学。地球动力学正紧密地结合与社会持续发展有关的资源、环境和灾害三大主题，从地球形状动力学、地球表壳动力学、地球岩石圈动力学和地球整体动力学四个层次进行实测和理论研究。美国国家研究委员会在1990年发表的《固体地球科学与社会》中提出了固体地球科学的四个主要目标：了解过程、提供资源、协调环境、减轻灾害。由欧盟牵头组织的东南亚GPS计划以及以中国为主倡议的亚太空间地球动力学计划，都旨在研究区域性的板块运动、地壳形变及其与自然灾害的关系。

地表流体包括大气和水体两类，它们决定性地影响着全球气候的变化。全球变化研究中最大和最突出的问题是全球气候变化问题，如何预测气候系统的年际和年代际变化已成为重大科学前沿问题。国际科学联合会（ICSU）与世界气象组织（WMO）联合制订了世界气候研究计划（WCRP），从1986年开始实施。通过这个研究计划，可以更深刻地了解各种时间尺度的气候形成与变化机理，从而预测气候变化与异常。为实现WCRP这一目标，国际上又制订了各种研究计划，如热带海洋和全球大气（TOGA）研究计划，全球海洋环流试验（WOCE）研究计划：包括从全球能量和水循环（GEWEX）研究计划和全球气候变化（CLIVA）研究计划。为了研究气候系统与生物圈的相互作用，还制订了国际地圈－生物圈研究计划（IGBP）。为了进行气候变化预测研究，国际上相继建立了气候预测研究中心，如国际气候预测研究所（IRICP）、英国的海德里气候预测研究中心、日本的气候系统研究中心、德国的马克斯-普朗克气候研究所、中国科学院大气物理研究所的气候和环境预测研究中心等。大气物理学家们设计了大气环流模型（GCM）来模拟地球气候和预报未来气候变化。

地球生物圈不仅代表了我们这个充满勃勃生机的星球上物质存在的高级形式——生命过程的时空延续性，而且还起到了联系其他物理圈层的纽带作用。1875年，奥地利地质学家修斯（1831—1934）在对比地球的岩石圈、水圈、大气圈概念的基础上提出“生物圈”的概念。1935年，英国生物学家坦斯利(1871—1955)将特定区域的生物群落及其生存环境所组成的自然体系概括为“生态系统”。全球生态系统作为地球系统的一个子系统,是指由各类生态系统组成的地球生物圈有机自然体系。国际全球变化研究的焦点和重心,从 20 世纪 90 年代开始转向生态系统对全球变化的反应与反馈及其功能与过程研究。国际地圈与生物圈计划中的核心项目“全球变化与地球生态系统”(GCTE),已成为最活跃和不断扩展的研究领域。这类研究包括四种基本科学问题:生态生理学问题、生态系统的结构变化问题、全球变化对农林的影响问题、全球变化与生态复杂性问题。受大气环流模型的启发,生态学家们开始设计全球变化的生态模型。已经建成的有三种不同尺度的模型:生态系统水平上的斑块尺度模型,由若干相邻斑块构成的景观尺度的模型,由景观结合而成的区域尺度的模型。景观尺度和区域尺度的模型进而联合成大陆和全球尺度的模型,即全球植被模型(GVM)和全球动态植被模型(DGVM)。

图 4-1-1 修斯

4.1.2 日地系统

日地系统作为太阳系和日球层中的一个子系统,指太阳一近地空间系统一固体地球系统的耦合系统,包括由太阳大气、行星际空间、地球磁层、电离层以及热层、中层和低层大气组成的庞大空间。以日地系统为研究对象的日地科学兴起于 20 世纪 60 年代,其主要目标是研究日地系统的扰动过程及其对人类活动的影响,主要内容包括太阳及日球层与地球空间之间的相互作用、地球空间系统与固体地球系统之间的相互作用以及日地系统的整体行为及其演变等。

地球空间是地球系统的最外层,是太阳活动影响地球的主要通道。其中包括高层大气、电离层、磁层及近地球轨道的行星际空间等几个层次,主要物质为完全或部分离化的等离子体和高能粒子,其中发生着复杂的、非线性的等离子体和磁流体的动力学过程。地球空间是人类赖以生存的保护层，没有大气层、电离层和磁层，地球上的生物就无法生存。地球空间环境也是人类自然灾害的祸源，太阳常数千分之几的持续下降会导致地球灾难性的寒冷，而百分之一的持续下降将使人类和生物大规模毁灭。强烈的磁暴会严重影响航天器的姿态乃至改变其运行轨道甚至使其提前陨落，所引起的电离层骚扰及无线电中断将造成导航系统失灵、通信卫星带电等空间灾害以及高纬地区输电系统及输油管道的损坏，从而造成重大经济损失。空间高能粒子对飞行器太阳能电池、计算机系统以及宇航员均有辐射危害，随着人类航天活动的进展和未来空间产业的开发，空间环境对人类活动的影响越来越重要。日地系统整体行为的研究与人类的生存和发展休戚相关，空间扰动预报对人类活动具有现实意义。

地球空间系统研究的中心问题是，太阳活动所引起的行星际和地球空间系统的扰动研究，特别是它的等离子输出这个唯一能引起全系统各层次剧烈变化的物理过程研究。这种扰动研究包括太阳扰动等离子体输出及其在行星际空间的传输和演化、太阳风扰动输入磁层及磁暴的形成、能量沉积在电离层和高层大气过程等问题。通过这种研究认识了地球空间环境的变化规律，就可以建立日地环境的定量模型，以提高日地环境的预报水平。一直困扰学术界的一个关键问题，是研究太阳活动与地球天气、气候及灾害事件之间的关系。虽然现在已认识到空间扰动期间高、低层大气的耦合有助于弄清楚太阳活动对天气和气候的可能影响问题，磁扰的高频成分感应导致的地球内部导电性能结构、变化有助于探索可能的地震前兆，地磁活动可能对人体心血管、癫痫等疾病产生影响，但许多重要问题待日地系统整体行为研究取得实质性进展后才能逐步加以解决。

世界各空间大国都非常重视地球空间扰动预报及研究工作。美国航天局、国防部、空军、海洋大气局等有连续监测行星际太阳风（IMP）及同步高度空间环境（GOES）的卫星，建立了太阳风监测信息系统（SWIM）、试验磁暴实时预报，并有空间物理分析网（SPAN）科学信息系统。在 20 世纪 80 年代，美国、日本和西欧的空间局联合推进国际日地物理（ISTP）计划，发射 20 多颗卫星到日地系统的关键区进行空时相关探测，研究日地系统的各种耦合过程和整体行为。90 年代以来，他们又扩大联合成立国际空间局合作组织(IACG)，制订了日地科学计划(STSP)。国际科学联合会的日地物理委员会发起开展日地能量计划(STEP)。这些计划将日地系统作为一个相互联系的整体，研究太阳各种扰动能量的产生、在日地空间中传输并最终影响地球环境的全过程，特别是其中决定日地整体性的耦合过程。日地系统研究可望进入成熟期，通过全方位、多层次的研究建立起日地耦合过程的定量模型，完善对空间环境的监测和短、中期预报体系。

4.1.3　人地系统

德国地理学家李特尔(1779—1859)最早提出人地关系的概念，主要反映在他的著作《地球科学——它同自然和人类历史的关系》(1817—1859)中。20 世纪初，法国学者沙尔坚(1881—1955)和勒鲁瓦等人引入“智慧圈”的概念，认为它的形成与人类意识的产生和发展有关。1942 年苏联学者韦尔纳茨(1863—1945)关于“智慧圈”是地球的新地质现象和巨大地质力量的观点，将智慧圈变成社会与自然相互关系的概念，它包括人类本身及人类活动改造的范围，相当于人工生态系统总体。把自然生态的概念扩大到包括人工生态，就产生了人地系统的概念。

图 4-1-2　李特尔

李特尔提出人地关系问题以来的 100 多年间，这方面的研究一直停留在现状描述水平上。20 世纪 70 年代以来，英国、美国、苏联、荷兰、德国、法国、日本等国先后在人地系统理论与应用方面进行了诸多研究。1970 年，英国区域学派以人地关系概念为指导，对英国的人口、资源、城市、经济、自然条件进行了综合研究，提出的区域发展对策由于政府的支持而产生了实际效果。1980 年 3 月 5 日，联合国向全世界发出呼吁：“必须研究自然的、社会的、生态的、经济的以及利用自然过程中的基本关系及利弊抉择，才能确保全球发展。”自 20 世纪 70 年代以来，国际上先后开展了“人与生物圈计划”(MAB)、“国际地圈-

生物圈计划”(IGBP)、“国际空间年”“国际减灾10年”“全球变化人类因素计划”等一系列研究。1982年,美国中部6个州研制成AGNET区域管理信息系统,对该区域内所涉及的119个人地关系问题实施全面优化调控与自动决策。MAB主要研究人类活动对各生态系统的影响,其目的是合理利用与保护生物圈资源,改善人类与环境的关系,预测人类活动对未来世界的影响,以提高人类对生物圈资源有效管理的能力。IGBP研究和预测人类活动对全球气候与环境变化的影响,以便合理利用资源与环境保护政策,提出应付全球变化的对策等。人类活动空间计划(HDP),就是从人文角度研究全球气候和环境变化与人类社会、经济的关系等方面的问题,人与环境系统或人地系统动力学将在这种研究中逐渐形成。

人地系统研究致力于人地协调发展的调控机制和理论的探索,从整体性、动态性的角度研究人口、经济、社会与环境、资源的相互作用,谋求其协调与统一,以形成相互依存、相互促进、持续发展的动态平衡系统。从事人地系统研究的科学家们正在筹划如下重要问题的研究:人地相互作用与人地系统的调控、区域协调发展与优化模式、全球资源与环境变化和人地系统宏观调控、人地信息系统与分析模型。在这些研究中,中国生态科学家马世骏(1915—1991)提出的“社会-经济-自然复合生态系统”(SENCE)可能为人地系统研究提供一种生态模式。复合生态系统的出发点是人工生态系统,即以人的行为为主导,以自然为依托,以资源流动为命脉,以社会体制为经络的人工生态系统。人地系统研究本质上属于人类生态学的范畴,而人类生态学的主要任务是研究各种不同类型的复合系统及其与环境间的各种生态关系。马世骏复合生态系统为三圈层的结构:核心圈是人,包括人类的组织、技术和文化,称为生态核;第二圈是复合系统内部活动的直接环境,称为生态基;第三圈是复合系统的外部环境亦即支撑系统,包括源和汇仓,称为生态库。复合生态系统理论还包括四条生态控制原理:循环原理、生克原理、平衡原理和自适应原理。

4.2　人工系统的建造

人类自诞生以来一直生活在地球的陆地上，而且是生活在自然条件比较好的部位。对于地下、海洋和天空那广大的领域，人类一向怀着敬畏的心情，虽然几千年来进行过无数次探险，特别近百年来也获得了许多科学的认识，多少也算利用了它们的一些资源，但总的来说还是涉足太少。近几十年来，人类已经感受到人口的压力，感受到资源的不足，感受到生存环境的狭小，扩展人类生存环境的欲望与日俱增。由于科学技术的飞速进步，人类的这种扩展生存环境的野心和雄心，正在一步一步地变成脚踏实地的行动。进入地下，重返海洋，飞离地球，已成为扩展人类生存空间的三大方向。

4.2.1　地下工程

随着地球上人口的增长、地面建筑和高速公路的增加，大都市拥挤不堪、人满为患，不断吞噬耕地和绿地的高速路造成了环境问题，有些建筑物和道路向地下发展已是保持必要的耕地和绿地的重要方略之一。在欧美发达国家，向地下发展是从大都市的地铁开始的。在第二次世界大战期间的地下防空设施和那些专为政府首脑逃跑用的地下通道，以及当今高层建筑所普遍设有的地下贮藏室和停车场，都是人类逐步向地下发展的试验。地面高速公路占地的危害还没有引起人们的普遍警觉，但敏锐的环境主义者已经看到它所带来的环境危害。部分大都市的居民开始开展反对过多筑路的抗议运动，这可能成为人类未来向地下发展的最主要的因素。

图 4-2-1　北京地铁

在地下空间开发利用方面日本后来居上，在地铁、地下街道、地下停车场、地下管道、地下仓库等诸多方面，其规模已名列世界前茅。日本于 1957 年在名古屋市建造了世界上第一条地下街道，接着在大阪、东京、横滨、川崎等大中城市先后建起十数条地下街道，成为当今世界地下街道最多的国家。就世界水平来说，30 米以内的地下建筑技术已经成熟，正准备向 50 米、100 米乃至 100 米以上的深度进军，建造可容纳几十万人、具有都市机能的地下城市的设想已经提出。但大深度地下生活的许多问题还有待试验研究，例如寻找完全符合地下环境的植被及其生态问题，不要求植物的生长而希望植被在无人管理下能保持常青不败，如何将供给氧的植被和排出二氧化碳的植被组合而开发出无外部支援的封闭系统。从全球的经济形势和环境趋势来看，地下建筑的发展方向主要有两个：一是有计划地把购物商场转入地下；二是不仅在市内而且在市外也要把地面交通设施转入地下。

4.2.2 海洋工程

生命是从大海诞生的，在陆地上繁衍的人类，世世代代都是岛民。虽然柏拉图(前 427—前 347)著作中记载的“大西洲消亡”之谜尚未揭开，当今人们对海洋的了解仍然很少，但有关科学家已经在计划复兴“亚特兰提斯”文明了。其动因一方面出于地球人口增加和陆地资源短缺的压力，另一方面来自开发海洋资源前景的吸引。在几千年前的农业社会时期，人类对海洋的利用限于“兴渔盐之利，行舟车之便”。在第一次世界大战期间，德国化学家弗里茨·哈伯(1868—1934)就曾建议到海里采黄金以偿还战争赔款。然而，到几十米深的海底淘金谈何容易，几十吨重的压力一般仪器设备是难以承受的，更不用说人的身体了。海洋开发只能建立在充分的科学研究基础上才是可行的。

早在公元前 325 年人类就开始海洋探险，然而近代意义上的海洋调查却始于英国“挑战者”号科学考察船为铺设海底电缆而在 1872—1876 年所进行的调查研究。后来欧洲各国和美国都派出探险船，由于捕鲸利益和扩张领土的欲望，各国还竞相进行极地调查。自 1943 年雅克·伊夫斯(1910—1997)发明水下呼吸器以后，科学家、工程师以及战时的水手们才有可能穿着充气潜水衣潜入海底进行科学考察，对海水的化学成分和海洋生物分布以及

图 4-2-2　英国“挑战者”号科学考察船

海水资源状况得以系统了解。1957 年第一颗人造地球卫星发射成功以后，借助于发射到高空的遥感卫星，从整体上了解海洋并勘查其蕴藏的资源成为可能。从 20 世纪 50 年代开始，国际性的合作考察活动越来越多。特别是 70 年代以来以联合国为中心进行了积极的国际合作，如国际印度洋考察、太平洋合作考察、国际地球观测、黑潮合作考察，海洋技术得到迅速发展，其中涉及海洋环境污染、海岸的综合利用、海洋能源资源开发、海洋食物资源、海底矿物资源、海水资源和矿物化学资源等。人类对海洋越来越深入的认识促使联合国把 1998 年确定为“国际海洋年”。

海洋中的矿物资源和生物资源的开发已发展成一项多学科协作的巨大的综合性工程。海水覆盖了地球的 70.8%，其总量达 12 亿立方千米，占地球水资源总量的 97%。海洋里有许多可供人类利用的宝贵资源，每立方千米的海水中含 65 千克金、540 千克银、30 吨锰、6 万吨溴、62 万吨硫、90 万吨镁、2000 万吨氯化钙，还有铁和镍、钴等大量有色金属。目前，海洋开发主要是针对海底下贮藏的数千亿吨的石油和数百万亿立方米的天然气，以及极富集的锰结核矿，1500 米的深井和吃水 300 米的生产平台以及浮动人工岛钻探装置都已建成。海洋中生存着约 30 个门的几十万个物种，包括鲸鱼和鲨鱼等濒危动物，每平方千米的透明海域中约有浮游生物 2000 吨。有人估计这些天然生物资源可以供养 300 亿人口，而陆地资源只能支撑 100 亿人口。

现在的海洋开发重点发展海洋农业，包括“海水生产农牧化”“蓝色革命计划”和“海水农业”三个主要方向。在海洋里可以种植用途极其广泛的海藻，繁殖各种浮游生物；海洋牧场将极大地有助于鲸鱼和鲨鱼等濒危动物的繁殖，直到它们的数量多到可供人屠宰。所谓“蓝色革命计划”就是人工改造海洋，扩大富营养海区。海洋的生产力分布主要取决于表层营养盐的更新速度。一般上升流区为高产海域，但这样的海域只不过占海洋总面积的0.1%，大部分海域则为贫瘠的反气旋涡区，称为海洋"沙漠"。蓝色革命计划就是造成人工上升流，营造人工的海洋"绿洲"。美国和日本的实验表明，1公顷人工上升流系统要耗资5亿美元。所谓"海水农业"指直接用海水灌溉农作物，或使陆生植物下海，其核心问题是海水的直接利用问题。人工实现植物重返海洋的途径有二：一是将耐海水的野生植物改造成栽培品种，二是运用基因技术将不耐海水的植物改造成耐海水的植物。

4.2.3 太空工程

地球是人类的摇篮，但是人类不能永远生活在摇篮里。从凭经验的试飞到理论指导下的航天，从人造地球卫星到载人宇宙飞船以及可以反复使用的航天飞机，为扩展生存空间已经取得诸多进展的人类，正在凭借自己的智慧朝着建立空间站、移居月球和征服火星的"三部曲"继续前进。

所谓空间站就是一种宇航基地，它相当于一个航天母舰，作为茫茫太空中的一个人类生存空间。目前的空间站都在地球轨道上，相当于超大型人造地球卫星，里面设有专门的实验室和必要的仪器设备，可容纳少数人在其中工作，充分利用地球上所不具有的超高空、超洁净、超无菌、微重力以及超阳光辐射等太空环境开展科学实验。随着人类移居月球和登陆火星，这种空间站将发展为运行在地球、月球和火星周围的宇航港，作为航天运输飞行器停靠和转运的永久性中心。虽然早在20世纪20年代奥伯特就提出了建设空间站的设想，但在靠近地球的轨道上建立空间站的尝试是在20世纪70年代才开始的：苏联发射了7个"礼炮"系列空间站，美国发射了3个"空间实验站"。它们的总重以10吨计，运行在200千米高空地球轨道上，可容纳3名宇航员工作。80年代美、苏两国都进入建造大型空间站的时期，美国建造了"自由号"，苏联建造了"和平号"。这些新的空间站的总重以百吨计，运行在400千米的高空，可承载6～8人。冷战结束后，美国、俄国联合欧洲各国和日本共13个国家，合作建造更大的"国际空间站"。

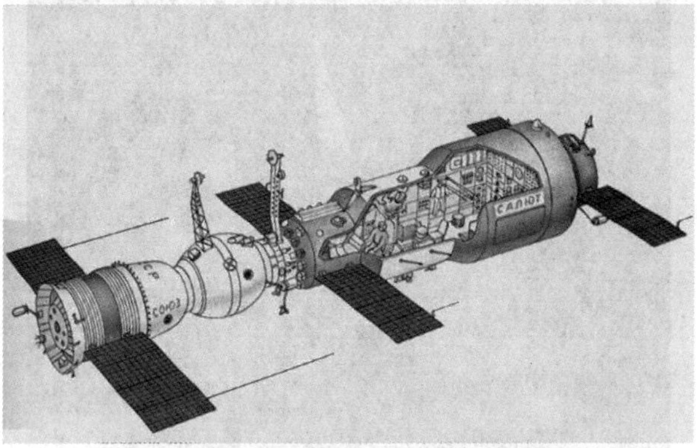

图 4－2－3　苏联“礼炮 1 号”空间站

国际空间站是一个总重 337 吨、包含 6 个实验舱和可承载 6 名宇航员的大型空间站。1998 年 11 月 20 日，俄罗斯的大功率火箭“质子 K 号”将“阿尔法”国际空间站的主舱——功能货舱送入太空，标志着“国际空间站”计划这一巨大的世纪工程开始实施。

探测月球的活动苏联在先而美国后来居上。1961 年美国作出建造“阿波罗”登月船的决定，美苏两国之间的登月竞赛开始了，在阿波罗登月计划结束后的十数年里月球探测活动并没有实质性的进展。月球是离地球最近的天体，它的相当于非洲大小的表面足以支撑一个文明世界，有人类赖以生存的水和矿藏等基本资源。1998 年 1 月，美国“月球勘探者”发回地面的数据还表明月球两极的冰冻约为 100 亿吨，足以供人生活。月球岩石中丰富的氦 3 与重水作用生成氦 4 而不产生中子，因而它有提供清洁核能的资源基础。月球上还有丰富的氮资源，月面阳光下的温度可达 115 ℃，液态氮容易变成气体，可用氮蒸气推动叶轮，再冷却循环使用。在月球上利用太阳能可以在月球的 4 个象限轮流工作。但是，月球表面的环境比太平洋上任何一个岛屿的情况都恶劣，月球上夜间的温度低到－173 ℃而白天则高达 130 ℃，也没有可供呼吸的空气，月球上的一个昼夜相当于地球上的 14 个昼夜。

图 4-2-4　美国“月球勘探者”探测卫星

从很早的时候起人们就相信火星上有生命，许多科幻小说使火星人的传说流传了近百年。迄今为止的研究表明，火星上没有智慧生命，具有生命存在的必要条件。在人类刚刚能把人造物体送上太空不久，人类就开始向在地球外侧绕太阳运转的火星发射探测器了。由于 1969 年“阿波罗”号登月成功，美国曾雄心勃勃地宣布要在 15 年内把人送上火星。当预期的大限 1985 年到来时，美国并没能把人送上火星，于是又把人类登临火星的预期目标改在 2019 年。1996 年底美国发射的“探路者”宇宙飞船，历时 7 个月航行 4.94 亿千米，终于在 1997 年 7 月 4 日美国独立日降落火星。“探路者”发回的数据表明，火星岩石的成分与地球很接近，火星的北半球大部分是平坦的而南极有一个“海拉斯”盆地，火星上可能也像地球一样有过河流和海洋，火星两极冰层贮存的约 5000 立方千米的冰化成水足够覆盖地球表面 0.5 厘米，火星的质量足以保持一个大气层数千万年，但现在其上的大气密度低得只为地球的 1%，其中 95%为二氧化碳，缺少动物所必需的氧和植物所必需的氮。人类要想在火星上生活，需要对火星实施气候改造和农业试验的巨大工程，包括引进遗传植物工程把二氧化碳分解成碳和氧，通过加暖工程把两极的冰融化为水以形成湖泊和河流以及植被，以硅裂变的方式造氮以进行农业和工业生产。

4.3 理论的综合和统一

当今的科学研究，在物质、生命和思维三个领域，都在走向理论的综合和统一。物质的微观结构研究和宇宙起源的研究已经在量子论和相对论的基础上汇合在一起了，所面临的最大的困难是相对论的局域性和量子力学的全域性之间的不协调，至今还没有真正找到解决这一问题的出路。生物学已经找到遗传物质的承担者核酸分子且测出了它的双螺旋结构，但遗传与进化的统一理论的研究众说纷纭，以致许多生物学家对此避而不谈。在思维科学领域，由于认知科学和认知神经科学的进步，摆脱了纯哲学思辨的和过分经验的研究方式，已达到现代科学的水平，但对于古老的“精神与物质”关系问题的科学解决似乎还遥遥无期。

4.3.1 局域与全域

相对论和量子论结合而形成的量子电动力学，是两者相容最集中的表现。其成功的实质在于，对于电磁相互作用，相对论提供的时空结构既在逻辑上自恰又与经验相符。我们知道，在四种基本粒子中，电磁相互作用以三种方式出现：“轻子—光子”型、“介子—光子”型和“重子—光子”型。量子电动力学只能成功地处理“轻子—光子”型电磁相互作用，对其余两种类型的电磁相互作用，由于受到其他相互作用的干扰而困难重重。在纯电磁相互作用下，量子电动力学到 10^{-18} 米仍然有效，但超出这个范围就遇到了麻烦。10^{-15} 米是强相互作用的力程，10^{-17} 米是弱相互作用的力程，10^{-35} 米是引力相互作用的力程。即使只在“轻子—光子”型的电磁相互作用范围内，在达到 10^{-35} 米时，引力量子效应也开始起作用。把量子电动力学推广为普遍的量子场论，描述电磁相互作用以外的基本相互作用及诸相互作用的统一，既有成功也有困难。弱电统一标准模型比较成功，但也不能算真正的统一理论，它包含两个独立的规范群及两个独立的耦合常数，黑格斯机制未被实验证实。量子色动力学是最有希望的强相互作用模型，但它只能定性地解释渐近自由。SU(5)大统一模型预言的质子衰变也尚无实验证据。这种种不尽如人意之处是否暗示，相对论和量子论隐藏着某些彼此冲突的基本假设？

图 4-3-1　贝尔

一些重要的实验——EPR 效应实验、AB 效应实验、中子引力干涉实验，似乎直接地揭示了量子论和相对论之间的冲突。EPR 效应实验导因于 1935 年爱因斯坦(E)、波多尔斯基(P)和罗森(R)三人合作的一篇重要的论文，它以一个基于定域性假设的思想实验论证量子力学的不完备性，而玻尔当即以量子现象的非定域性要求予以反驳。玻姆(1917—1992)和贝尔等人的努力使得 EPR 思想实验转变为可由实际的实验进行检验的程度，在 20 世纪七八十年代完成的十几个实验大多支持量子力学，使相对论的定域性要求和量子力学的非定域性要求的对立尖锐起来。然而，实验结果尚不能肯定 EPR 关联是非定域关联，因为它不一定是真实的物理相互作用引起的，可能是纯统计的结果，因而 EPR 关联仍然是个谜。AB 效应是阿哈罗诺夫(A)和玻姆(B)在 1959 年的一篇论文中提出的，认为在没有电场和磁场的区域内电磁势对于电荷仍有效应。AB 文章发表后不久，这一效应就得到一些实验证实。虽然这些实验的某些细节还有值得讨论的余地，但都已证实了 AB 效应的存在。AB 实验表明，矢势具有更本源的意义，电磁效应具有非定域性特征。AB 效应是一种纯量子现象，因为电子路径上没有磁场，电子的偏转不是由于洛仑兹力，其干涉效应完全来源于电子态函数的相位差。因此，AB 效应的非定域性是对相对论定域性要求的一种反叛。中子引力干涉实验是 AB 实验向引力势的推广。引力势和静电势具有相同的形式，据此可以预料：从矢势推广到标势必定存在引力势差所引起的量子干涉效应。1975 年以来，以中子干涉技术观察由引力引起的量子干涉效应的实验证明，经典引力势同样也适用于量子力学，但由于相位差同惯性质量与引力质量的乘积相关而违反经典物理学。在量子力学里惯性质量出现在分母上而引力势能中的引力质量在分子上，即使两者相等也不可能相消，轨道可以同质量无关而干涉效应却同质量相关。因而，作为引力几何化基础的弱等效原理同量子论不相容。

关于相对论和量子力学概念基础的协调和统一的问题，一直被物理学家们视为物理学的最基础的问题。作为量子论创立者之一的爱因斯坦，自量子力学诞生之日起就怀疑它的基础，并为推广相对论、为量子论建立巩固的基础而奋斗终生。量子力学创立人之一的狄拉克也越来越倾向于怀疑量子力学的基础，甚至认为“量子力学的基础还没有真正建立起来”。近些年来，极化轻子-核子深度非弹性散射实验引起的质子自旋危机和宇宙常数的疑难，都直接向量子论的基础提出了挑战。粒子物理学的超弦理论在协调相对论和量子论的方向上迈出了可喜的一步，给出了能容纳引力和量子力学的一种逻辑上自洽的框架，但正确理解它的框架概念尚未出现。因而，完成协调相对论和量子论的任务留给了后辈物理学家。

图 4-3-2　狄拉克

4.3.2　遗传与进化

科学的生物进化论在欧洲的诞生和确立，是继天文学的哥白尼革命之后科学摆脱基督教神学的又一次胜利。从18世纪中叶的法国博物学家布丰和19世纪初期的法国生物学家拉马克到19世纪中叶的英国生物学家达尔文，经历了约一百年的斗争。布丰试图对从地球形成到动植物物种形成的进化做出统一解释，拉马克在其《动物哲学》(1809年)中阐述了关于生物从简单到复杂和从低级到高级的进化过程，达尔文的《物种的起源》(1859年)以自然选择解释了生物的进化起源。由于论据充分，加之英国地质学家赖尔(1834—1919)的地壳均变论和法国地质学家居维叶(1769—1832)的地壳灾变论等地质

图 4-3-3　华莱士

变动资料的支持，特别是英国生物学家华莱士(1823—1802)几乎同时独立地提出了自然选择进化的理论，达尔文的进化论很快得到普遍承认了。

19世纪末，一些生物学家进行了统一遗传学和进化论的尝试。德国生物学家魏斯曼在其《作为遗传理论基础的种质连续性》(1885年)中以细胞学、胚胎学和遗传学为基础阐述种质连续和种质选择的学说，美国生物学家威尔逊(1856—1936)在其《发育和遗传中的细胞》(1896年)提出细胞中的基因活动是发育的根本原因和遗传特性表现时空秩序的观点。在20世纪遗传学作为科学理论被确立起来时，由于人们一时还没能认识到孟德尔的遗传学加强了进化论的理论基础，达尔文的理论退居次要地位的状况持续到新达尔文主义出现，进化论与遗传学统一理论的探讨才成为时尚。美国生物学家摩尔根在其《胚胎学和遗传学》(1934年)中提出发育的不同阶段有不同的基因在起作用的观点，俄裔美国生物学家杜布赞斯基(1900—1975)在其《遗传学与物种起源》(1937年)中总结了遗传学大量的进化问题，英国生物学家赫胥黎(1887—1975)在其《新分类》(1940年)中提出综合生态学、地理学和遗传学等各种因素的新分类系统。在群体遗传学基础上的这些工作，为新达尔文主义或综合进化论的发展奠定了基础。随着DNA双螺旋结构模型的提出和遗传信息传递“中心法则”的确立，几乎所有生命现象的研究都深入分子水平去寻找本质的规律，分子生物学成为生命现象研究的核心理论。不仅生物个体的发育和神经活动研究引进分子生物学的概念和方法，而且生物学中最古老的学科分类和进化也采用了RNA或DNA序列比较的方法，甚至连考古生物学和体质人类学也通过比较DNA中核苷酸的顺序来确认血缘关系。

图4-3-4 摩尔根

作为生命活动主要承担者的蛋白质，几乎都是由20种氨基酸以及肽键连接而成的。蛋白质有四级结构：氨基酸的有序排列称为一级结构；氨基酸之间首尾连接形成的肽链称为二级结构；肽链由于肽键以及侧链的相互作用称为三级结构；折叠卷曲成一定形状的三维体称为四级结构。最小的蛋白质分子仅有100个氨基酸，即使在这样一个小蛋白质分子中，20种氨基酸也有高达10^{130}种可能的排列方式，也就是说可以构成10^{130}种不同的蛋白质。即使每种蛋白质只有一个分子，它的总重量也将达到10^{100}吨，这个重量是地球重量的10^{78}倍，是太阳重量的10^{72}倍。由此不难理解生物的千姿百态。但进一步追问它们产生和演变的过程，则遇到了遗传与进化的许许多多的困难。一个受精卵通过细胞分裂与分化如何发育成为一个结构与功能复杂的个体，是无数科学家孜孜以求而迄今未能解决的重大课题；地质史上发生的生物大规模的“绝灭”和“复苏”更是未解之谜；甚至有作为“突变论”的重要证据向占统治地位的达尔文生物进化“渐变论”提出挑战。

新达尔文主义主张，进化速度和进化方向主要是由自然选择决定的，因为中性基因十分有限，基因的突变、迁移和漂变在进化中只起辅助作用，并且基因突变对于新物种形成的作用只能是逐渐积累的。由于综合进化论将进化的驱动力主要归结为自然选择且忽视发育在进化中的作用，所以虽然它对于小进化能给予遗传机制上的说明，但对于形态进化或大进化的遗传解释则遇到重重困难。1967年，新达尔文主义的信徒木村资生（1924—1994）提出中性进化理论，认为分子水平上的大多数进化变异及物种中的大多数形态不是自然选择的结果，而是由选择上呈中性或近中性的突变等位基因的随机漂变形成的，他把进化的主要驱动力从自然选择转移到随机的遗传漂变。直到20世纪80年代对于形态进化的基因说明才有了进展，分子生物学有关发育的研究证实了摩尔根等古典遗传学家关于发育特征的时空秩序的思想。分子发生遗传学对同源异形突变和细胞谱系突变的研究表明，对于形态发育和形态进化来说，最重要的是调节基因（亦称选择基因）而不是结构基因（亦称实施基因），一个或少数几个调节

图4-3-5　木村资生

基因的变异足以产生分类意义上的形态特征。既然形态进化主要是控制发育的调节基因或遗传程序变异的结果，因而就可能以跃变的方式进行。新达尔文主义关于形态进化是由许多细小的基因突变积累的观点受到质疑。

生活在地球上的生物种类多种多样，从肉眼无法看到的细菌到我们人类。所有具有细胞形态的生物遗传物质都是DNA，而且许多最基本的生命活动也是相同的，但不同生物种类的差异是十分明显的，即同一种生物的不同个体都会表现出明显的差异。这种生物的多样性是由遗传的多样性决定的，而遗传的多样性又是由遗传物质的变化造成的。遗传物质的变化可分为两类，即染色体的畸变和基因的突变。染色体的畸变是已有的遗传物质发生的各种重组造成的，包括染色体在数目上和结构上的变化。基因的突变是遗传物质本身发生的变化，包括点突变的单个核苷酸变化以及核苷酸的缺失、插入和重复。基因的突变可以看作DNA分子信息在转录和翻译过程中发生错误，有可能错误地把A当成G或者把C当成T，有时也会出现遗漏或者重复某个句子，而一次错误的复制有可能使某些机体的DNA包含两种蛋白质的编码。这种复制错误是自然发生的因而被称为自发突变，这种自发突变的频率与分子的大小有关，一般为$10^{-5}\sim10^{-6}$。如果说生命的奥秘记录在DNA信息档案中，那么遗传就是对生物双亲的信息档作主相似混写，发育就是根据混写好的档案进行调控表达而生成个体，进化就是物种群信息档案的集合或系综的演化。个体的发育受遗传程序控制，形态进化主要是控制发育过程的少数几个调节基因或遗传程序发生变异的结果，并且其历史可能记录在基因结构中。

在经典的进化论研究中，主要依靠不同种属的生物体在形态解剖方面的比较来决定它们的亲缘关系。对于形态比较简单的生物种属，例如微生物，它们在进化上的亲缘关系就比较难以确定。随着蛋白质和核酸的化学结构测定法的进展，对不同种属生物体中起相同作用的蛋白质或核酸的化学结构进行比较可以发现：细胞色素C是在生物的氧化反应中起重要作用的蛋白质，对于不同的生物种属其氨基酸排序是不同的。根据它们在结构上的差异程度，可以判断它们在亲缘关系上的远近。通过对包括动物、植物、真菌和细菌在内的近百个生物种属的细胞色素C的化学结构比较，得到反映生物进化的系统进化树。

现代的自组织观念也被用来指导解决遗传与进化统一的研究。远离热力学平衡的开放系统的自组织行为被看作生命世界的重要特征之一，计算机模型业已揭示出这类复杂系统如何能自发地自己组织起来以实现其稳定的基因活动循环。有机体之所以具有某些特征，也许并不是自然选择造成的，而是因为自然选择作用的对象具有自组织特性。人们已经开始认识到，进化是自然选择和自组织相结合的产物。地球上的生命源于地球物质系统的自组织演化，经历了作为生命物质基础的蛋白质的形成、作为生命结构单元的原始细胞的形成和从细胞开始的地表生物的进化三大演化阶段，直到进化出作为宇宙的思维花朵的人类。

地球的存在至少已有45亿年了，而地球上最古老的岩石的年龄约为40亿年。人类在约38亿年前的岩石中发现了有机分子，在35亿年前的岩石中发现了没有细胞器的单细胞原核生物细菌和蓝绿藻类的化石，而在约18亿年前地球上才出现细胞核与细胞质分离的真核细胞生物。细胞核内的染色体作为遗传中心以及细胞质作为代谢中心为生物由简单到复杂的进化准备了基础，在约6亿年前地球上开始了从单细胞到多细胞的生命演化。概而述之，地球上的生命演化，从无机到有机的化学演化阶段发生在45亿年到38亿年前的7亿年间，从单细胞原核生物到真核细胞生物形成的生命演化阶段发生在35亿年到18亿年前的17亿年间，而从单细胞到多细胞的演化发生在18亿年到6亿年前的12亿年间，生物的大发展只是最近5亿年以来的事。

一切生物可能都是先在水域里发展，在约4亿年前才开始向陆地发展，发生鱼类向两栖类的演化。光合作用导致大气圈中的氧气增加，低等植物的繁荣促使大陆表层形成土壤，这些都为高等生物的进化创造了条件。2亿年前两栖类动物分化出爬行动物，6500万年前哺乳动物代替爬行动物而兴起，5500万年前哺乳动物的一支演变为灵长类动物，5000万年前灵长类动物分化出古猿，古猿经缅甸古猿（4000万年前）、埃及古猿（3000万年前）和森林古猿（2000万年前)分化出腊玛古猿(1500万年前)和作为人类最早祖先的古猿进而进化成人类。

我们生活于其上的地球,曾经周期性地出现过冰期,遭受过小行星的撞击,发生过数不清的地动山摇、火山爆发和洪水泛滥等自然灾害,以致当时生物品种的大部分惨遭灭绝。古生物学家对长达35亿年的化石记录研究表明,地球历史上的生命经历了5次大的灭绝和复兴,先后发生在5亿年前、3.5亿年前、2.3亿年前、1.8亿年前和6500万年前。生物大灭绝的原因还没有研究清楚,地球的大冰期可能是其原因之一。所谓冰期指地质时代冰川广布、气候寒冷的时期,间隔为亿年级的大冰期曾经出现过7次,它们先后发生在26亿—25亿年前、9.5亿年前左右、7.7亿年前左右、7亿—6.5亿年前、4.7亿—4.1亿年前、3.5亿—2.7亿年前和200万年前,而且大冰期之间还有小冰期。除生物大灭绝外还有生物演化的突发现象,如古生物学家称为"寒武纪大爆发"的突发事件,即6.5亿年前的地层中突然涌现出"寒武纪动物群"。统计资料研究表明,迄今670万年以来的生物进化史上,出现过哺乳动物的11次突发演化事件,它们先后出现在670万年前、480万年前、425万年前、370万年前、320万年前、260万年前、190万年前、100万年前、50万年前、12.7万年前和1.1万年前。

我们今天生活于其中的这个缤纷多彩的世界,正是生命以其顽强的生命力不断地实现自身的进化的结果。现今地球上有约5万种生物,而在地质史上曾经出现过的物种竟达5亿种。这种多种多样生物共生并协同进化的生态系统的形成过程,已经由地质资料描绘出一条演化螺线,虽然迄今我们尚不能完全理解它,但未来的科学进展必将使人类完全读懂这部历史。

4.3.3 精神与物质

物质和精神的关系问题,在哲学领域一直是争论不休的问题。随着科学的进展,这个令所有大学问家都困惑不解的问题,正在成为科学的问题,并且在物理科学、生命科学和认知科学的前沿领域做出了种种解释尝试。内在精神状态重要性的研究有三条途径,分别是功能主义、物理主义和进化突现主义,都各自有其所面临的一些严重的问题。

功能主义是认知科学的主流,它主张人的智能行为必须诉诸内在的认知过程来说明,以建立认知活动的信息处理模型。功能主义者把大脑看作一个计算系统,只询问是什么类型的功能在大脑中得到体现,而不问是哪些脑细胞施行这种体现,或它们的生理学如何使这种体现成为可能。功能主义者考虑了精神状态实现的多重性和因果作用,功能分析、普遍图灵机和精神表象的思想相结合而得出一系列功能主义的学说。功能主义的"计算机隐喻"隐含如下假定:①一切认知系统都是符号系统,它对外在的和内在的情况和事件加以符号化处理,通过处理那些符号而获得智能。②一切认知系统都享有一组根本的符号处理过程。③在一个合适的符号形式系统中,可以把一个认知理论表达为一个程序,以至当这个程序在合适的环境中运行时,会产生观察到的行为。随着神经科学的进展,"计算机隐喻"向"脑隐喻"转变,联结主义的认知科学兴起。

图 4-3-6 玻姆

物理主义是一种还原论的研究进路。物理主义有两种:标志物理主义和类型物理主义。标志物理主义主张,每一精神状态标志等同于一个标志的物理状态。类型物理主义主张,每一心理状态类型等同于一个物理状态类型,并且每一心理性质等同于一个物理性质。物理主义所碰到的最严重的困难是,心理学向物理学还原缺乏学科间还原的必要条件,即不存在满足这种还原条件的心理物理定律。量子物理学家玻姆(1917—1993)以他的"隐序"概念说明意义的组织方式,认为这既有助于克服心物二元论又能避免物理主义的还原论。他对照现代心理学中所使用的"心理体的"概念引入了一个"体意义"概念。体意义与心理体概念上的差别属于一元论与二元论的差别。"心理体的"这一复合词通常是在精神和肉体各自独立存在的意义上使用的,而"体意义"则是在精神和肉体作为一个整体实在的两个方面使用的。玻姆提醒人们,每一具体意义都是以一些可区分元素的某种物理序、安排、联系和组织为基础的。他强调实体有两个更深的方面，即隐和显两个方面。它们与形体和意义密切相关，每一形体都有一种意义，这意义比形体更隐蔽，它可以存在于更为隐蔽的别的形体（如大脑及其他神经系统中的电的、化学的以及别的活动性）之中；而且隐和显是相对的，意义可以被组织在越来越隐蔽、越来越综合的一些整体结构之中。一个意义卷入另一个意义，任何结构在一个层次上的隐蔽性不能完全归结于另一个层次，最终的还原是不可能的。

进化突现主义既反对功能主义又反对还原论的物理主义，坚持要把心理描述和生物的描述联系起来，主张意识或精神是在宇宙进化中突现的。虽然现代神经生物学的认识还未达到解释主观性的水平，无论对于主观性如何能够附加于外部世界还是对于不可还原的主观性为什么能存在，神经生物学都还没有提供任何线索，但我们仍然可以试图了解，在生物进化过程中具有内在生命的这种性质是如何产生的。尽管早期的生命有机体中并不存在意识，但也难以设想只有我们人才具有意识。因为主观经验是以神经系统为中介的，所以人们可能会设想一切具有神经系统的有机体都具有精神生活。事实上并非那么简单，意识不可能只是“内观的”神经活动，人类神经系统的大量活动也并不激励意识。例如控制人体内部组织的自主神经，它是我们的身体的一部分，但不是自我的一部分。对于我们来说内在经验更多涉及思维、记忆、期望这样的内部过程，也涉及感觉和行动。突现论断言意识是作为生命机体的一种突现的性质。在宇宙进化过程中所呈现的性质、结构或进程，先前并不存在，体现了某种新颖、科学上难以描述的要素。突现进化是等级式的，每一个体现了一种新的突现原理的新层次都包含了前面的层次。在每一生物等级层次，分子、分子集合、细胞器、细胞、组织、器官、器官系统、有机体、群落，作为有序的新形式均有某些新质出现。生命本身是“突现的”，意识也是“突现的”。意识的这种似乎偶然的和不可预测的性质并不神秘，因为它能够由直觉直接地察知，甚至可以设想以自组织原理予以说明。

4.4　永恒的科学难题

宇宙的起源、生命的起源和智力的起源可以说是科学的永恒的主题，虽然人类自古就对其有所关心并进行了长期研究，但最近几十年才真正进展到逼近问题的极端和本原。

4.4.1　宇宙起源问题

在宇宙起源早期问题上，宇宙学标准模型和粒子物理标准模型联手，已经得到了比较满意的结果，这些我们在前面已经介绍了。在极早期和创生期问题上，宇宙学与粒子物理学结合所达到的理论结果，虽然在数学形式上比较令人满意，但由于实验和观测条件的限制还没有得到验证。

标准宇宙模型虽然比较成功，但也有一些不能解释的问题。于是解释宇宙极早期行为的“暴胀宇宙论”被提出，有四种暴胀宇宙模型：古斯的暴胀宇宙模型（1980 年）、考尔曼的新暴胀宇宙模型（1982 年）、林德的混沌暴胀宇宙模型（1983 年）和斯坦哈特的扩充暴胀宇宙模型（1989 年）。所有这些暴胀宇宙模型，都是针对标准宇宙模型存在的问题提出的，认为在 10^{-36} 秒到 10^{-32} 秒期间宇宙经历了短暂的加速膨胀，使宇宙增大了 1050 倍，从 10^{-27} 米的尺度膨胀到今天的可见宇宙的尺度。暴胀的原因是一种反引力的作用，其具体机制可由高能物理的新进展得到解释。暴胀之后，宇宙又进入“正常”的膨胀。暴胀宇宙模型是以粒子物理学的大统一理论为物理基础的，大统一理论尚未经过实验检验，因而暴胀理论缺乏实验上的证据，它只是对标准宇宙模型的一种理论补充。

图 4-4-1　斯坦哈特

宇宙创生期：这是物理学家所能推算出来的最早的宇宙时期，时空本身在这一阶段形成。相应的宇宙年龄为 $10^{-44} \sim 10^{-36}$ 秒，这一阶段的动力学应该用量子引力学或者量子宇宙学来描述。这一时期物质的相互作用形式为超统一和大统一。

宇宙暴胀期:这是宇宙的极早期,时间在 $10^{-36}\sim10^{-32}$ 秒,由于大统一相变,宇宙在这段时间里的膨胀大大超出了“正常的”大爆炸速度,所以被称为暴胀。宇宙的不对称性开始形成,夸克、胶子等粒子在此期间产生。暴胀之后,宇宙又恢复了“正常的”膨胀速度。

不论这些模型的命运如何,由它们引发的对宇宙演化的整体性和连贯性“信念”将会持续下去,对宇宙创生和宇宙未来的认识将会有突破性进展。这正如爱因斯坦所说:“我认为人类世界的可理解性是一个奇迹……而且它随着我们认识的不断发展而加强。”现代宇宙论并不是上帝创世纪的理论,而是对宇宙演化的一种物理学的解释,是人类理性的野心和雄心的反映。我们可以把这理解为一个孩子要追问他最早最早的那个祖先,也可以理解为一个人造的机器人(比如深蓝)想要研究人类的奥秘。人类的奇特之处在于,这种野心经过几千年的努力竟然有了一个眉目:人类似乎已经知道了自己是从哪里来的。当然,也许几千年以后的人们会把我们今天的理论看作神话,就像我们看待上帝创世纪之类的故事那样。

4.4.2 生命起源问题

细胞是生命体具备完整功能的基本结构单位和功能单位,生命起源和细胞起源问题的研究试图重建一个历史过程。完整的起源过程不可能在实验室很快得以重复。依进化论观点推断,生命在发展成为细胞形态以前得先有非细胞形态,进而得出有生命的物质是由无生命的物质进化而来的假说。现在已知生命的化学进化过程包括四个阶段:从无机小分子物质生成有机小分子物质,从有机小分子物质形成有机高分子物质,从有机高分子物质组成多分子体系,从多分子体系演变为原始生命。生命起源问题首先是原始有机物的起源与早期演化问题,这是考虑和研究生命起源的基础和关键。在生命起源问题上迄今仍有两个难题还没有解决:一个是蛋白质和核酸孰先孰后,另一个是地球上的生命是地球自生的还是外来的。

关于蛋白质和核酸孰先孰后的问题，如果按分子生物学中心法则推测生命起源，必然得出核酸先于蛋白质的结论。然而，这样的结论也许是不能接受的，因为一些研究已表明在没有核酸的情况下细胞是能够产生并继续繁殖的。于是，艾根提出生命进化的超循环论，认为蛋白质和核酸在一个超循环中共同进化，从而避开了蛋白质和核酸孰先孰后的问题。凯奇和奥特曼发现某些 RNA 自身可以起到酶的作用后，提出生命起源于 RNA 的假说。既然 RNA 可以起到酶的作用，那么它就可以在没有蛋白质的帮助下自我复制，可以起着基因和催化剂的双重作用，因而它可能是最早出现的能自我复制的分子。事实上，许多病毒只含单链 RNA 而不含 DNA，能直接利用 RNA 的核苷酸顺序，既是载体又可模板地合成蛋白质。于是，人们猜想：在原始的有机物中，有些具有酶活性的 RNA 分子和核苷酸连在一起，自我复制核苷酸顺序；互容共生的 RNA 分类群彼此互相催化；一些新催化的 RNA 进化为能与氨基酸结合的分子继而作为模板合成氨基酸多聚体。这样，生命的起源过程被归结为由 RNA 世界到 RNA-蛋白质世界，再由 RNA-蛋白质世界到 DNA 世界。要证实这种进化图景仍有许多困难，其中最大的困难是 RNA 的起源。基于上述的进展和困难，视蛋白质的最初形式为原始生命的最初形式的观点在增强，核酸和蛋白质共存的原始生命形态，最可能形式是 RNA、蛋白质、DNA 的三角关系。这样就使得生命起源和进化的自组织观点更加值得重视。

关于地球上的生命是地球自生的还是外来的问题，主张自生的"地球自生说"认为原始地球从无机到有机、由简单到复杂通过化学进化在地球上产生了生命，而主张外来的"宇宙胚种说"则认为地球上最初的生命是从地外宇宙空间来到地球上并逐渐发展起来的。苏联生物化学家奥巴林（1894—1980）和美国化学家米勒（1930—　）对地球生命起源的化学进化说做出了早期的贡献。地球自生说

图 4-4-2　奥巴林

认为,原始地球具备诞生生命的条件,它们包括组成生命物质的原材料、适当的温度和外来能源,在这样的环境下诸多最初的有机物有充分的时间变化和发展,为后来生命机体的产生提供了物质基础。迄今为止有关生命起源的研究表明,虽然原始地球上碳、氢、氧、氮、磷等元素的存在为生命物质的形成准备了必要的材料条件,但并没有证据表明地球早期具有产生生命的合适的温度条件,在原始地球的条件下核酸或类似于核酸的物质是难以按非生命的途径生成的。宇宙胚种说认为,诞生生命的条件不仅存在于地球也存在于宇宙空间或其他星球,很可能比原始地球还要更为有利,于是提出地球上的原始生命的各种外来说,认为生命来源于其他星球的"传染"、来源于陨石、来源于彗星等。作为宇宙胚种说代表人物的霍伊尔猜测,天王星和海王星是孕育生命孢子的"温床",而彗星则是将其运到地球上来的"搬运夫"。

4.4.3 智力起源问题

认识自身可分为两个部分:一部分是对身体的认识,另一部分是对心灵的认识。前者相对容易而被归为生物学或医学的研究范围,后者比较难而留给了心理学,但心理学一直没能形成统一规范的理论核心。以脑神经科学和计算机科学为基础形成的认知科学突破了心理学的研究传统,使得人类对自身的认识进入科学的时代。尽管人类在大脑思维功能的机械模拟方面取得了巨大的进步,但距真正认识思维的本质,亦即了解"自我",还有相当遥远的路程。

从历史的角度看,智力是在漫长的生物进化的过程中产生的。地球上生命的历史经历了三次革命:第一次是35亿年前生命的诞生,第二次是约5亿年前多细胞生物的起源,第三次是250万年以来意识的起源。人类智力的起源必然要追溯到人类的诞生及其脑的进化。在从猿到人的转变过程中,对于智力的产生和形成过程的探索包括三个方面的问题:作为智力活动物质基础的脑的进化问题,作为智力外化行为的劳动工具的使用和制造的问题,以及作为智力外化高级形式的语言的发明和运用问题。

动物的脑进化经历了三次转折:第一次,在几亿年前地球上首次出现了爬行动物,它们的脑内信息量大于基因信息量,具有了视觉的特征探测;第二次,在几千万年前地球上出现了哺乳动物,它们的脑量比爬行动物的平均脑量大4~5倍,大脑新皮层已高度发达,使得特征探测到知觉的跃变成为可能,带来强大的选择压力,有助于形成较大的脑容量,学习记忆能力明显提高,习得性行为比例明显增加,因而行为模式变得复杂;第三次,在几百万年前,包括人类在内的灵长类动物在地球上诞生,其脑量为哺乳动物平均脑量的2倍,最重要的特征是额叶的产生,使得神经系统不再是被动地、单纯地接受信息和处理信息,而是主动适应环境,乃至有意识地改变环境。

在灵长类动物中猿的脑量约为灵长类动物平均脑量的2倍,而人的脑量又是猿的平均脑量的3倍。猿脑和人脑的结构类型基本相同,两者都分成左右两半球,每半球都有额叶、顶叶、颞叶和枕叶;所不同的是,猿的枕叶大于额叶,人则正好相反,额叶大于枕叶,这可能是人类心智产生的基础。虽然脑的每一步进化都得保留原有部分,但其功能总是为新生层所控制,同时具有增殖新功能层的能力,最后形成覆盖在脑的其余部分之上的最新进化的堆积物——新皮质。新皮层进化得最出色的是人、海豚和鲸鱼,这大概已有几千万年的进化史了。在人出现后的近几百万年,这种进化大大加快了速度。人类大脑无疑是生物史上最伟大的成功之一。自然选择在脑的进化中起着一种智力筛选的作用,从而产生出愈来愈能胜任应付自然法则的人类大脑与智力。

人类是从灵长类动物进化而来的,能两足直立行走的高等灵长类动物被归入人类。人类的进化经历了前人阶段、能人阶段、直立人阶段和智人阶段。现有化石证据表明,最早的前人是500多万年前的古猿的一支,其脑量约为400毫升。最早的能人出现在240万年前的东非,其脑量已明显增大,已开始制造石器工具。最早的直立人出现在200万年前,亚、非、欧三大洲都有遗迹发现,脑量比能人更大,身材也明显高大,能制造多种石器。最早的智人出现在40万年前,脑量比直立人更大,为1300毫升以上,体质形态比直立人进步。智人出现的过程中，新大脑皮质的额叶爆炸式增大，在感知运动性智力更高级的层次上出现的精神过程中起着中心作用。像语言和思维这样一些过程，取决于我们建构和操作内在表象的能力。生物学显示，我们人类的祖先呈现出建构外部世界内在模型的能力产生了选择性压力，这种压力可与几千万年前或更早时知觉的出现所产生的选择性压力相比拟。人的智力存在年限是地球年龄的千分之几。为什么人的智力出现得这么晚呢？这可能是因为高级灵长目动物及鲸目动物的脑的独特性能在全新世以前毫无进展。

人类与灵长类动物的最重要的差别可能在于人类具有制造工具的行为和作为交流工具的语言这些思维活动的外显形式。大脑两半球机能的分化是语言产生的物质基础，尽管这种分化在灵长类动物中已经出现，但在人类中表现得最为明显：出现左脑和右脑的分工，左脑主要执行语言的功能。不可能有语言化石，而只能根据具有文化含义的行为判断，许多人类学家赞成语言是在约 35000 年前的旧石器晚期迅速出现的。在所有人类特有的行为中，语言行为是最基本的，没有语言我们的发明和即兴创作能力的适应价值就要小得多。美国语言学家乔姆斯基认为，从根本上讲，自然语言并不具有表面看上去那样巨大的差别，它们都遵守编码于我们的 DNA 中的“普遍语法”规则，正如白蚁建造蚁窝的规则被编码于它们的 DNA 中一样。在乔姆斯基看来，语言是一种生成的系统，其生成遵守一套规则——生成语法，它就像一套足以产生每个语句的计算机程序，不同语言的生成语法具有共同的编码于人类 DNA 中的内在知识。

第五篇

科普写作[①]

李政道教授曾在中国科学技术大学少年班说过："人和动物的本质区别是人能够存储前人的信息。人类每一代新的个体是通过学习前人存储下来的信息超越前人的，而动物每一代新的个体只能从头学起"那么，什么是存储？存储的主要方式是写作！牛顿之所以能站在巨人的肩上，是因为巨人们凭借写作的手段留下了他们的成果。一部人类科学技术发展史，同时也是人类科学技术写作史。科普写作是人类为了普及科学技术信息进行的信息书面存储，科普写作能力应当成为大学生的基本能力之一。为此，在大学生对科学技术发展史有了较为全面的了解，对科学思想的演进有了较为

① 本篇由司有和执笔。

深刻的认识之后，我们专门设置了“科普写作”篇，以期大学生通过集中学习。习作和创作实践活动，从科普客体逐步成长为科普主体，成长为科学素养全面提升的生力军。

本篇讲述科普写作的概念、作用、方法、技巧和途径等科普写作理论知识和实操技法，辅以必要的科学小品欣赏，以便培养大学生科普写作基本能力。同时，本篇重点阐述科普写作能力在人才成长中的作用，旨在帮助在校大学生在科普写作的过程中认识科普写作能力的作用，在人才成长的实践中认识科普写作能力的作用。如果大学生们能够把从事科普写作变成自己必不可少的自觉行为，必将终身受益。

5.1 科普写作概述

5.1.1 科普写作的定义

“科普写作”一词，由“科普”和“写作”两个概念组成。要给“科普写作”定义，首先要分析“科普”和“写作”这两个概念。

科普，即科学技术普及的简称。其内涵包括科学知识、应用技术技能、科学精神、科学思想和科学方法的普及。

先说“科学”。科学是关于自然、社会和思维的知识体系，通常分为自然科学、社会科学、思维科学等。技术，是为达到某一目的所采取的方法、技能、工具和规则的体系。自然科学，通常分为基础科学、技术科学、应用科学。

普及，是普遍地达到的意思。这是指通过各种手段、方法和途径，把已有的科学知识、技术技能知识、科学精神和思想广泛地传播到社会的各个方面，为广大读者所了解和掌握，从而丰富知识、提高技能和自身素质，扩大再生产，产生社会效益和经济效益。这方面的工作就是科技普及工作，简称科普工作。

再说“写作”。什么是写作？《大学科技写作教程》定义道：“写作是人类为了进行信息的书面存储所从事的创造性社会实践活动的全过程。”这个定义包含了写作的三个本质属性：

其一，写作是创造性的社会实践活动。

其二，写作活动是关于信息的书面存储。

其三，写作活动是一个过程。

“科普写作”是“写作”的一种，所以它也应该具备这三大属性。那么，和写作的定义相似：科普写作是人类为了普及科学技术信息、进行的信息书面存储、所从事的创造性社会实践活动的全过程。

根据这个定义，科普写作包括以下三个含义：

其一，科普写作是为科普服务的。凡是不普及科学技术信息的写作，就不属于科普写作的范畴。这是科普写作和文艺写作的区别。比如，写电影剧本《开国大典》是文艺写作，写电影剧本《火星救援》则是科普写作。

其二，科普写作的结果是一个创新的作品。如果所写的文章虽然是普及科学技术信息的，但并没有创造出一个新的作品，那就不是科普写作。这是科普写作和科普工作的区别。比如：一位科普作者根据报刊上发表过的有关文献综合写出了《杂交水稻栽培中要注意的几个方面》，另一个人从网上抄了一篇怎么种杂交水稻的文章贴在墙报上，虽然二者都是在进行信息的书面存储活动，但是，前者是科普写作，后者是科普工作。所以，科普写作最初又称“科普创作”。

其三，科普写作活动是一个过程。写作过程论的思想是一个全新概念。长期以来，许多人误以为只是拿起笔来写的时候才叫写作。从这一观念出发，导致许多误区：要提高写作水平，就只是提高语言文字能力；修改稿件，就是语言文字加工；要提高写作素质，只需学习语言学方面的课程。

事实上，写作是一个过程，决定写作水平的不只是语言文字这一项，还包括写作过程中的每一个环节。

这一误区产生的原因，要追溯到最初把“文章学”和“写作学”混为一谈的时代。讲写作，大多数是讲名家名篇名作，即所谓“熟读唐诗三百首，不会作诗也会吟”，把写作能力的训练，局限在分析、理解和欣赏已有的作品上。

作品和写作确实具有紧密的联系，但并不是一回事。作品是写作的结果，写作是制作作品的过程。如同工厂生产一样，作品是精神生产的产品，是静态的实体；写作是进行精神产品的生产，是一个动态的过程。这个过程包括若干个环环相扣、不可颠倒的环节，具体地说有选题、信息采集、读者研究、立意、谋篇、起草与修改等，每一个环节，都对写作的质量和水平有影响。

研究文章，研究名篇名作或一般作品，只能知道该作品是怎么个好法，或怎么个差法，读者最多学会如何欣赏作品，至于如何去创作，怎样才能达到这些名篇名作的水平，还是没有解决问题，还是要靠读者自己去领悟、总结。

研究写作，就是研究精神产品（作品）的生产过程，研究生产过程中每一个决定产品质量的环节，找到在这一环节中保证和提高产品质量的办法，最后生产出高质量的产品（作品）来。

5.1.2　科普作品的特点

科普写作作为“写作”的一种，具有一般写作所具有的共性特点，也具有作为独立品种“科普写作”的个性特点。

1. 科普作品的共性特点

第一，个体性。写作是作者个人脑力劳动的过程，具有明显的不可替代的个体性。这不仅表现在写作活动只能由个人单个地去进行（即使是合作撰写的作品，也总是先由一个人写，再让另一个人修改补充，不可能由几个人同时去写同一篇作品），还表现在写作活动生产出来的作品总是带着强烈的个性色彩。这一个性色彩和作者紧密联系，不可分离。写作的个体性特点，决定了我们要获得高水平的作品，必须去努力提高作者个体写作劳动的能力。

第二，目的性。作者的每一次写作活动都具有从功利出发的明确目的。不论是什么样的作者，他要写作，总有一定的动机，或交流思想，或传递信息，或发表成果，或保护自身利益。目的种类的大小、目的层次的高低虽然各不相同，但“目的”总是有的，没有目的的写作行为不存在。

写作的目的性特点，要求作者必须树立正确的写作目的，不能把写作理解为“自我表现”“自我发泄”，不能只讲动机，不问效果。因为写出来的作品是要给广大读者看的，是要影响他人的思想和行为的，所以我们必须树立对社会、对人民有益的写作目的。要想创作出高水平的作品，就必须在写作前确立正确的、鲜明的写作目的。在写作目的尚不明确之前，最好不要动笔。

第三，实践性。其包括两层含义：一是任何作品的诞生都是作者写作实践的结果；二是作者写作能力的提高，依赖于作者亲自进行写作的实践。

叶圣陶说：“写作是‘行’的事情，不只是‘知’的事情。要动脚，才会走；

要举手，才会取；要执笔，才会写作。”所以，学习写作理论，吸取前人的写作经验，是“必要条件”；没有它不行，但是只有它也不行，因为它不是“充分条件”，还必须加上“实践”，亲自去“写”。写作的实践性特点，要求作者亲身实践，只有亲自实践，才能把学到的理论转化为写作技能。

第四，综合性。这指的是作者要完成写作任务，创造出全新的作品，必须调动他的全部素质、知识储备和能力，进行综合的创造性的劳动。一件作品的诞生，写作是作者的选题能力、信息采集和处理能力、立意构思能力、表达能力、修改能力等诸多能力的综合体现；是作者在哲学、美学、教育学、心理学、语言学、文学、逻辑学、科学学等诸多学科的知识修养的体现，是作者思想水平、生活阅历、知识积累、才情禀赋的具体体现。一句话，写作是作者的政治素质、心理素质、文化素质的综合体现。

写作的综合性特点，要求作者全面提高自身的素质、修养和能力，不能只局限于语言文字水平的提高。

2. 科普作品的个性特点

科普写作作为一种独立的写作活动，又具有区别于其他写作活动的、独有的个性特点。其具体包括以下三点：

第一，内容的科学性、通俗化和思想性。这是科普写作在内容上区别于其他写作的特点。因为科普作品涉及的科学技术知识通常都比较艰深难懂，读者不仅读不懂，而且没有辨别作品内容真伪的能力，他们对作品内容往往是全盘接受的，所以科普作品必须表述通俗化，让读者看得懂，必须保证内容科学性，让读者放心接受和使用。

科学性的特点，要求科普作品中所涉及的内容，一定要内容真实、观点正确、概念准确，涉及的技术信息具有先进性，是成熟可行的，不是尚处在探索阶段的或者有争议的内容，不是脱离实际的空谈。在文艺性科普作品中，虽然并不强调内容的“可操作性”，但是其取材的内容，也应当是成熟的和可行的。

比如，耿文苑的《花卉和树叶的电镀》，真实地介绍了在花卉和树叶表面电镀一层金属这一技术的知识。详细介绍了电镀的工序，从对树叶的清污预处理，到浸渍法镀锡、活化处理、化学镀镍，直到最后用电镀法给树叶镀上贵金属，制得高级优雅的装饰品；就连溶液的配方和浓度都说得清清楚楚，切实可行，成熟可靠，操作性极强。

通俗化的特点，要求科普写作对作品中涉及的科技知识要进行通俗化表述。通俗化表达是科普作品区别于其他科技作品的本质特征。通俗化，并不是简单化、庸俗化，它要求作品表述新颖，语言通俗易懂，趣味性强，切合读者的接受能力，能够把读者引入科学胜境。

例如，科技知识文章《声肥》，讲述了法国一位科学家发现了“音乐可以刺激农作物生长”的规律后，他让番茄每天听 3 小时音乐，从而获得一个 2 公斤重的番茄的故事，新颖有趣，引人入胜。

内容的思想性，源于科普作品还肩负着宣传、普及科学思想、科学精神和科学态度，传播科学世界观和方法论的任务。

让作品具有思想性并不是在科学内容之外加进一些政治术语。思想性是与科技内容相联系的，因此科普作品的思想性是隐含于从选材、立意、构思到内容之中的。

例如，著名科普作家贾祖璋在 1934 年写的科学小品《萤火虫》的末尾写道：“因了萤火虫我记起了遭遇旱灾的故乡了。祝福我辛苦的邻人们，应该有一条生路可走。”这里，作者表现了热爱劳动人民的强烈感情，思想性在表述中自然而真挚地流露出来。

第二，语言的二重性。这是科普写作在语言上区别于其他写作的特点。

在科普写作中，不仅使用自然语言符号系统——文字，而且使用人工语言符号系统——图画、表格、照片、符号以及由符号组成的公式。这两种语言符号系统结合在一起，形成了一种独特的语言体系，完满地承担了记录和交流科技信息的任务。在某些方面，人工语言符号系统具有文字系统无法达到的功能。

第三，文面格式的规范性。这是科普写作在文面上区别于其他写作的特点。

一般写作中，尤其是文学写作，对于写作结果的作品，只在体裁上有要求，有记叙文、议论文、说明文的区别。但是，每一种体裁里，文章可以写得千姿百态，文面格式不允许雷同。

在科普写作中，对于科普作品虽然也有记叙文，议论文、说明文的区别，但每一种体裁里却具有固定的文面格式。许多科普文体的文面格式，正日益趋向于统一化、标准化、规范化。只是在科学文艺作品中，对文面格式不作要求。

5.1.3 科普作品的体裁

1. 讲述体

通过通俗地讲解和叙述，介绍科学知识或技术知识的一类科普作品。它是最常用的一种科普文体，也称作“知识读物”。由于讲述方法不同，又可分为平话解释式、对话问答式、史话故事式、自由漫谈式、趣味表述式、自我表述等。平实的语言，浅显的解释，或一问一答，或旁征博引，纵情漫谈，介绍科学知识，比如《统筹方法平话及其补充》《十万个为什么》《中国古代造纸史话》《漫话肾脏移植》《趣味物理学》《电脑的自述》等。

2. 文艺体

这是指用文艺体裁来写科技内容的一大类科技作品，又称为“科学文艺”。这种体裁寓科学技术于文艺形式之中，使艰涩难懂的科技知识变成人们喜爱的文学艺术作品。它对于尚未进入科学大门的广大读者，尤其是少年儿童读者，具有极大的吸引力。

科技文艺种类繁多，全部文艺体裁均可用来写作文艺体科普作品，如科学散文、科学小品、科学童话、科学寓言、科学小说、科幻小说、科学诗、科学曲艺、科学电影电视、科学游记、科学家传记、科学报告文学等。

3. 辞书体

这是指科技辞典、专业百科全书一类的科普作品，又称工具书体。其主要是解释科技名词、术语、概念，介绍科技事件、人物、器材、物品、仪表、技术、数据，以满足广大读者在科研过程中释疑解惑的需求。

这种文体的特点是系统、全面、实用，查阅方便，在科技研究和普及工作中都具有很大的作用。所以，国际上称之为“高级科普图书”。

(4)图说体

通过系列图画、照片，配以适当的文字来介绍科学技术知识的一大类科普作品的总称。这种体裁以一幅幅生动的画面，把复杂、深奥、抽象的科技内容，变成直观、真切的形象，从而使读者能容易准确地理解。其既有科学性又有艺术美，被广泛地使用在儿童读物、连环画、科普绘本、科技展览中。

5.2 科普写作能力在人才成长中的作用

5.2.1 从科普写作过程看科普写作能力的作用

科普写作是一个过程，包括六大环节（图 5-2-1）：选题、信息采集、立意、读者研究、谋篇、起草与修改。

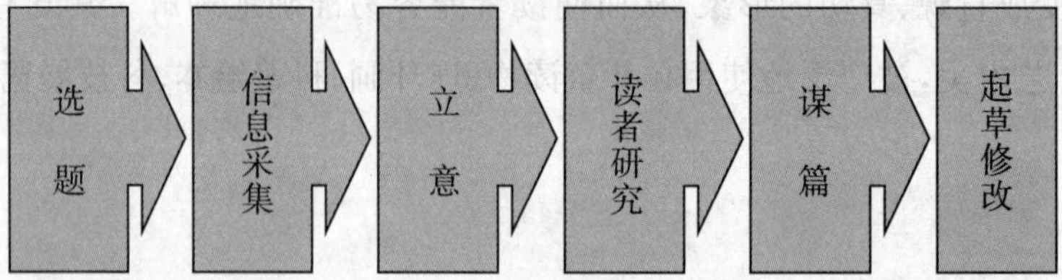

图 5-2-1 科普写作的过程

科普写作能力就是由这六大能力组成的。

1. 选题能力在人才成长中的作用

选题是选择科普写作题材的过程。题材的概念广泛，有时指用在科普作品里的材料，有时指科普作品内容的范围。比如农业题材的科普图书，航天题材的科幻电影，仿生学题材的科学小品，计算机题材的幼儿绘本等。

选题工作处于科普写作过程的起点，对于科普作品的质量、水平具有举足轻重的作用。选题的意义，历来为古今中外的名人大师们所重视。

著名哲学家弗兰西斯·培根说："如果目标本身没有摆对，就不可能把路跑对。""一个能保持正确道路的瘸子，总会把走错了路的善跑的人赶过去。""一个人走错了路的话，那么愈是活动，愈是跑得快，就会愈加迷失得厉害。"

著名科学家爱因斯坦也曾强调选题的重要性，他说："提出一个问题往往比解决一个问题更重要。因为解决问题也许仅仅是一个数学上或实验上的技能而已；而提出新的问题、新的可能性，从新的角度去看旧的问题，却需要有创造性的想象力，标志着科学的真正进步。"

选题一旦确定，也就确定了写作的范围，为采集信息指明了方向，为整个写作活动确定了方向，从而在一定程度上影响作品的水平和质量，决定写作的成败。选题好不等于必然能写出好作品；如果选题不好，肯定写不出好作品，即使是写作高手操刀。有人说“选题选好了，等于文章写好了一半”，说的就是这个道理。

案例 1　牛顿晚年写作选题的失误。

著名科学家牛顿，是全世界妇孺皆知的了不起的人物。他 45 岁时写作的《自然哲学的数学原理》是划时代的文献。可是，他 51 岁当上英国皇家铸币大臣之后到他 82 岁去世，其间 31 年中，他写的 150 万字的著作，却对人类科学事业没有一点用途，因为都是研究神学的。

比如，对于“月球和地球之间肯定存在万有引力，那月亮为什么没有掉到地面上来”这一问题，牛顿是这样解释的：月亮之所以没有掉到地面上来，是因为月球和地球之间的万有引力的大小，正好等于月球绕地球运转所需要的向心力的大小。这个解释是成立的。但是，随之而来的新问题产生了：人们都知道物体作圆周运动，一定在最初有一个切向的初速度，但是谁第一次推动了月亮？牛顿解释不了这个问题，就说：“除了神的推动，找不出别的原因。”显然，这个解释是错误的。造成这一谬误的原因，不是牛顿的文字表达能力不高，不是能够写出巨著《自然哲学的数学原理》的牛顿不会写作，而是因为他选题选错了——选择一个神学的课题，自然写不出有用的作品来。

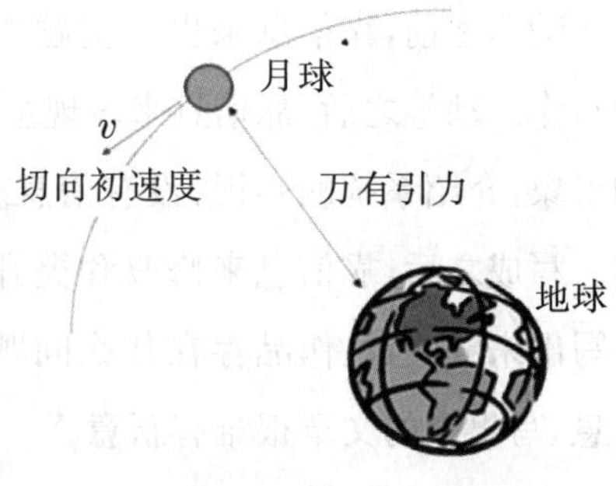

图 5－2－2　月球绕地球运转机理示意图

案例 2　中国科学技术大学某同学毕业论文的选题。

中国科学技术大学一男一女两个学生做本科毕业论文。男同学是郭沫若奖学金获得者，无疑，学习能力很强，他的选题是“论我国科技体制改革”。这个题目太大，不是一个本科毕业生能驾驭得了的，也不是一篇本科毕业论文的篇幅能够论述清楚的。结果，这位男同学的论文成绩只得了个“良”。

而那位女同学，平时成绩属于中等，她的选题是“化工文献的主题标引”，这是当时化工部图书情报系统亟待解决的问题。参加该论文答辩委员会的北京大学的一位教授说，这篇论文都够得上硕士论文水平。所以，她的论文成绩得了个“优秀”。该论文的成果后来被化工部图书情报系统采用。

可见，选题在写作中是至关重要的。

2. 信息采集能力在人才成长中的作用

信息采集是搜集科普写作所需资料的过程。信息采集能力的大小，关系到采集信息数量的多少、质量的高低，直接决定写作成品的水平高低。

动笔之前，靠信息来提炼主题。没有信息就没有观点、没有主题，就无法写作。动笔之后，靠信息来表现主题。论证自己观点的正确性，表现鲜明的形象，介绍系统的知识；没有信息就无法表述自己的观点，自然也无法写作。写成之后，靠信息来修改和提升作品的水平。没有信息就无法判断自己写出来的文章、作品存在什么问题。当然，如果你获得的是陈旧、过时的信息，写出来的文章很难有新意。

案例 3　华罗庚论文被退稿。

人们只知道著名数学家华罗庚是自学成才的数学家，却不知道他有过大量论文被退稿的苦恼。投出去的稿子被一篇一篇退了回来，不是因为华罗庚的写作能力差，而是因为当时他处于闭塞的金坛中学，获取不到信息，以致他发现的一个又一个数学定理定律，都是别人已经发现过了的。这是多大的智力浪费啊！华罗庚教授后来说，信息工作十分重要，它能够帮助我们了解别人的终点，确定自己的起点。

案例 4　温元凯因论文而破格受聘。

温元凯，中国改革开放十大风云人物之一，中国科技大学近代化学系老师。1977 年，31 岁的他被破格聘为中国科技大学的副教授。

科大为什么为他破格？因为他发表的论文多、质量高，几乎篇篇都发表在国际高端杂志上。他为什么能做到？因为他懂得阅读情报期刊，他会采集资料。

温元凯当时研究的是量子化学方面的课题。中国科技大学图书馆订购的《化学文摘》,每一期他都尽早阅读。他懂得《化学文摘》的查阅方法,每一期关于量子化学的内容,也不过就是十几条文摘,不到半个小时他就读完了,也就了解了国际上关于量子化学的最新研究动态。在这个基础上,他确定的选题、研究的内容、写出的文章当然是国际最前沿的成果。

本来,这是一个最简单的道理:从事任何一项研究,迅速占有该研究对象最新、最高端的情报信息,是获得优异成果的最重要的保证。

著名美籍中国物理学家、诺贝尔物理学奖获得者李政道教授说:“我们要做就做一流的工作。要做一流的工作,就要了解人家。而了解人家,不仅要了解人家做了什么,还要了解人家没做什么。”

3. 立意能力在人才成长中的作用

立意是确定科普作品主题的过程。主题是科普作品中作者的观点和见解。在写作过程中,固然信息在先,主题在后:先有信息的采集,然后才有从信息中提炼出来的主题,而且主题还要依靠信息来表现。看起来,主题是被动的。

其实不然,主题一旦产生,就具有统帅、灵魂的作用。主题确定之后,写作的每一个环节都必须以主题为中心来展开,选取什么样的材料,哪些要详,哪些要略,哪些在先,哪些在后,怎样表达,怎样修改等,一切的一切,都必须以如何很好地表现主题为取舍标准。

没有主题,作品就没有中心,整个作品就会杂乱无章,读之不知所言,失去写作的本来意义。主题错了,所有的努力都是白费。

可见,作品的主题十分重要,它决定了科普作品实际能够达到的水平。

主题如此重要,那么确立主题的“立意”工作,自然也就非常之重要了。

做好立意工作并不是轻而易举的。信息并不就是主题,在同一个信息资源库里采集的同一个信息,不同的信息采集者在立意环节并不一定会提炼出相同的主题,这决定于他的立意能力,关键是他立意时的思路。

案例 5　河北省燕郊镇考察论文写作。

河北省燕郊镇是地处北京市和河北省交界线上的一个小镇，距北京市区仅30公里，京哈高速公路、京秦铁路、大秦电气化铁路横贯境内，北京930路、811路至819路公交车直通镇区。

有一年，中国科技大学信息管理系的三个同学曾一起到燕郊镇考察。他们一起调查，一起访问，一起观察，采集到的信息基本是一样的，可是他们论点各异：一是"我国基层政府管理初探"，二是"论燕郊镇的发展远景"，三是"从台商投资热看燕郊镇如何进一步引进台资"。前两篇写得肤浅、平淡；第三篇写得比较深入，且具有可操作性。三篇论文的水平，差距十分明显。

可见，获得相同的资料信息，并不等于能够写出相同水平的论文。这种差距的出现原因就是写作者的立意能力存在差距。

立意能力是一种信息激活能力，它的关键是思路。也就是说，你能不能写出高水平的文章，并不在于你得到了什么信息，而在于你对所得到的信息进行的思考，在于你思考的思路。

科学史上，许多大科学家在这一点上吃了大亏，留下终生的遗憾。

案例6　电磁场的发现。

1820年，丹麦物理学家奥斯特发现通电导线附近的小磁针会发生偏转。今天我们很清楚，出现这一情况是因为通电导线周围存在磁场。可是，当时人们并不知道这一道理。关于这一现象，有人说是牛顿所说的"超距作用"所致。而英国著名科学家法拉第则认为：既然小磁针会发生偏转，就一定存在磁场。结果，法拉第研究电磁现象三十年，出版了《电学实验研究》，为电磁学的诞生奠定了坚实的基础。

案例7　激素调节机制的发现

在巴甫洛夫的人体自我调节机制"条件反射"理论确立之后，许多科学家在实验中发现，"已经割断了神经联系的胰腺，当滴入稀盐酸时，仍旧能够分泌胰液"。法国生理学家伯尔纳、巴甫洛夫的两个学生和法国学者惠太海默等人，先后于1850年、1896年和1901年都在实验中观察到这一现象，但他们要么说是因为"神经没有完全割断"，要么用"顽固的局部反射"来解释。

1902年，英国生理学家贝利斯和斯塔林做了同样的实验，他们观察到了同样的现象，则认为：既然神经已经全部割断，就不可能是条件反射了，就不应该还能分泌胰液。现在仍旧能够分泌胰液，那就说明一定存在另一种人体调节机制。结果，他们发现了第一个被人类认识的激素——促胰液素，提出了人体的第二个调剂机制——激素调节的机制。

面对相同的信息，为什么不同的人会得出不同的结论？其原因就在于他们的思路不同！

那么，什么是思路？经验告诉我们，信息只有经过思维加工并得到理解之后才可能被使用。理解是对信息所表现的事物自身发展规律以及该信息与其他信息之间的联系的认识，对这一规律和联系的认识愈广愈深，就理解得愈全面愈深刻。在思维加工时建立信息之间这种联系的过程就是思路（图5-2-3）。

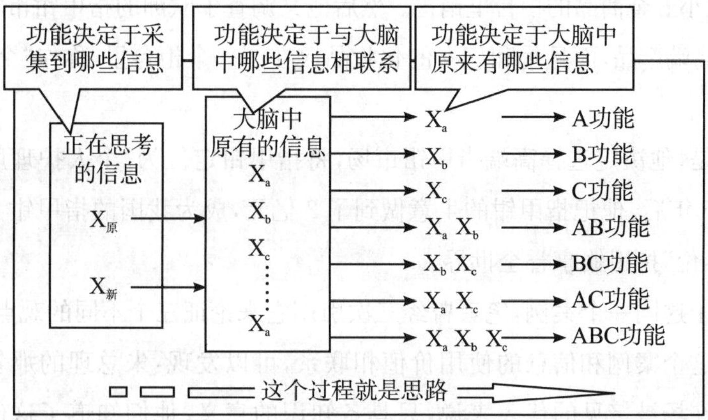

图5-2-3　思路概念示意图

这里的"联系"，既包括正在思考的信息与大脑中原有信息之间的联系，也包括与采集到的新信息之间的联系。同一条信息与某一条信息相联系时会表现出某种社会功能，与另一条信息相联系时就会表现出另一种社会功能。如图5-2-3所示，在采集到$X_{原}$信息时，如果把它和大脑里的X_a信息相联系，就产生了A功能；如果把它和X_b信息相联系，就产生了B功能。实际上，$X_{原}$信息本身并没有变化，只不过是和不同信息建立了不同的联系而已。

案例 8　总理的一句话与梁伯强的 2 亿元商机[①]。

中国指甲钳大王梁伯强，原来是一个金属饰品生产企业的老板。有一天，他看到一张旧报纸，上面有一篇短文《话说指甲钳》。文中说，朱镕基总理在接见全国民营工业企业会议代表时，拿着台湾厂商制造的几个精美的指甲钳说："你们要盯着市场的缺口找活路，比如指甲钳，我们的，就不如人家……"

梁伯强看到朱总理的这段话，就思考：朱总理说要"盯着市场的缺口"，接下来说指甲钳，是不是指甲钳就是市场缺口？

梁伯强这样想了，也就这样做了。他调查了中国大陆的指甲钳市场，发现高端产品全部都是日本、韩国和中国台湾的，大陆厂家的产品都是低端产品，摆在小五金商品的柜台里销售。然后他又调查了欧洲的指甲钳市场，发现全部是高端产品，而且是和妇女的化妆品放在同一个柜台里，称作"个人护理用品"。

于是，他决定选择高端指甲钳市场，将指甲钳定位为"个人护理用品"和礼品。5 年后，他把指甲钳的生意做到了 2 亿元，成为我国的指甲钳大王，他的"圣雅伦"指甲钳享誉全世界。

对于这同一个案例，笔者曾经三次引用它来论证三个不同的观点。

把这个案例和信息的使用价值相联系，可以发现：朱总理的那句话，对于那些在场被接见的代表来说，只具备知识的意义，他们知道了这件事；对于那位写《话说指甲钳》评论的报纸记者来说，只是做了那篇评论的论据；而对于梁伯强来说则是 2 亿元的商机。

可见，信息（朱总理的话）的使用价值是相对的，并不决定于信息本身，同一个信息相对于不同的信息持有者其价值会不同（图 5－2－4）。

---

① 根据 2003 年《中国经营报》所载仲国栋的《总理的一句话与梁伯强的五亿元商机》改编。

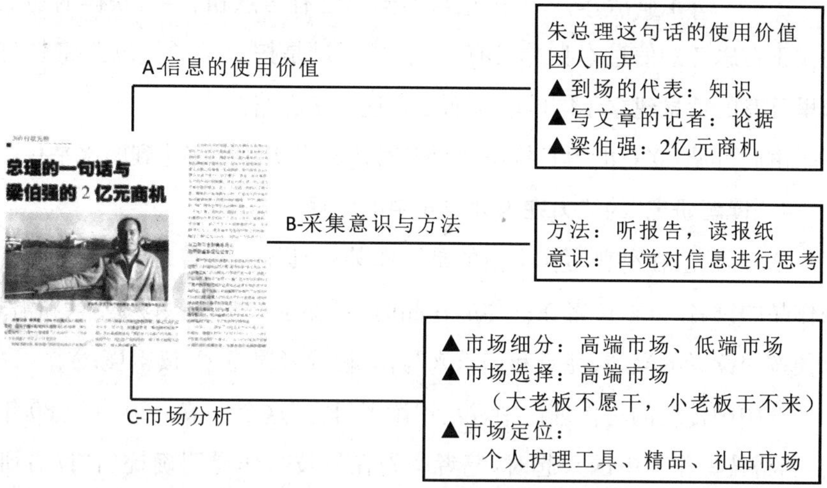

图 5－2－4　信息开发思路的实例

把这个案例同信息采集意识和采集方法相联系可发现，在这个案例里，信息采集的方法就是“听报告，读报纸”。这两个方法谁都会。那些在场亲耳听到朱总理讲话的人，都会“听报告”的方法，但是没有成功；那些读过那篇评论的人也会“读报纸”的方法，但是也没有成功；而梁伯强成功了。梁伯强之所以成功，并不是因为他特别会读报纸，而在于他在读报纸的时候，自觉地对信息进行思考，自觉地将信息与自己的需求联系起来，即他的信息采集意识强(图 5－2－4B)。所以，案例 8 表明确立信息搜索意识比掌握信息搜索方法更重要。

还可把这个案例和“市场分析”相联系。案例中，梁伯强将指甲钳市场细分为高端市场、低端市场；然后他选择了高端市场，因为他认为指甲钳这种产品，“大老板不愿干，小老板干不来”；最后是市场定位，他定位为“个人护理工具”“精品、礼品”。这个案例非常贴切地说明了市场分析包括“市场细分、市场选择、市场定位”的三层含义(图 5－2－4C)，在《现代管理概论》中它被用来阐述战略分析中的市场分析①。

① 司有和. 现代管理概论[M]. 北京：科学出版社，2006：56.

图 5-2-4 显示,同一个信息与不同的已有信息相联系,获得的功能不同。正在思考的信息本身并没有变化,只不过是按照不同的思路将它与大脑里已有的信息建立不同的联系而已。这就是思路。

由此可见,立意能力直接决定科普写作成果实际能够达到的水平!

4."读者研究"的能力在人才成长中的作用

读者研究,在科普写作中指的是写作某一具体的科普作品时,需要研究该作品的读者,分析读者在读你的作品时,可能会产生的兴趣、注意和需求,以便按照读者的兴趣、注意和需求来写作,使读者愿意读、读得懂。

在中国传统的写作理论中,没有"读者研究"这个环节。20 世纪 80 年代初,当科技写作在中国兴起时,笔者率先在科技写作界明确提出"读者研究是写作过程的一个环节"。其实,不只是科技写作中要研究读者,所有的写作中都需要研究读者。

不论是哪一种写作,包括科普写作在内,写作的结果都是作品的诞生。写作的目的,就是要将作品传播出去,传播知识、传播作者的思想,同时也因此使作品获得社会的认可。

我们知道,作品之所以能传播知识和思想,是因为读者读了它,并且读懂了它。如果我们的作品写得读者读不懂,或者写得读者不愿读、不喜欢读,那就达不到传播知识和思想的目的、得不到社会的认可了。只有读者喜欢读、愿意读,你的作品才会产生作用,才会被社会所认可。

由于读者的构成十分复杂,有男女老少的区别,有兴趣爱好的不同,从而对作品内容的需求也不同;还有文化程度不同,对作品的理解能力也会不同。面向不同读者的作品,其具体写法是不能一样的,科普写作也不例外。

这里需要特别说明的是,所有想发表或出版作品的作者,包括科普作者,需要对期刊编辑、出版社编辑进行研究,因为他们是科普作品的第一读者,而且手握"生杀大权",直接决定你的作品能不能发表或出版。如果你的作品写得连编辑都看不懂、不愿看,那就出版(发表)不了,更谈不上传播知识和思想、得到社会的认可了。

5. 谋篇能力在人才成长中的作用

谋篇，是谋篇布局的简称，指的是安排作品结构的过程。就是在确立主题、研究读者之后，根据读者的兴趣和需求，对先写什么、后写什么，怎样开头、怎样结尾，前后怎样转接和照应，何处藏锋、何处点题，哪里详写、哪里略写需要进行总体设计。

这一总体设计的任务就是为作品寻找最佳表达结构。这一工作，直接决定作品能不能吸引编辑、吸引读者。

如果说文章的主题好比是人的灵魂，文章中使用的材料如同人的血肉，那么文章的结构就是人的骨架了。一个恰当完美的结构，就是一副坚实合适的骨架，血肉得以依附，灵魂得以寄托。这虽然是一种比喻，但这种比喻是很中肯的、恰当的。作品借助于结构，把材料串联起来，主题突出出来，就言之有物、言之有理、言之有序、言之有趣了。

结构决定了作品的表现形式。虽然内容决定形式，即什么样的主题决定什么样的结构，但是形式确定之后，又会影响内容的表达，结构安排不当，主题表达不清，是写作中常见的毛病。二者是一种辩证的关系，切不可小看结构的作用。所以，作者在起草前，就有一个寻找最佳结构形式的问题。

关于寻找最佳结构的方法，笔者在这一点上做了一点研究工作：把文学创作中以作者的意识流安排作品结构的方法，移植到科普写作领域，以读者阅读本科普作品时产生的意识流，来安排科普作品的结构。笔者谓之“科普意识流方法”，并运用这一方法创作了《低温世界漫游》等科普作品。

笔者于 2012 年 8 月在“第十九届全国科普理论研讨会暨 2012 亚太地区科技传播国际论坛”上以“意识流手法在知识性科普读物创作中的运用”为题发表了这一成果。

至于如何具体运用“科普意识流方法”，限于篇幅在此就不赘述了，感兴趣的读者可以在网上搜索、阅读。

这里还需要特别说明的是，写作训练中的谋篇布局环节，同时也是训练和提高作者思维能力的重要手段。因为谋篇布局的基本方法就是划分章节结构，必须符合概念划分的逻辑规则，所以在训练中会不知不觉地提高作者的逻辑思维能力。

6. 起草与修改能力在人才成长中的作用

起草是用文字表述主题的过程，是把头脑里思维的内容转变为文字的过程。确定了主题（立意）、了解了服务对象的需求（读者研究）、设计了文章的结构（谋篇），起草就不是很难了。同时，它又存在难的一面，难就难在字面主题与主观主题的趋同上。

所谓“字面主题”，指的是起草之后得到的初稿所反映的主题。所谓“主观主题”，指的是作者头脑里想在文章中表达的主题。从道理上来讲，这二者应该是一致的。可是，在写作实践中，二者往往就是不一致，而且作者自己并未发现这种不一致。

说一个我经常遇到的情形。我在中国科学技术大学当了八年校长办公室秘书，因此许多同事喜欢把自己写的文章拿给我看，要我提提修改建议，这种事我从不拒绝。

我看完后，就问他：“你的这篇文章写的是不是这个意思、这个意思？”

他瞪大眼睛跟我说：“司老师，我不是这个意思。”

我说：“你说不是这个意思，是什么意思？”

他说：“是那个意思、那个意思。”

在这里，我说的“这个意思”是我从他的文字看出来的，就是上文说的字面主题；他说的“那个意思”，是他脑海中想的，就是上文说的主观主题。这二者不一致，说明他没有能够把他想的全部写出来，而他自己不知道。

严格意义上说，要想字面主题和主观主题完全一致很难。所以，我说的是使“字面主体与主观主题的趋同”，即逐步缩小差距，趋向一致。

字面主题与主观主题之间存在差距，在起草过程中是难免的。正因为存在这个问题，所以起草之后必须对初稿进行修改。

修改，是科普写作全过程的最后一个环节，也是提高写作能力的一个十分重要的环节。要获得高水平的作品，切不可忽视修改环节。这是保证作品质量的最后一个把关环节，更何况修改还是对读者负责的表现。

那么，什么是修改？

初学写作的人往往误以为修改就是文字的修改，就是在语言上下工夫。

这样的认识是片面的。语言文字的修改，确实是修改的重要组成部分，但是，修改不止这一项，它总共包括七项任务，而且相互之间的顺序还不能颠倒。所以，我们称它为“程序”。修改的任务和程序包括：订正主题、校核摘引、核对提纲、增删材料、调整结构、斟酌语言、规范文面。

综上所述，要提高科普写作能力，必须从上述六个环节出发，每一个环节的能力都必须提高，不能只在拿起笔来写的那一个环节上下工夫。

5.2.2 从人才成长实践看科普写作能力的作用

从人才成长中的实践来看，科普写作能力是大学生成长的必备素质，是应该汲取的历史教训，是毕业后现实工作的需要。

1. 人才成长必备的素质

人才学和创造学的研究表明，人才的成长大多数符合下面的公式：

人才 ＝ 知识 ＋ 机遇 ＋ 能力 ＋ 社会认可

知识，这是人才成长的基础和前提。当然有了知识不等于就是人才，但是没有知识肯定成不了人才。求学读书就是为了学习知识，为将来成才打基础。

机遇，这是人才所处环境给人才成长提供的机会。一个人有本事没机会，也不能成功。固然成才需要机遇，但是当机遇出现的时候，还有一个你能不能识别机遇、识别了机遇有没有驾驭和使用机遇的实力的问题。

这里的“识别机遇”“驾驭机遇”和“使用机遇”的实力，就是能力。

能力，这是一个人才自身认识问题、解决问题的本领。它是人才成长的实质和根本。没有能力，就谈不上成才。能力包括创造能力和表达能力，创造能力主要包括获取信息的能力、研究能力、动手操作能力和社会交际能力；表达能力包括口头表达能力和书面表达能力。书面表达能力就是写作能力。可见，写作能力是人才六大能力之一。

社会认可,这是决定人才是否能够实现自我价值的关键环节。一个人要想成为人才,也就是成为对社会有用的人,决定于主观、客观两个方面。主观方面指的是个人自身所具备的条件,也就是说他已经拥有了够得上“人才”所具备的那些“知识”“机遇”和“能力”;客观方面指的是社会对该人的这些条件的认可。如果只具备前面三个条件,得不到社会的认可,那么所谓“人才”仍旧是一场梦。

固然,个人是否被社会认可,并不决定于个人,但是,在这个问题上个人并不是无能为力、无所作为的。道理很简单,一个人要想获得社会认可,要想获得决定你命运的人物的认可,就必须首先让社会(他)了解你,因为社会(他)不了解你,自然也就无法认可你。那么,要让社会(他)了解你,唯一的办法就是向社会(他)进行自我宣传、自我推荐。

自我宣传、推荐的手段有三种:一种是当着他的面亲自做出来,以显示你的能力;一种是口头汇报,直接向他讲;再一种是书面自荐。前两种手段受到时间和空间的制约,机会太少,宣传的效果不大。只有书面自荐是最佳的选择,即写成文字材料交给他。也许有人会说,交上去他也不会看。是的,他是可能不看。要想别人愿意看、看得懂,靠的就是写作水平了。反过来,你写的东西别人看不懂,或者不愿看,就不能责怪别人不认可你了。

可见,科普写作能力既是高质量人才的必备素质,又是人才获得社会认可的重要手段。、

2. 人才成长历史的教训

可能有人会说,只要自己的工作成绩、研究成果过硬,写作能力差一点没有关系,照样可以成才,照样可以获得社会的认可。然而,事实并非如此。

纵观人才成长的历史,许多能人大师、科学巨匠、文学泰斗的成功,得益于炉火纯青的写作能力;但是,在他们之中,也确实有一些人,虽然有所成功,却因为写作能力的低下,影响他们创造更好的成绩,有的差点儿葬送了自己的学术生涯,有的到晚年时则悔之不及。

英国著名科学家法拉第研究电磁现象三十年,用“力线”来表述通电导

线对周围产生磁作用的现象，也就是我们今天所说的电磁场。可是，法拉第的研究成果《电学实验研究》出版二十多年后，不仅不被承认，反而受到非议，因为人们总是习惯于用牛顿的“超距作用”理论来解释。甚至有人公开说：“谁要是在精确的超距作用和模糊不堪的力线观念之间有所迟疑，那简直是对牛顿的亵渎。”这至少可以说明，正是法拉第“模糊不堪”的表达使他的正确理论得不到认可。

1854年，麦克斯韦第一次读到法拉第的《电学实验研究》时，就用诗人特有的形象思维能力，看出了法拉第见解的新颖和合理。麦克斯韦运用形象思维和逻辑思维相结合的方式，深入研究法拉第的力线，最后以一组高度抽象而又对称优美的简单的微分方程表述了电磁场理论，并预言了电磁波的存在，把电磁学理论推到了一个崭新的阶段。他提出的方程被称为“麦克斯韦方程”，他因此成为经典电磁理论的奠基人。当人们欢呼这个划时代的贡献时，麦克斯韦说：“我不过是一篇论文的作者”“是一支好笔”。显然，法拉第研究三十多年未获认可，吃亏在缺乏明确简单的表述能力；而年轻的麦克斯韦获得成功，则得益于艺术修养和表达能力的高超。

确实，麦克斯韦从小不仅有着无比惊人的数学天赋，同时还酷爱诗歌。当他在中学读书时，就在数学和诗歌的两个比赛中都获得过第一名。后来，在向科学进军的征途中，他一直没有放弃对诗歌的爱好，这对他逻辑思维和语言能力的培养都起了直接的作用。中学时代的麦克斯韦也许自己也没有想到，正是这一能力帮助他登上了世界科学之巅。

再如，世界著名的丹麦物理学家、举世闻名的哥本哈根学派的创始人玻尔，人们常常将他与爱因斯坦相提并论。可他的写作修养水平并不高，他的关于原子结构量子论的论文初稿写得很不精炼。最初，他把这篇论文送给剑桥的汤姆逊时，汤姆逊就以“篇幅太长，我没有那么多钱给你印”为由不予发表，险些葬送了玻尔的学术生涯。

幸亏玻尔又把论文送给在曼彻斯特的卢瑟福。卢瑟福很不满意，在给玻尔的回信中要求玻尔“在不影响阅读的条件下将它们(指论文)尽量地写得简单一些”，并在百忙中抽出时间与玻尔一起商讨，精简定稿，使论文焕然一新。后来，此文成了原子物理学中划时代的文献。

又如，曾因首创凝聚态物质理论而获得1962年诺贝尔奖的苏联著名物理学家朗道，也饱尝了对写作不屑一顾带来的苦头。

朗道从小天赋非凡，但不喜欢文学，厌恶写作，他曾经振振有词地同父亲辩论：“如果文学考的分数比及格分还高，那才叫人害臊。”所以，尽管他在数学、物理方面才华横溢，却由于文乏笔秃，写作能力低下，大部分著作和论文只能与他人合作写成。

及至后来，朗道明白了这个道理，但悔之晚矣。他为此在物理课的考试中出了一道题：“谁是诗体小说《叶甫益尼·奥涅金》的作者？”正确答案是普希金，可是物理专业许多学生不知道，导致失分严重。这个情况被学生反映到校长那里，校长很生气，要朗道承认出这样的题目是个错误。校长说：“你不认错，就解雇你。”朗道宁可被解雇，也不认错。

尽管朗道的觉悟尚不算晚，但是给他自己的工作乃至给人类科学事业带来的损失是难以弥补的。

3. 现实的需要

也许有人会说，我不想当文学家，也不想当科学家，又不是什么人才，只想当一个普通的工作人员，写作能力差一点也无所谓。

事实上，即使是一个普通的工作人员，也无时无刻离不开写作。

从事科学研究的，要写开题报告、科研进度报告，有了成果要写学术论文；从事技术工作的，要写技术课题可行性论证报告，有了成果，要写技术鉴定书、发明申报书，申请专利要写专利申请文件；从事科技情报信息工作的，为介绍本学科发展动向、帮助别人选择专业方向，要写科技述评、学科综述；做一名科技记者、科技编辑，要及时向社会公布新的科研成果的消息，必须写科技新闻；负责一个单位的科研管理工作，要写计划任务书和总结报告，和其他科研或生产单位协作攻关，要写科研协议书；联系一项工作，要写科技公函；进口一台科研用的仪器设备，要写科技订货合同；若是做一名教师、会计、外贸工作人员或广告传播人员，也要写教案、教材、财务总结、涉外经济合同、广告宣传词，做得好的还可以写工作研究论文；就是搞艺术设计，也还有申请艺术设计课题、总结艺术设计成果的事要做，免不了要写课题申请书和艺术设计总结；如果当上了总经理、处长、局长之类，不仅自己要写，还要审批别人报上来的文字材料。所有这一切，不懂写作，不会写作，怎么去做好？

至于外语专业的同学，如果当上了外语翻译，那就不只是写外语文章，还要写汉语文章；何况汉语写作规律对外语写作也是有帮助的。

更为现实的是，所有的大学生在毕业时都要撰写毕业论文，这是国家规定作为考核学生业务能力和水平的依据，是不能免的；毕业前到社会求职，还要写求职信和自荐材料；如果进一步深造，还要写硕士论文、博士论文；等等。可以说，我们时时刻刻都离不开写作。

我国著名科学家钱学森早在20世纪80年代就说过："作为一个科学工作者应该有这样的本事：能用普通的语言向人民(包括领导)讲解你的专业知识。研究生在撰写论文的同时，最好再写一篇同样内容的科普文章，这应该作为(学位)考核的一项重要内容。这有利于打破死啃书本、只会讲'行话'的弊病。"

可见，我们生活的现实中无时无刻都需要人们具备科普写作能力。

然而，目前在校大学生的实际写作水平很不适应这一时代要求。从实际调查的情况来看，除少数学生之外，大部分同学的写作能力不高，除了遣词造句、语法修辞等基本能力薄弱之外，篇章结构的能力更差，尤其是论说文，不会运用材料进行论证，或者论证缺乏严密的逻辑，缺乏透彻的说理，理论论据和事实论据的选择不合要求，使文章论证不力。

所以，在大学开设科普写作课，提高在校大学生的科普写作能力，是使在校大学生将来能卓有成效地进行本职工作的需要，是他们交流学术研究和技术发明成果的需要，是他们将来在学术领域中战胜论敌、获取成功的重要手段，是他们为人民服务的不可缺少的素养。

说到这里，我要向大学生们提一个问题：我们都没有见过屈原，可是屈原戴着高高的帽子、穿着宽大的衣袍、身带佩剑、行吟泽畔的形象在我们眼前活灵活现，李白、杜甫、王安石等人也是如此，历史上的文学家们，一个个都被活灵活现地传于后世。而历史上的科学家们，他们的形象为什么没有能够像古代文学家那样活灵活现地传到今天呢？

原因当然是多方面的，比如封建统治者看不起他们、不许他们留名；封建社会的文人、学者不愿为他们作传，或不懂科学不能为他们作传。但是，还有很重要的一个原因，那就是科学家们自己没有自我宣传。

到了近代，人类似乎注意到了这个问题，许多自然科学家开始写起自传来。诺贝尔奖委员会要求获奖者要写自传，已经成了法定的制度。然而，这些人类的骄子，这些自然科学领域里叱咤风云的人物，写起自传来却干瘪无味，空洞无物。

所以，整个人类历史上，科学家的名声比不上文学家，科学家无法像文学家那样活灵活现地把自己的形象留给后代。

著名原子物理学家奥本海默说过：原子物理大发展时期，“是一个值得歌颂的时代。对于那些参加者，是一个创造的时代。但是这也许不会作为历史而被全面地记录下来。作为历史，它的再现，将要求像记录奥狄泼斯或克伦威尔的动人故事那样的崇高艺术，然而这个工作领域，却和我们的日常经验的距离如此遥远，因此很难想象它能为任何诗人和任何历史学家所知晓”。

奥本海默说这番话之后数十年间出现了核物理学、基本粒子物理学、量子物理学、天文学、地学、生物学、数学等方面的许多新成就。所有这些都应当被歌颂但并没有被文艺家所歌颂，所有这些史实都应当被记录但并没有被历史学家所记录，这是人类历史上最大的遗憾之一。

今后，人类历史将是科学发展的历史，今后的文学也将离不开科学家和工程师。我国的文学家、诗人、历史学家们已经注意到这个问题，一大批描写科学家的电影、小说、报告文学作品正在涌现出来。但是，他们遇到的最大困难是不懂科学，正是因为他们所描写的“工作领域，却和我们的日常经验的距离如此遥远”，所以科学内涵惊心动魄的场面要深切地再现出来是相当困难的。

我国著名的文学家徐迟，以写科学家的报告文学著称全国。他说：“将来一定会有科学家自己拿起笔，写出他们的科学实验的绘声绘影的文学巨著，以丰富文学的库藏。”

文学家已经看到了这个历史趋势，这就是说，培养既是科学家、又是文学家的工作，已经提到议事日程上来了。这一光荣而又艰巨的任务落到我们这一代青年人的肩上，怎样才能促进科学领域里的文学家早日诞生，是值得研究的重要课题。在大学开设科普写作课程，摸索这方面的经验，探索成功的途径，则是在为迎接这一天的到来作准备。

5.3 科普写作的方法和途径

5.3.1 科普写作的表达方式

1. 叙述

第一，叙述的概念。

叙述是表述人物的经历和事物发展变化过程的一种表述方式。叙述的特点是过程性，叙述的内容表现为一定的顺序性、持续性或时间性。

在科普写作中，叙述是最常用的一种表达方式。在讲述体科普作品中，整篇都是使用叙述来表达的。在科普传记、科普考察报告、科普实验介绍、科学文艺作品中，通常都是运用叙述来表述人物的经历和事迹，表述自然现象的发展变化过程，或表述工作、实验、操作的过程。在辞书体、图说体的科普作品中，运用叙述来介绍事物发展变化的特征。在科普论文里，运用叙述来概括事实经过，为论证提供论据。

第二，叙述的方法。

①顺叙。这是指以事件发生、发展在时间上的先后为序进行叙述的方法。这是最基本的叙述方法。采用顺叙时，由于文章的层次、段落和叙述对象的发展过程相一致，符合人们的思维过程和阅读习惯，所以读之令人感到叙述的事件有头有尾，脉络条理清晰。

> 例1　第二天，天一亮，我们就到……汉代烽燧进行发掘……我正观测地形，忽然，发掘现场沸腾起来了。人们欢呼着涌向一处……我立即跑过去。原来，挖开的坑内，横七竖八互相叠压着许多汉简……我拍下这些宝贵的文物以后，考古队员才十分小心地把汉简一支一支清理出来……其中一块短而宽的木牌上写着“玉门千秋燧”字样。

上面这段话是著名记者成大林的科学考察记《玉门关在何处》中的一

段，是一段纯粹的顺叙，是以考察活动在时间上的先后为序来叙述的，最后归结到写着“玉门千秋燧”字样的“短而宽的木牌”，为考证确认考察地点就是“汉代玉门关”提供了事实论据。

不过，顺叙用得不好，容易犯主次不分、现象罗列、记流水账的毛病。

②倒叙。这是把事件的结局或某一事件发展过程中最突出的部分提到前面先写，然后从事件的开头进行叙述的方法。倒叙的运用，可以突出主题；能够引起悬念，吸引读者，引起读者强烈的阅读兴趣。写作科普文章用倒叙来开头，不失为一种好方法。运用倒叙时，一要注意“倒叙”和“顺叙”之间的转接，过渡要自然；二要注意不要为倒叙而倒叙，情节简单的事件就没有必要倒叙了。

③插叙。这是向正在进行的主线叙述过程中，插入另外一段叙述的方法。写作中，有时为了表达的需要，要暂时中断原来的主线叙述，插入另外一段叙述；待插入的叙述结束后，继续按原来的线索叙述下去。这种方式可以使文章更加充实，更加曲折有致。插叙比较多地用于回忆过去，追述往事；或用于由今及古地介绍人物、叙述事件。

例 2　巢湖本身虽未围垦造田，但附近有个 16 万亩的白湖已全部围垦造田。在白湖未围垦前，如巢湖闸水位达到 11.7 米时，就可炸开白湖闸分洪。现在，巢湖变成了“肚大容量小，嘴小脖子长”，旱时提水困难，涝时水排不出去。

这是侯学煜教授考察安徽巢湖生态环境之后写的考察报告中的一段，其叙述了巢湖生态环境遭到破坏、抗灾能力大大降低的过程，其中“在白湖未围垦前……分洪”这一句，就是中断主线叙述，插入另外一段叙述的插叙。

使用插叙时必须注意，要服从表现主题的需要，不可喧宾夺主，节外生枝；在进入插叙和恢复主线叙述时，要承转分明，过渡自然，不能断线。

④补叙。这是在主线叙述结束之后，再作补充叙述的方法。在叙述过

程中，对于叙述中某些事物或情况需要作某些补充，但为了保持主线叙述的完整和连续，可以在主线叙述结束之后再作补充。补叙可以使叙述的内容更加完整和充实。

在上文例 1 文字之后，接下去就是补叙。

例 3 ……其中一块短而宽的木牌上写着“玉门千秋燧”字样。许多简上都记有年号，最早的为西汉“本始三年”(公元前 71 年)，最晚为“地皇二年”(公元 21 年)。这些汉简的内容十分丰富，有诏书……

这是关于汉简的年代、内容的补充叙述，使文章的内容完整而充实。但是，这些内容如果在前面提到汉简时作插叙，就破坏了主线叙述的完整。

第三，叙述的要求。

①人称要合适。这是指不同的文章要选择不同的、合适的叙述人称。

“人称”是写作者的立足点和观察角度。由于人称有三种，所以叙述也就有了第一人称叙述、第二人称叙述、第三人称叙述。写作时应该根据叙述的内容、对象、要求以及不同人称叙述的长处来进行选择。

第一人称叙述。这是指作者以当事人或见证人的身份，用“我”“我们”的口吻进行叙述。“我”“我们”可以是作者本人，也可以是作品中虚构的人物。这在科学文艺作品中十分常见，诸如科学童话、科学故事绘本、自述体科普作品中都是以第一人称来叙述的。

有些作品中，以“笔者”“记者”的口气进行叙述，也属第一人称叙述。许多学术性文章、教材和专著中，行文中并不出现“我”“我们”“笔者”等称谓，只是进行客观的叙述，也是第一人称叙述。

第一人称叙述，写的是“我”的亲身经历，亲见亲闻，具有真实感，读者读之有一种作者在当面同自己谈话的感觉，亲切自然，可增加作品的感染力。

但是，这种叙述也有局限性。因为叙述者是当事者，所以叙述的人和事，只能是“我”的活动范围以内的人和事，范围以外的，就不能写进去。也就是说，第一人称叙述受“我”在场不在场、看见看不见、听见听不见等条件的限制。例如，如果“我”身在室外，就不能写“我见老师正在楼上批改我的作业”。因此，这种表述方式不便于表现广泛的社会生活，也不便于表达复杂的事情。此外，这种叙述只能写“我”的心理活动，不便于表达作品中他人的内心世界。

第三人称叙述。这是指作者从局外人的角度，用“他”“她”“他们”等人称进行叙述。行文中，“我”退居幕后，不介入被叙述事件，只是客观介绍。

在第三人称叙述中，作者“我”是无时不有，无处不在的：看得见也好，看不见也好，听得到也好，听不到也好，甚至是叙述对象的脑子里想的是什么都照样可以像自已想的那样写出来。它突破了时间和空间的束缚，可以自由地刻画人物，描述场景，剖析内心世界，表述范围十分广泛，具有极强的表现力。

不过，第三人称叙述也有其不足之处，主要是不像第一人称叙述那样富有真情实感、读之亲切自然。

在行文表述中，选定一种叙述方式之后，一般应是全书、全文保持不变。有时为了取得两种表述方式的效果，也可以交替使用第一、第三人称。比如，一本长篇科幻小说，整本书采用第三人称叙述，但是书中的某一个人物在回忆往事的时候，往往采用第一人称进行自述。这里需要注意的是，在人称改换的时候，要用过渡词语甚至过渡段落加以交代，以保证脉络清晰。

第二人称叙述。这是指作者以第二人称“你”或“你们”进行的叙述。这种叙述方式比较少见，但也确实存在。

比如，文学作品中，魏巍的《谁是最可爱的人》是局部使用第二人称叙述的，韩愈的《祭十二郎文》、郭沫若的《骆驼》、刘心武的《楼梯拐弯》，以及陶斯亮的《一封终于发出的信》都是全篇使用第二人称叙述的。

在科普文艺作品中，也有使用第二人称叙述的。发表在《诗刊》1982 年第 11 期上艾奇的科学诗《气象气球》使用的就是第二人称叙述：

例 4　人们说你一碰就破，我却赞你一身是胆。明知此去将是粉身碎骨，你竟从容不迫直冲云天。大气将碾碎你的身躯，阳光将毁掉你的肝胆。可你早已义无反顾，乘风而去直上蓝天……

不！这绝不是不自量力的狂妄，这是勇敢的追求，必要的冒险，让胆怯的风筝苟且偷生吧，连勇敢的雄鹰也惊呆双眼。你不要廉价的赞美，也无须永久的纪念，你只愿追求、探索，哪怕粉身在广宇之间。

②交代要明白。这是指要把叙述的内容要素交代清楚。

叙述的要素，包括时间、地点、人物、过程、原因、结果。通常，这六要素是缺一不可的。只有在不影响叙述效果，或某要素已为广大读者所熟知，或某要素在该次叙述中并不需要时，才可以省去。

例如，上文例 1 所示的考察甘肃汉代烽燧的叙述六要素就很齐全：

时间：第二天	地点：汉代烽燧
人物：我们	过程：汉简的发现
原因：考古任务	结果：玉门千秋燧

③线索要清楚。这是指叙述中要有一条清晰的、贯穿整个过程的线索。

线索是贯穿情节发展的脉络，是作者组织材料的思路在作品中的反映。叙述中的许多材料，是靠线索把它们串联组织起来的，否则就会显得很松散。线索有单线、复线的区别。复线中又有主线、副线之分，明线、暗线之别。

由于不同的作者思路各不相同，所以叙述的线索也就多种多样：有以时间的延续为线索的，有以空间位置变换为线索的，也有以人物思想感情变化为线索的，还有以具体物件为线索的。

上文例 1 所示的考察甘肃汉代烽燧的叙述就是以时间延续的单线线索。

④详略要得当。这是指叙述时要分清主次，有详有略，突出重点。

叙述的详略，也就是叙述快慢和疏密的问题。详叙的地方，自然是一景一物一事，细枝末节，慢慢道来，是慢叙、密叙；略叙的地方，几句话可以交代上下几百年、纵横数千里，是粗枝大叶的快叙、疏叙。

写作时要做到详略得当，快慢相间，疏密有致。其依据，一要着眼于表现主题的需要，二要着眼于满足读者的需要。凡是对表现主题有用的材料，越是重要，就越要重彩浓墨地详叙。在科普写作中，凡是读者不知、想知的地方，就要舍得多花笔墨；反之，就应轻描淡写，惜墨如金。这样，叙述就会有点有面，既有深度，又有广度，获得较好的表达效果。

2. 议论

第一，议论的概念。

议论是运用概念、判断、推理等逻辑思维的手段来阐述自己观点的过程。议论的特点是论证性。议论，不仅使用在议论文中，在记叙文、说明文中也有使用，以便表达作者的观点。其在科普写作中使用得也很多。

一个完整的议论，包括论题、论点、论据、论证，即议论的“四要素”。论题，是指议论的问题（议论对象）的范围。论点，是作者的观点和见解。论据，是作者用来证明论点正确的事实和道理，又称事实论据和理论论据。论证，是作者运用论据证明论点正确的过程。

关于“论题”和“论点”的关系，论题的提出在先，论点的确立在后。只有有了论题，才可能产生与论题相关的论点；任何论点都是有其论题的，但相同的论题在大多数情况下并不一定产生相同的论点。

第二，议论的方法。

最常用的论证方法有演绎论证、归纳论证、类比论证，就是运用演绎推理、归纳推理、类比推理的方法进行论证。

①演绎论证。这是运用演绎推理方法进行的论证。

演绎推理是从一般性的前提，推导出个别性结论的推理。演绎推理主要包括直言演绎推理、假言演绎推理、选言演绎推理。具体的推理过程，在中学的逻辑学课程里已经有所表述，这里不再重复。

常见的演绎推理错误有三种：一是大前提本身的错误导致结论错误；二是四概念错误；三是结论超出大前提的范围导致结论错误。

例 5 既然导线里的电流和水管里的水流一样，那为什么一楼的电灯不比二楼的电灯亮一些？

例 5 实际上是一个演绎推理，我们可以把它改写成形式如下的三段论：

大前提：导线里的电流和水管里的水流一样。

小前提：一楼的水压比二楼的水压高。

结　论：一楼的电压比二楼的电压高（所以，一楼的电灯比二楼的电灯亮）。

可见，例 5 的推理过程并没有错。然而结论明显是错的，其原因是大前提“导线里的电流和水管里的水流一样”的判断不正确。

例 6 既然万有引力的大小和物体间的距离平方成反比，那么人坐在椅子上，人同椅子的距离等于零，人椅之间的万有引力无穷大，人坐在椅子上应该起不来才对，可人为什么很容易就站起来了呢？

我们将例 6 改写成三段论形式来分析：

大前提：万有引力大小与距离平方成反比。

小前提：人椅之间的距离为零。

结　论：人椅之间的万有引力为无穷大。

通常，一个正确的演绎推理过程，只能有三个概念，每次出现两个概念，每个概念只出现两次。在上述推理中，似乎只有三个概念，即引力、人椅之间、距离，而且这三个概念在推理过程中也确实每次只出现两个，每个概念只出现了两次，可是结论明显是错误的。

问题出在“距离”一词上。大前提中的“距离”指的是物体质心间的距离，而小前提中的“距离”指的是人和椅子的距离，是物体外形间的距离。它们字面上意思相同，却是两个完全不相同的概念。这样，推理过程中就有了四个概念。所以说，例 6 犯了四概念错误。

例 7　因为感冒的病人都会发烧，小王在发烧，所以小王肯定感冒了。

例 7 的结论，超出了大前提的范围，因为引起发烧症状的不只是感冒，由“发烧”推知必定“感冒”自然不妥，必然导致结论错误。

②归纳论证。这是运用归纳推理方法进行的论证。

归纳推理是从个别性判断推导出一般性判断的推理，它主要包括完全归纳推理和不完全归纳推理。不完全归纳推理又分为简单枚举法和科学归纳法。科学归纳法可靠性最高，其核心是确定因果联系。

确定因果联系有特定的方法，不能随意确定。英国学者约翰·穆勒在用归纳法研究自然界因果关系时，得出五种逻辑方法，称为穆勒五法，即：求同法，求异法，求同求异并用法，共变法，剩余法。

完全归纳推理实际上是一种理想的方法，难以实现，因为只有枚举了全部归纳对象，且每一对象都具有某一属性，其推理的结论才是正确的。这只有在归纳对象可以穷举的情况下才有实现的可能。

简单枚举法得到的结论，一般都是或然的，是需要进行验证的。

而科学归纳法的“可靠”，则依赖于因果联系的正确。

例 8　狮子是胎生的哺乳动物，水牛是胎生的哺乳动物，猴子是也是胎生的哺乳动物……所以，哺乳动物都是胎生的。

例 8 的结论是错的，因为偏偏有一种生物——鸭嘴兽是卵生的，可小鸭嘴兽却是喝奶的。

例 9　我们班的章益民会骑自行车，李新品会骑自行车，赵玉华会骑自行车，王群会骑自行车，所以我们班同学都会骑自行车。

例 9 属于简单枚举导致的错误，因为没有枚举所有的对象。

例 10　华罗庚、钱学森、苏步青、爱因斯坦等中外科学家都没有上过科技写作课，所以没有上过科技写作课也能当大科学家。

例 10 属于偷换概念导致的错误，因为没有上过科技写作课不等于没有科技写作能力，可以通过非科技写作课途径获得科技写作能力。

例 11　在幼儿园的课堂上，桌上摆了一个架子，架子上绑了四个充满气的气球，气球的口朝着前、后、左、右四个方向。张老师首先将朝左的气球口松开，结果气球朝右边飞去。接着将朝右的气球口松开，结果气球朝左边飞去。这时，张老师指着朝前的气球口问："小朋友们，我现在松开这个气球口，气球会朝哪边飞？"有几个小朋友齐声回答："朝后边飞。"

例 12　在幼儿园的课堂上，张老师在桌上摆了一枚铜币、一张名片、一把小刀、一块手帕和一个不锈钢勺，然后让小朋友拿着磁铁去接触这五件物品，问：磁铁能够吸什么？小朋友一一动过手之后，说：磁铁可以吸铁。

上述两例，均属科学归纳法，例 11 是求同法，例 12 是求异法。

③类比论证。这是运用类比推理方法进行的论证。

类比推理是根据两个或两个以上对象在许多属性上相同，而推知它们在其他属性上也相同的一种推理。它是从特殊推出特殊的思维形式。

类比推理的结论也是或然的。类比推理的关键在于寻找相“类”的条件，只有在相“类”的前提下才可以进行比较，从已知的与论证对象同类的情况推知论证对象的结论。

> 例 13　该标样无论各分节、量度指标还是其他形态学特征，包括视神经交叉类型，均与高眼鲽相同；但双眼及有色侧面的偏转、口形和胸鳍的发育、鳞片的分布类型等颇似鲆科鱼类……通常以双眼位置作主要依据，左鲆右鲽，简单易行。

这是科学论文《高眼鲽侧面逆位的初步观察》中“讨论”部分的一段话。作者先将标样与鲆科、鲽科鱼类进行比较，并以“左鲆右鲽”得出初步结论，在这一过程中用的就是类比论证。

本书在介绍论证方法时，为了表述的方便，将三种论证方法分开来说，在实际论证过程中，三种方法往往是联合运用的。

> 例 14　但……在鲆、鲽类鱼中，视神经交叉类型是稳定的。所以，视交叉类型属于本质差别，双眼偏转只是表征差异……故本次所采标样确系高眼鲽侧面逆位个体。

例 14 的文字，是接在例 13 文字之后的表述。这里的“在鲆、鲽类鱼中，视神经交叉类型是稳定的”“属于本质差别”，即“因果联系”，所以这里用的是科学归纳论证。最后，以视神经交叉类型为大前提进行演绎论证，证明了论点“本次所采标样确系高眼鲽侧面逆位个体”的正确性。这就是综合运用三种论证方法的实例。

第三，议论的要求。

①立论的要求。运用充分有力的证据，论证自己论点正确的过程叫立论。立论包括确立论点、选择论据、组织论证三个环节。

第一个环节是确立论点。

要求：一要有科学性，符合事物发展的规律性。论点必须是正确的，经得起实践的检验；是鲜明的，毫不含混暧昧；是"同一"的，论证过程中不能转移，要前后一致。二要有针对性，是从客观现实情况出发、有的放矢地确立的。三要有新颖性，是从新的角度提出的新观点，能令人耳目一新。

第二个环节是选择论据。

要求：选择事实论据，一要真实，二要典型，三要充分，四要新颖。选择理论论据，一要符合原意，二要具有针对性且具有普遍意义，三要理论本身是正确的。使用论据时，必须考虑选择那些与论点有内在联系的论据，力求确切、适当、充分，防止和克服论据不足、不当、不精、不真实的毛病。

第三个环节是组织论证。

组织论证就是把论点和论据之间的逻辑关系用文字表达出来。

表述事实论据时，"取其一端"即可，因为议论的文字有限，既没有可能也没有必要把事实完整无缺地全部写到文章里去，只要把与论点有关的那个侧面写进去就可以了。

表述理论论据时，要与论点相融合，引用的原话、原意，要确实与论点相关，要有出处，要为"我"服务，切忌冗长，更不能歪曲原意，断章取义。

②驳论的要求。驳论是指用充分有力的证据驳斥对方错误言论的议论方法。驳论包括反驳论点、反驳论据、反驳论证三种情况。

反驳论点，指的是直接地或间接地揭示对方论点的错误。论点是议论的核心，一经驳倒，整个议论就站不住脚了。所以，驳论时尽可能地选择这种方法。

反驳论据，指的是通过论证对方论据错误，使对方论点失去支撑而不成立。由于论据有事实论据和理论论据两种，所以又分为反驳事实论据和反驳理论论据。

反驳论证，指的是通过论证对方论点与论据之间逻辑关系上的错误来证明对方论点的不成立。

论证中，常见的逻辑错误有推不出、偷换概念、循环论证等。

“推不出”，指所举论据推不出论点来。

“偷换概念”，指利用汉语词汇中的多义词，即指出表面上似乎是用的此义，实际上用的是彼义，从而将一个概念转向另一个概念。

“循环论证”，指以两个互相依存的本身不确定的概念互为证明。这些论证方法的错误一经点出，论点自然也就不能成立了。例如：

例 15 “那么，什么才是你的惯性坐标系呢？”

“这……只要我能够远离一切物体，而且使我不受任何外力的影响，我的坐标系就会是惯性的。”

“但是，你所谓免除所有的外界影响的坐标系又是什么意思呢？”

“我的意思是说那个坐标系是惯性的。”于是我们又回到原来的问题上来了。

我们的会谈显示出经典物理学中的一个严重的困难……

这是爱因斯坦和英费尔德合著的《物理学的进化》中的一段，其就是采用揭示对方循环论证的错误来反驳经典物理学理论的局限性，从而建立起广义相对论。

3. 说明

第一，说明的概念。

说明是解说事物、阐释事理的一种表达方式。解说事物，就是把事物的形态、性质、构造、功能、关系等情况介绍清楚。阐释事理，就是把事理的概念、特征、来源、种类、变化等内容讲述明白。

说明的特点是解说性。它不像叙述那样侧重于反映事物变化过程或人物经历，包含着一定的主观感受；也不像议论那样对事物事理带着鲜明态度和明确主张，表现出明显的主观倾向性。“说明”主要是对事物和事理进行客观的解说和阐释，传授人以知识。

说明在科普写作中的应用十分广泛。从各种各样的科普报告、字典辞书、类书方志、著作教材，到文物介绍、解说词、产品说明书等都要用到说明。

第二，说明的方法。

①定义说明，也就是通常所说的下定义。它用简洁明确的语言对概念所包含的本质、特征作规定性的说明，从而使此概念和其他概念区别开来。

在定义说明中，定义表述的外延应当与被定义事物的外延相一致，并完整地揭示其内涵。定义过宽，即定义表述的外延大于被定义事物的外延；定义过窄，即定义表述的外延小于被定义事物的外延。这些都是定义说明中常见的毛病。

此外，同义反复，也是一种常见的毛病，即定义表述的内容中直接或间接地包括了被定义的事物。比如，定义“麻醉是麻醉剂所产生的作用”，就是以“麻醉剂”来定义“麻醉”，属于同义反复的错误。

定义说明常用于理论作品、教材讲义、科普作品和某些应用文中。

> 例 16　散斑是面元上所漫射的光相干叠加的结果。漫射光在观察点 P 有确定的相对位相，因而有一定的光强。当表面发生运动，P 点的状态变化了，而具有原来 P 点那样光强的点移到 P′点。这就是散斑运动的含义。

这是学术论文《空间散斑的运动规律》“前言”中的一段话。“散斑”和“散斑运动”是两个新的概念，为了和其他已知事物事理相区别，便于相互交流，作者在前言中首先采用定义说明的方法给这两个概念下定义。

具体地说，定义可以有四种方式：

一是被定义的概念 ＝ 属概念 ＋ 种差。例如，定义“电子计算机是一种能够自动高速进行大量运算工作的"电子设备"。该定义中,"电子计算机"是被定义的概念,"电子设备"是属概念,"一种能够自动高速进行大量运算工作的"是种差,是电子计算机与其他电子设备的属性的差别。这是运用种属关系进行定义。

二是根据被定义对象产生的原因来定义。例如,"散斑是面元上所漫射的光相干叠加的结果",就是用散斑产生的原因来定义的。

三是根据被定义对象的特征进行简单概括。例如,定义"电磁场是电场和磁场的合称"。

四是将被定义对象放在一个大的概念范围里进行表述,然后再对定义对象进行定义。例如:当变量 x 发生变化时,变量 y 也随之变化,我们说变量 y 是变量 x 的函数,变量 x 叫自变量,变量 y 叫因变量。

②分类说明。这是通过给说明对象分类来进行说明的表达方法。这种方法可以显示出不同类别之间的差异性,也可显示事物的整体概貌。

例 17 植物,生物的一大类,与动物和微生物共同组成生物界。可分为藻类、菌类、地衣、苔藓、蕨类和种子植物。种子植物又分为被子植物、裸子植物……

这是《辞海(缩印本)》上对"植物"一词的解释,其采用的就是分类说明的办法。每一类植物又有词条加以解释,从而显示了不同种类植物的差异性和植物的总貌。

在分类说明中要特别注意,在每一次分类中,都应当采用统一的标准。

比如,在例 17 中,将植物分为"藻类、菌类、地衣、苔藓、蕨类和种子植物"是以"植物的繁殖方式"为标准来分类的;将种子植物又分为"被子植物、裸子植物"是以种子的存在方式为标准来分类的。

③解释说明。这是根据表述的需要,对说明对象的某些特征作概括说明的表达方法。它不要求像定义那样完整严密,却可以收到定义说明所达

不到的效果。

例如，“人道主义”定义为“泛指一切强调人的地位、肯定人的价值、维护人的尊严和权利的思想体系”。而学术论文《关于人道主义和异化问题》中说：“历来的人道主义有两方面的含义，一是作为世界观、历史观，一是作为伦理原则和道德规范。”接着其分别进行具体的说明。这种解释说明，比定义说明要通俗和明白。

④举例说明。这是通过列举事实进行说明的办法，通常用于解释抽象、复杂的事物和事理。

> 例 18　水解，指化合物与水反应而进行的分解作用。通常是指盐类的水解平衡。例如，碳酸钠在水中部分水解成氢氧化钠和碳酸氢钠，使溶液呈碱性。

这样通过举例说明，使抽象的概念具体化，浅显易懂。但是要注意，举例说明和举例论证不是同一种表达方式。举例论证是以实例证明作者的观点，并带有作者的议论分析；举例说明仅以实例作客观说明，不带有个人见解。此外，说明还有很多方法，诸如引用说明、比喻说明、图表说明、介绍说明、比较说明等。以上各种说明方法，单独使用的较少，常常是几种方法综合运用。

4. 图式

第一，图式的概念。

图式是一种独立的表达方式。它是运用图、画、照片、表格、符号、公式来表述客观事物事理的一种手段。在基础写作著述中，阐述表达方式时，只有“图表说明”，没有“图式”的说法。科技写作在中国兴起之后，图式作为一种独立的表达方式被提出来了。

图式作为一种独立的表达方式，是客观存在的。它在表述事物发展过程时要比叙述方式更简洁、更深刻，它在揭示某一事物的特征和属性时要比说明、描写方式更直观、更形象、更生动，它在论证某一事理正确性时要比用议论方式更直接、更简单。它凭借数学的规律，可以十分简洁地表达用文字无法表达的事物之间在量上的相互依存关系；它凭借符号的作用可以用极少的语言材料表述事物极为丰富的内涵。例如，化学反应方程式：

$$CaCO_3 + 2HCl = CaCl_2 + H_2O + CO_2\uparrow$$

这里，15 个字母符号、5 个数字、4 个运算符号和 1 个向上的箭头所表示的丰富内涵，恐怕用 300 字也说不完、说不清。

这个方程式不仅表述了盐酸滴在石头上所发生的化学反应的过程、有哪些生成物，还反映了组成每一种物质的元素成分、组成方式以及量的关系，反映了反应物与生成物之间的严格的数量关系，只要知道其中一种物质的量，据此式就可以计算出其他四种物质的量。而且其还有一点特别之处，它不受国别、语种限制，它是国际通用的。

那这个化学方程式是叙述、议论，还是说明？都不是，它叫图式。可见，图式的特点是以简驭繁，可视直观，灵活多用，国际通用。

第二，图式的方法。

①图法。科普写作中的“图”，包括图画和照片，其中图画又分为实体图、建筑图、结构图、坐标图（线图）、条形图、比例图、方框图、示意图、透视图、生物图、线路图、机械图、计算图、装饰图等。

科普写作中，在需要形象地表述事物事理发展趋势的时候，可以使用图。使用图时，必须符合下列三点要求：一、单主题。一张图只表述一个单一的主题。二、自明性。读者不用阅读正文，只看图题、图形、图注，就可以明白图意。三、随文行。图应该紧随正文，一般与正文中首次提及该图时的所在位置处于同一个页面上。

在科普写作中最常用的坐标图，制作的时候要满足以下要求：

图号必须以阿拉伯数字顺序编号，如：图 2，图 4.2。

图题必须言简意明，直接点明图的主题。拟好图题是保证“自明性”的关键环节。图号、图题必须处于同一行，二者之间隔一字，置于图的下方。

图注必须注在图题的下方,不能注在图内,图内用数码标示,再分别根据数码在图题之下依序一一注出。

坐标注字必须包括量、代号、单位符号,通常这三项内容一项都不能少。横坐标的注字从左至右,排在横坐标的下方;纵坐标的注字从下至上,字头朝左,排在纵坐标的左边。

图线设计时,画线前要取点,一般用实心黑色圆点。画出的图线应该能够反映该图主题所要求的变化特征。可通过调整坐标分度的大小来控制图线的外观形状。

图面设计,坐标图面必须大小适中,布局紧凑,前后统一。

②表法。科普写作中的"表",常用的有卡线表、三线表、二线表、无线表和系统表等。

科普写作中,在需要进行三个或三个以上不同数据的精确比较时才使用表。使用表时,必须符合下列三点要求:一、单主题。一张表只表述一个单一的主题。二、自明性。读者不用阅读正文,只看表题、表头、表注和表中数据,就可以明白表意。三、随文行。表应该紧随正文,一般与正文中首次提及该表时的所在位置处于同一个页面上。

在科普写作中,制作表格要满足以下要求:

表号必须以阿拉伯数字顺序编号,如:表 2,表 4.2。

表题必须言简意明,直接点明表的主题。拟好表题是保证"自明性"的关键环节。表号、表题必须处于同一行,二者之间隔一字,置于表格的上方。

表注必须注在表格的下方,不能注在表内,也不能注在表题的下方。表注的序号用阿拉伯数码加圆括号,不能用方括号,方括号是参考文献的标注序号。通常一份表格上的表注超过三个时,就应该在表格中增加一栏,不必作注。

表头和侧目其内容都必须包括量、代号、单位符号,三项一项都不能少;表格中,同一横行的单位相同,单位注在侧目;同一竖行的单位相同,单位注在表头;全表单位相同,单位注在表外的右上方。

表中数据必须以小数点为准上下对齐，实测数据为零的应填为“0”，没有数据的应填为“—”，不能空着。

表格设计必须做到主题鲜明、便于阅读、前后统一。

③符号法。符号的种类很多，常见的有单位符号、量纲符号、缩写符号、化学元素符号、运算符号、数学符号、标点符号等，使用时要遵守以下原则：

其一，汉语语法原则。具有确定语义的、公知公用的符号可以像汉字一样，按照汉语语法规范来运用。

例 19　石灰水就是 $Ca(OH)_2$ 的水溶液，与吹入的 CO_2 发生化学反应，生成 $CaCO_3$ 和 H_2O，白色沉淀是 $CaCO_3$。

这里，由元素符号组成的分子式被当作汉字使用在句子里。

并不是所有的符号都可以当文字使用的。那些没有确定语义的、非公知公用的符号是不能作文字使用的。比如，字母 C 并无确定的含义，其在电磁学里代表电容，化学里代表碳元素，数学里代表排列组合，等等。“二氧化碳”是不能写成“二氧化 C”的，因为 C 在这里并没有确切的含义。

还有一些符号，虽然具有独立的确定的含义，也是公知公用的，但习惯上也不能当文字使用。如：“气温不超过 10℃”不能写成“气温≤10℃”；“正数的绝对值”不能写成“＋数的绝对值”；“单位以千克计算”不能写成“单位以 kg 计算”；“可取对数处理”不能写成“可取 log 处理”；等等。

其二，合理变异原则。符号和文字是两种符号系统，它们在结合使用时，在“接口”处会出现一些变异。这些变异并不符合语法规范，但却是合理的、允许的，有利于表达和理解。比如：“电流通过导体所产生的热量 Q 可表示为 $Q=I^2Rt$”中的“热量”和符号 Q，在含义上是重复的。重复本来是语言运用的大忌，这里却是合理的。如果要避免重复，上句只能改成“电流通过导体所产生的热量可表示为 I^2Rt”，或“电流通过导体所产生的 Q 可表示为 $Q=I^2Rt$”。显然，这两种写法都不妥。

再如,“x 必须等于零”不能写成“x 必须$=0$”,只能写成“必须 $x=0$”。

这里,词序调动了。汉语里,词序是主要的表意手段,词序颠倒,其含义是要改变的,“我吃饭”颠倒过来,就成“饭吃我”了。可在这里,为了保证符号系统的完整性,词序的调动是合理的。

其三,首用注释原则。凡是非公知公用的符号,作品中第一次出现时应予以注释。例如,若使用缩略语,在作品中首次出现该词时应写出词的全称,然后注出缩略简称,接下来表达时就都可以使用简称了。某些化学品名称、专用名词、单位和团体名称,都可以用缩略符号来代替。

> 例 20　管理信息系统(Management Information System,简称 MIS)是以信息为基础,以支持管理为目的,以计算机技术为手段的一门新兴边缘学科。现代管理者不仅要有丰富的经验,杰出的才能,还要会使用 MIS。

若在公式中使用非公知公用的符号,要在首次出现时注出符号含义。如:$F=G_0\dfrac{m_1m_2}{r^2}$,式中 G_0 为万有引力常数。这个注释是必要的。

其四,同文单义原则。符号的含义,不是它自身具有的,而是作者赋予的,或者是约定俗成的。因此,同一个符号、字母可以同时代表多种含义。例如,字母“α”在几何学中用于表示一个角,原子物理学中又用于表示一种射线的名称。所以,为了清晰地表述,在同一篇作品中,一个符号只能表示一个含义。

第三,图式的要求。

科普作品中,是否采用图式表达,可参照这样的原则:用文字可以简要说清楚的,就不用图表;当出现三种或三种以上数据,需要进行形态、趋势的比较时选择图,需要进行精确的数量比较时选择表。选择图示表达必须符合主题需要,符合标准和惯例。在行文中,还要注意图式和正文的照应与统一。

除上述四大表达方式之外，还有抒情和描写，这两种表达方式在科普写作中用得较少，主要在科学文艺作品的创作中使用，受篇幅所限，在此就不再介绍了。

5.3.2　科普写作的表达技巧

1. 素描

亦称白描，是借用美术领域的术语，指不加渲染烘托，仅用简洁的文字勾画事物形象的表达手法。素描的效果质朴轻捷，形神兼备，色彩鲜明，立体感强，读之有令人身临其境之感。

一篇介绍日全食过程的科普文章是这样写的：

> 例 21　下午 2 时后，从阴云中看到月影，由右下方向进入太阳圆面而上。此时阴云一阵一阵从日面飘掠而过。日面被食部分逐渐扩大，日光逐渐衰弱。在将全食之前，日面左上角，在日光尚未被全部遮蔽的瞬间，出现极强的辉光，事后得知为日珥。全食至，出现了美妙的“金戒指”现象，日冕四射呈五角形……太阳右下方明亮的金星在闪烁，飞鸟纷纷归巢，大自然显得特别安静。全食后约 20 分钟，雄鸡高唱，仿佛黎明来临。

这一段白描简直把我们带进了日全食观测的现场，生动感人。

2. 比兴

科普写作中离不开形象思维，形象思维离不开比兴手法。比，就是以彼物比此物；兴，就是先言他物，以引起所咏之词（朱熹语）。在这一技巧中，先言的“他物”和所比之“彼物”，通常都是选择有趣的、与读者生活贴近的、一般读者易于理解的事物，以求达到通俗讲述科技知识的目的。

《气象与天文，不是一家人》的开头就是运用了比兴手法：

例 22 《三国演义》讲到“草船借箭”那一段时，诸葛亮有这么一句话：“为将而不通天文，不识地利……是庸才也。亮于三日前算定今日有大雾，因此敢任三日之限。”在这里，若以现在的学科分类观点来看，著名的军事家诸葛亮也搞错了概念，把“大雾”这一气象知识，和“天文”混到一起去了。其实，气象与天文，不是一家人。

该文这样比兴开头，自然会吸引人去读完这篇文章了。

3. 虚拟

这是指科普写作中，设计一些现实中根本没有、甚至荒唐的状态，把物当作人来写的写作技巧。像科学童话、自述体科普作品都会用到虚拟手法。

虚拟手法，可以整篇文章和情节是虚拟的，也可以是语言修辞的虚拟。

如，徐迟的报告文学《哥德巴赫猜想》中这样写道：“一捆捆的稿纸从屋角的两只麻袋中探头探脑地露出脸来”，这就是一种修辞虚拟。《昆虫世界漫游记》讲述了兄妹二人因误喝药水，缩成几厘米长的小人，去昆虫世界历险的科学故事，就是全文的虚拟。

虚拟只是一种写作技巧，它本身不是科学的，不是真实的，我们只是借助于它来表述科技知识。

4. 衬托

亦称烘托，指刻意从侧面进行表述，达到突出主要事物的目的。由于侧面选择的不同，衬托又可分为反衬、陪衬、对照。徐迟在科技报告文学《在湍流的涡旋中》有这样一段文字：

例 23 1976 年 10 月初的一个夜晚，已经有了秋凉肃杀的意思。蟋蟀在一个什么角落悲伤地啼哭！夜空倒是缀满了宝石船的繁星。但时有阵阵薄薄的云雾把它们遮盖起来。它们忽隐忽现，一颗人造卫星已沿着猎户星座似宝剑迅疾地飞了过去，进入一阵云雾就看不见了。

这段文字通过蟋蟀、薄云、卫星等情景的渲染，给画面抹上了一层肃杀、迷离、变化莫测的色调，衬托出当时"四人帮"政治阴暗的气氛，烘托了文章主人公科学家周培源敢于斗争、敢于胜利的精神风貌。

5. 比喻

比喻和衬托不同，衬托是借渲染他物达到认识此物的目的，比喻是选择与此物有相似之处的彼物，达到解释此物的目的。

比喻就是通常所说的打比方，是科普写作中使用较多的一种写作技巧。使用比喻可以使深奥的科技知识通俗化，为本来较为平淡的叙述增添色彩。

例如，科学小品《萤火虫》中所写的"东面的一池水，在微风中把天上的星星皱作一缕缕的银坡"，就是十分精彩、传神的比喻之笔。

不过，比喻一定要贴切，浅显，为读者所熟悉。

6. 曲笔

这是指故意不把本来的意思直截了当地说出来，而是闪烁其词，转弯抹角，迂回曲折，用跟本来意思相关或相类似甚至相反的话来代替的写作技巧。这种表达技巧可更好地表现本意。《光子工厂》一文的开头这样写道：

> 例 24　"光子工厂"？是生产电灯泡的吧？灯一亮不就发光了，光子不就生产出来了吗？如果你这样想，那就大错特错了。

这就是一种曲笔，作者明知自己的本意是要介绍"同步辐射加速器"，但他不直说，而是似是而非地先说"电灯泡"，然后才进入正题。

5.3.3　提高科普写作能力的基本途径

1. 丰富知识修养

丰富的知识修养，不仅可以为科普写作提供许多具体的内容，而且可以帮助作者打开写作思路，还可以在保证作品科学性上给你帮助。

知识修养是十分广泛的，包括理论知识修养、辩证唯物主义知识修养、自然科学知识修养、社会科学知识修养、社会经济知识修养、业务知识修养、语言文学知识修养等。其中，最重要的是辩证唯物主义知识修养和写作知识修养。

要提高科普写作水平，就要坚持学习辩证唯物主义，用先进的科学的思想方法指导写作实践。这是从事写作的思想基础。历史告诉我们，不论写作者处在哪一种社会意识形态之下，不论他具有怎样的世界观，只有他的写作活动在客观上符合辩证唯物主义的规律时，才会写出好的作品。

作品给予读者的不仅是作品中的内容，还有作品所体现的世界观。从这个意义上说，我们写作时，应当自觉地体现辩证唯物主义思想。当然，这不是空洞的说教，而是要把马克思主义的思想原则融合在写作内容之中。

要提高科普写作水平，还要坚持学习基础写作知识。基础写作知识包括遣词、造句、立意、谋篇、表达、逻辑、语法、修辞等各种写作技能以及文体格式，是中学写作课解决的问题。现在，人们常说的、大学生们自己也有一种感觉，即大学生写文章文句不通、布局紊乱、错别字多，指的就是基础写作能力不足。

2. 加强生活积累和科研实践的积累

科普作品是社会生活在人们头脑中反映的产物，是工作实践中所得成果的书面记录。所以，科普写作要求作者必须具有生活实践的积累。这些积累包括科研实践、科学实验、技术试验、现场考察、资料调研等。这是从事科普写作的基础。

人人都在生活，人人都在工作，按理都具有“生活积累”，可是为什么有的人能写出好文章，有的人下笔不知有多难？为什么有的人能一篇接着一篇，写不完似的，有的人多少年也写不出一篇文章来？原因就是这些人有生活，没积累。

所谓“积累”，简言之，就是了解生活、认识生活，把生活中的各种信息据为已有。要随时注意观察身边生活中（包括科研实践）发生的一切，善于认识，敢于认识，知之甚深，感之甚切，记之甚牢，这样，就会感到处处都有可写的内容，写起来就能得心应手了。

积累生活的好处在于，它可以提供写作的原材料，可以激发写作的动机，可以开阔作者的眼界，从而提高作者的写作水平，形成自己的写作风格。

3. 多读、多写、多修改

第一，多读。这里说的是多读范文。

自古以来，许多文人学士都主张读书，什么“读书破万卷，下笔如有神”，什么“操千曲而后晓声，观千剑而后识器”，等等，可以说出许多许多；现在也有人说，“文章读得多了，鉴别文章优劣的能力也就提高了，自己写起来水平自然也就高了”。

这些话固然没错，可问题是这毕竟不是直接教怎么写作。它仅仅是要求我们通过大量阅读，在大量名篇名作的熏陶下，经过自我领悟，形成一定的思维定式，达到提高写作水平的目的。这种方法对于在校大学生来说，有点“远水解不了近渴”的意味；要在短时间内提高学生的写作能力，还是应该采用别的办法。

别的什么办法？就是搞清楚“读什么”“怎样读”。

读什么？读范文。要读范文，就要会选范文。自己准备学写什么文体，就选什么文体的范文，而且选读的要确实是范文，要有可借鉴之处；若选的文章平平，甚至不规范，那就不值得一读了。

怎样读？那就要找到读的方法。通常，人们读书有很多种读法，有的人读情节，有的人是读内容，有的人是读写作。读情节，只为情节而读，书读完了，书中说了些什么也就都忘了，对写作没有多大帮助。读内容，就是前面说的“读万卷书”的方法，这样读对写作有用，就是直接作用不明显。

因此，为了写作读范文，就应该是读“写作”，也就是看文章的格式、表达手法、构思技巧等，从中吸取对写作有用的东西，哪怕只有一点点，也要细心揣摩，力求在写作上有所得。

第二，多写。写作能力是在多写中提高的。

首先，多写要和多读结合起来。苏东坡说，讲做文章，“多看多做而已”；欧阳修说，“无他术，惟勤读书而多为之，自工”。这说的就是读了之后一定要多写。

其次，多写一定要是真的多写。要做到这一点确实比较困难。许多初学者不能坚持多写：或爱面子，不愿多写；或笔头不勤，懒于多写；或因失败而丧失信心，不敢多写；或稍有进步，就自以为已经可以，不必多写。这些都是初学者的大忌。

正因为如此，我们提倡大学生在校期间就争取多发表各类作品，哪怕是在校报上发表一首小诗，校广播台播发一条消息，在晚报上发表一篇小小说，这些实践都将会极大地提高同学们的写作兴趣，是提高写作能力的极好方法。学习写作，一定要多写；写不好没关系，重新再写就是了。

第三，多修改。多写之所以会有作用，完全是由于每次写过之后，都要进行认真的修改。只有修改，才可能把毛病去掉、改掉。不愿修改文章的人，写得再多也没有用。

修改也有修改的方法。首先，不要边写边改，而要待初稿完成后再改。其次，校正主题、引文、资料、数据。最后，作结构、文字的修改。修改中要敢于否定自己，大胆删减，甚至全部推翻、付之一炬也不必可惜。当然，还可以让别人修改，听取各方面的意见。至于具体怎样修改，有专门的程序和方法，这里就不赘述了。

5.4　科学小品的创作

5.4.1　科学小品的含义

科学小品是用小品文的形式传播科技知识的一种文体，或者说是具有科技内容的小品文。在科普作品中，科学小品属于科学文艺体中的一种。

小品，最早是指佛经的节本，“经有详者焉，有略者焉；详者为大品，略者为小品”。后来把一些短小精悍、说理格物的杂记、随笔之类的文章也称为小品或小品文。它属于散文的范畴。现今的小品种类很多，有哲学小品、讽刺小品、幽默小品、时事小品、知识小品等。知识小品又可以分为科学知识小品、社会知识小品、生活知识小品、历史知识小品等。

科学小品是知识小品的一种，这是从文学体裁分类的角度来说的。

科学小品在我国由来已久。最早正式提出科学小品这一名称、把它作为一种体裁有意识地进行创作，是 20 世纪 30 年代的事情。

1934 年 9 月，陈望道主办的《太白》半月刊创刊，特辟“科学小品”专栏。首开我国科学小品创作的先河。此后，李公朴、艾思奇主编的《读书生活》和其他一些刊物也都相继刊登科学小品。这个时期的科学小品，是“五四”运动以来如匕首、投枪的小品文(杂文)中的一部分，具有很强的思想性和战斗性。

新中国成立之后，科学小品的创作不断得到发展，出现了繁荣景象。《人民日报》《光明日报》和各省市报刊都积极提倡与刊登科学小品，不少卓有成就的科学家也都加入了科学小品的创作行列。粉碎“四人帮”之后，科学小品的创作再度繁荣起来。

5.4.2　科学小品的特点

著名科普作家黎先耀用“知、哲、诗”三个字来表述科学小品的特点，是十分贴切的。下面具体说一说这三个字所表达的内涵。

1. 知

这指的是科学知识，就是说科学小品要传播科学知识。这是科学小品作为知识小品的一种，区别于其他知识小品的重要特征；它是科学小品作为小品文的一种，区别于其他小品文和其他散文的重要特征。

科学小品是科学和文学的联姻，它以文学的形式传播科学知识。要传播科技知识，不论文中涉及的知识是多是少，都必须保证其内容的科学性。内容的科学性就是内容要真实和准确。

2. 哲

即哲理，是指科学小品要阐发一定的哲理。这里的“哲理”是广义的概念，是指科学小品所具有的思想性和战斗性。

小品文从诞生的那一天起，就是匕首、投枪，具有很强的战斗性。或歌颂真人真事，或宣传正确思想；或针砭时弊，或阐发哲理；或讽刺缺点，或指正错误。科学小品也不例外，与其他小品文不同的是，科学小品是通过注入科学知识这一内容来达到这一目的的。

几十年来，科学小品一直扎根生活，富有很强的思想性，如郭沫若的《杜鹃》、鲁迅的《夏三虫》、邓拓的《围田的教训》等。

当然，这里说的思想性，并不仅限于对现实的批判和针砭，还包括从科技知识生发开来所阐发的哲理给人以帮助，从科学历史生发开来所介绍的科学思想给人以启迪。

3. 诗

即诗意，是指科学小品给读者呈现出富有诗意的画面，给读者以美的享受。这是指科学小品具有文学性和艺术性的特点。这是科学小品区别于科技知识普及文章的重要特征。因为科学小品毕竟还是文学体裁，所以科学小品中要有浓烈的诗意，要蕴含丰富的情感，要创造一个个优美动人的画面、场面或耐人寻味的知识“情节”，给读者以美的享受。

科学小品的这三大特征，是作品中科学要素、思想要素、文学要素的体现，都是不可缺少的，缺了任何一个要素，就不能被称为科学小品了。

5.4.3 优秀科学小品欣赏

科学小品创作，和其他科普作品创作一样，要经历本篇“5.2.1”节中所说的六大环节：选题、信息采集、立意、读者研究、谋篇、起草与修改。首先是根据现实需要选题，其次是根据选题查实相关资料，再次是根据相关资料寻求思想升华，最后根据“知、哲、诗”的原则，精心成文。

下面就以著名的优秀科学小品、郭沫若的《杜鹃》，来说说科学小品创作的要求，或者说，用读写作的方法来读《杜鹃》。

杜鹃，敝同乡的魂，在文学上所占的地位，恐怕任何鸟都比不上。

我们一提起杜鹃，心头眼底便好像有说不尽的诗意。

它本身不用说，已经是望帝的化身了。有时又被认为是薄命的佳人，忧国的志士；声是满腹乡思，血是遍山踯躅；可怜，哀婉，纯洁，至诚……在人们的心目中成了爱的象征。这爱的象征似乎已经成了民族的感情。而且，这种感情还超越了民族的范围，东方诸国大都受到了感染。例如日本，杜鹃在文学上的地位，并不亚于中国。

然而，这实在是名实不符的一个最大的例证。

杜鹃是一种灰黑色的鸟，毛羽并不美，它的习性专横而残忍。杜鹃是不营巢的，也不孵卵哺雏。到了生殖季节，产卵在莺巢中，让莺替它孵卵哺雏。雏鹃比雏莺大，到将长成时，甚至比母莺还大，鹃雏孵化出来之后，每将莺雏挤出巢外，任它啼饥号寒而死，它自己独霸着母莺的哺育。莺受鹃欺而不自知，辛辛苦苦地哺育着比它自己还大的鹃雏：真是一件令人不平、令人流泪的情景。

想到了这些实际，便觉得杜鹃这种鸟大可以作为欺世盗名的标本了。然而，杜鹃不能任其咎。杜鹃就是杜鹃，它并没要求人们把它认为佳人、志士。人的智慧和莺也相差不远，全凭主观意象而不顾实际，这样的例证多的是。因此，过去和现在都有无数的人面杜鹃被人哺育着。将来会怎样？莺虽然不能解答这个问题，人是应该解答而且能够解答的。

本文是郭沫若在20世纪30年代创作的。从“知、哲、诗”的角度来看，作品一开头，用“敝同乡的魂”“心头眼底”“成了爱的象征”，甚至“超越了民族的范围”等，层层递进的短短三段文字，给了读者“说不尽的诗意”。然后，一个急转弯，亮出杜鹃借莺巢孵卵哺雏的科学知识，真乃高手笔，一石二鸟，既满足了科学小品应传播科学知识的要求，又为后面本文主题的升华做了铺垫。

作者可谓惜墨如金，在介绍了母莺把鹃雏哺育大，硕大的鹃雏每每将莺雏挤出巢外，任它啼饥号寒而死，莺受鹃欺而不自知的科学知识之后，他大声疾呼：“过去和现在都有无数的人面杜鹃被人哺育着。将来会怎样？莺虽然不能解答这个问题，人是应该解答而且能够解答的！”在这里，号召被压迫的无产阶级起来反抗，推翻“人面杜鹃”统治的社会哲理是何等鲜明、何等响亮、何等自然！

从结构来看，全文分成三个部分：杜鹃的文学地位、杜鹃哺雏的知识、哲理的发挥。作者采用的是“声东击西”的技巧：第一部分层层递进地渲染杜鹃的文学地位，与第二部分亮出杜鹃哺雏知识形成鲜明的反差，最后第三部分的哲理阐发出人意料，而在情理之中。

可见，科学小品中的哲理，不是外加的政治口号，而是科学小品中所述科技知识的逻辑发展、必然结论。只有具有高度洞察力的人，才可能把自然界中发生的事实与社会、与生活相联系，阐发出具有积极意义的思想和哲理来。

附录

大学生科普教育资源浏览①

《中华人民共和国科学技术普及法》规定："国家机关、武装力量、社会团体 、企业事业单位、农村基层组织及其他组织应当开展科普工作。公民有参与科普活动的权利。""科学技术协会是科普工作的主要社会力量。科学技术协会组织开展群众性、社会性、经常性的科普活动，支持有关社会组织和企业事业单位开展科普活动，协助政府制定科普工作规划，为政府科普工作决策提供建议。" 据此，广义上来说，全民都是科普教育人力资源；狭义上来说，科协组织是科普教育主力军，社会团体、企事业单位是科普教育的辅助力量，这些组

① 本篇由杨多文、张燕翔、孔莉、沈易润、周银燕、陈佳佳、孙雪莲、张伟伟、祝阳执笔。

织为科普工作所投入的人力、财力和物力，正是履行其法律义务、投身于科普教育的人力资源、平台资源和内容资源等。

为了便于引导大学生较为系统地把握科普教育资源，有效地培养自主探索和运用科普知识的能力，本篇以两章的篇幅介绍近五年[①]主要科学技术奖项和国内科普教育资源（含科普组织、科普图书、科普期刊、科普网站、科普场馆和科学实验室），再以一章的篇幅简要介绍一下国外科普教育资源情况，以期通过引导大学生检索资源和阅读资料，使学生养成终身学习的良好习惯，培养他们应对学习型社会的能力。

① 本书成稿截止日期为 2018 年 8 月，故仅收入 2013—2017 年的资源。

A.1 2013年至2017年主要科学技术奖项获奖情况

科学技术奖励在推动科学技术的发展中至关重要，每个学科都设有很多奖项，以激励科学工作者的创造热情，引领科学技术快速发展。仅以化学奖励为例，著名的奖项有美国化学会奖项、英国化学会奖项、中国化学学会奖项、陈嘉庚科学奖、卢嘉锡化学奖、林励吾催化奖、何梁何利基金、威尔齐化学奖、沃尔夫化学奖等近百项。诸多奖项中，以诺贝尔奖最为重要，它代表了世界最高学术成就；而中国国家科学技术奖代表着我国最高科学技术成就。了解了这两类奖项，便略知国际和国内的科学技术发展水准。

A.1.1 诺贝尔奖[①]

诺贝尔奖(The Nobel Prize)，是以瑞典著名的化学家、硝化甘油炸药的发明人阿尔弗雷德·贝恩哈德·诺贝尔(Alfred Bernhard Nobel)的部分遗产(3100万瑞典克朗)作为基金在1895年设立的。在世界范围内，诺贝尔奖通常被认为是所颁奖的领域内最重要的奖项。

诺贝尔奖最初分设物理学(Physics)、化学(Chemistry)、生理学或医学(Physiology or Medicine)、文学(Literature)、和平(Peace)五个奖项，于1901年首次颁发。1968年，瑞典国家银行在成立300周年之际，捐出大额资金给诺贝尔基金会，增设"瑞典国家银行纪念诺贝尔经济科学奖"(The Sveriges Riksbank Prize in Economic Sciences in Memory of Alfred Nobel)；该奖于1969年首次颁发，人们习惯上称这个额外的奖项为诺贝尔经济学奖。

诺贝尔奖以诺贝尔基金会每年的利息或投资收益授予世界上在这六个领域对人类做出重大贡献的人，截至2017年，共授予了892位个人和24个团体。诺贝尔奖包括金质奖章、证书和奖金。

笔者利用百度搜索引擎和中国知网对2013—2017年科学类(这里仅包

① 孔莉执笔。

括物理学、化学、生理学或医学)诺贝尔奖进行了梳理。

表 A-1-1-1　2013—2017 年科学类诺贝尔奖获奖情况一览表①

年份	奖项类别	获奖者	获奖理由
2013 年	生理学或医学奖	美国科学家詹姆斯·E. 罗斯曼、加州大学伯克利分校的美国科学家兰迪·W. 谢克曼以及斯坦福大学的德国科学家托马斯·C. 苏德霍夫	发现了细胞囊泡运输系统的运行与调节机制
	物理学奖	比利时理论物理学家弗朗索瓦·恩格勒和英国理论物理学家彼得·希格斯	提出希格斯玻色子的理论
	化学奖	美国科学家马丁·卡普拉斯、迈克尔·莱维特和阿里耶·瓦谢勒	为复杂化学系统创立了多尺度模型
2014 年	生理学或医学奖	约翰·欧基夫、梅一布里特·莫泽、爱德华·莫索尔	发现构成大脑定位系统的细胞
	物理学奖	赤崎勇、天野浩、中村修二	发明蓝色发光二极管(LED),并因此带来新型的节能光源
2014 年	化学奖	埃里克·白兹格、威廉姆·艾斯科·莫尔纳尔、斯特凡·W. 赫尔	在超分辨率荧光显微技术领域取得成就
2015 年	生理学或医学奖	爱尔兰的威廉·C. 坎贝尔、日本的大村智、中国的屠呦呦	发现治疗蛔虫寄生虫新疗法;发现治疗疟疾的新疗法
	物理学奖	日本的梶田隆章、加拿大的阿瑟·B. 麦克唐纳	发现中微子振荡现象,该发现表明中微子拥有质量
	化学奖	瑞典的托马斯·林达尔、美国的保罗·莫德里奇、土耳其的阿齐兹·桑贾尔	DNA 修复的机制研究

① 限于篇幅,本书只简要收录获奖基本情况,旨在给出线索,便于读者进一步学习。如果需要全面掌握情况,可以使用搜索引擎查阅或者查阅图书馆资料。其他各章也然。

续表

年份	奖项类别	获奖者	获奖理由
2016年	生理学或医学奖	日本科学家大隅良典	发现细胞自噬机理
	物理学奖	美国华盛顿大学教授戴维·索利斯、美国普林斯顿大学教授邓肯·霍尔丹、布朗大学教授迈克尔·科斯特立茨	在物理学中引入了拓扑的概念
	化学奖	法国科学家让-彼埃尔·索瓦、美国科学家J.弗雷泽·斯托达特和荷兰科学家伯纳德·费林加	在“分子机器的设计和合成”方面做出贡献
2017年	生理学或医学奖	美国的杰弗理·霍尔、美国的迈克尔·罗斯巴殊、美国的迈克尔·杨	发现了控制昼夜节律的分子机制
	物理学奖	美国的雷纳·韦斯、美国的巴里·巴里什、美国的基普·S.索恩	在LIGO探测器和引力波观测方面做出贡献
	化学奖	瑞士的雅克·杜波切特、德国的阿希姆·弗兰克、英国的理查德·亨德森	发展了冷冻电子显微镜技术

A.1.2　中国国家科学技术奖①

中国国家科学技术奖包含5个奖项②：国家最高科学技术奖、国家自然科学奖、国家技术发明奖、国家科学技术进步奖和中华人民共和国国际科学技术合作奖。

国家最高科学技术奖每年授予人数不超过两名，获奖者必须在当代科学技术前沿取得重大突破或者在科学技术发展中有卓越建树；在科学技术创新、科学技术成果转化和高技术产业化中，创造巨大经济效益或者社会效益的。获奖者的奖金金额为五百万元人民币(2019年调整为八百万元人民币)。

① 沈易润执笔。

② 我国1956年第一次颁发国家自然科学奖，1982年颁发第二次。从1987年起，我国决定设立三大国家级奖励，即国家自然科学奖、国家技术发明奖和国家科学技术进步奖，每两年颁发一次。1999年，国家又增设国家最高科学技术奖和国际科学技术合作奖，共五大奖项，每年颁发一次。

国家自然科学奖授予在基础研究和应用基础研究中阐明自然现象、特征和规律，做出重大科学发现的公民。

国家技术发明奖授予运用科学技术知识做出产品、工艺、材料及其系统等重大技术发明的公民。

国家科学技术进步奖授予在应用推广先进科学技术成果，完成重大科学技术工程、计划、项目等方面，做出突出贡献的公民、组织。

中华人民共和国国际科学技术合作奖授予对中国科学技术事业做出重要贡献的外国人或者外国组织。

这些奖项每年评审一次。其中，国家最高科学技术奖报请国家主席签署并颁发证书和奖金；中华人民共和国国际科学技术合作奖由国务院颁发证书；这两个奖项不分等级。其他三个奖项由国务院颁发证书和奖金，分为一、二等奖两个等级；对做出特别重大科学发现或者技术发明的公民，对完成具有特别重大意义的科学技术工程、计划、项目等做出突出贡献的公民、组织，可以授予特等奖。

通过上网梳理近五年我国这五个重要科技奖项的情况，可以大致了解我国当代科学技术的发展水平。这是主动获取科普教育内容资源的捷径之一，当代大学生应该掌握这种方法，以利于培养终身学习的好习惯。

表 A-1-2-1　2013—2017 年度最高科学技术奖获奖情况一览表

年度	获奖人及其成就	
2013 年度	张存浩院士是我国著名物理化学家，我国高能化学激光的奠基人、分子反应动力学的奠基人之一。 20 世纪 50 年代，张存浩与合作者研制出水煤气合成液体燃料的高效熔铁催化剂，乙烯及三碳以上产品产率均超过当时国际最高水平。60 年代，致力于固液和固体火箭推进剂及发动机的研究，与合作者首次提出固体推进剂燃速的多层火焰理论，比较全面完整地解释了固体推进剂的侵蚀燃烧和临界流速现象。70 年代，开创	程开甲院士是我国著名物理学家，是我国核试验科学技术的创建者和领路人。 20 世纪 40 年代初，程开甲先后在自由粒子狄拉克方程严格证明、五维场论等方面做出了出色的工作，与导师波恩共同提出了超导电性双带机理，在 *Nature*、*Physical Review* 等杂志上发表多篇论文。50 年代，他在国内率先开展系统的热力学内耗理论研究，在多年教学和研究工作的基础上，撰写了我国第一部《固体物理学》。

续表

年度	获奖人及其成就	
2013年度	了我国高能化学激光的研究领域，主持研制出我国第一台氟化氢/氘化学激光器，其整体性能指标达到当时世界先进水平。 20世纪80年代以来，张存浩开拓和引领了我国短波长高能化学激光的研究和探索。1983年，与合作者开展脉冲氧碘化学激光器研究；1985年，在国际上首次研制出放电引发脉冲氧碘化学激光器，其效率及性能处于世界领先地位；1992年，研制出我国第一台连续波氧碘化学激光器，其整体性能处于国际先进水平，为推动我国化学激光领域的快速发展发挥了至关重要作用。 张存浩院士还注重化学激光的机理和基础理论研究。20世纪80年代，他领导的研究团队率先开展了化学激光新体系和新"泵浦"反应的研究，开展了以双共振多光子电离光谱技术研究分子激发态光谱和分子碰撞传能动力学，取得了多项国际先进或领先的研究成果。在国际上首创研究极短寿命分子激发态的"离子凹陷光谱"方法，并用该方法首次测定氨分子预解离激发态的寿命为100飞秒。该成果被*Science*主编列为亚洲代表性科研成果之一。在国际上首次观测到混合电子态的分子碰撞传能过程中	20世纪60年代，程开甲建立发展了我国核爆炸理论，系统阐明了大气层核爆炸和地下核爆炸过程的物理现象及其产生、发展规律，并在历次核试验中不断验证完善，这成为我国核试验总体设计、安全论证、测试诊断和效应研究的重要依据。以该理论为指导，创立了核爆炸效应研究领域，建立并完善了不同方式核试验的技术路线、安全规范和技术措施；领导并推进了我国核试验技术体系的建立和科学发展，指导建立核试验测试诊断的基本框架，研究解决了核试验的关键技术难题，满足了不断提高的核试验需求，支持了我国核武器设计改进和作战运用。 20世纪80年代，程开甲开创了我国抗辐射加固技术研究领域。在他的领导下，系统开展了核爆辐射环境、电子元器件与系统的抗辐射加固原理、方法和技术研究，利用核试验提供的辐射场进行辐射效应和加固方法的研究；指导建设先进的实验模拟条件，推动我国自行设计、建造核辐射模拟设施，开展基础理论和实验研究，促进了我国抗辐射加固技术的持续发展，为提升我国战略武器的生存与突防能力提供了技术支撑。 90年代以来，他不顾年迈，仍在材料理论、高功率微波等方面继续进行研究。

续表

<table>
<tr><th>年度</th><th colspan="2">获奖人及其成就</th></tr>
<tr><td>2013年度</td><td>的量子干涉效应，并明确此量子干涉效应本质上是一种物质波的干涉。这项成果被评为2000年中国十大科技进展新闻。
张存浩院士一贯注重科技人才的培养，几十年来，他积极创造和提供有利条件，促进团队中一批中青年骨干成长为具有国际影响的科学家。在任国家自然科学基金委员会主任期间，积极推动制定资助青年科学家成长的政策和制度，营造有利于创新的科研环境，为优秀青年科学家的快速成长提供了良好发展空间。</td><td>程开甲院士毕生在国防科技领域辛勤耕耘，自力更生，发愤图强，严谨求实，崇尚科学，无私奉献，勇于登攀，为我国核武器事业和国防高新技术发展做出了卓越贡献。</td></tr>
<tr><td>2014年度</td><td colspan="2">于敏是我国著名的核物理学家，是我国核武器研究和国防高技术发展的杰出领军人物之一。
20世纪50年代，于敏在国内率先开展原子核物理理论研究，在《物理学报》上发表了多篇论文，与合作者提出了原子核相干结构模型，填补了我国原子核理论的空白。其与北京大学杨立铭教授编辑出版了我国第一部原子核理论专著《原子核理论讲义》。
20世纪60年代起，投身于我国核武器事业，长期领导并参加核武器的理论研究和设计。在氢弹突破中，组织领导攻关小组发现了实现氢弹自持热核燃烧的关键，找到了突破氢弹的技术途径，形成了从原理、材料到构型完整的氢弹物理设计方案，带领科研队伍完成了核装置的理论设计，并定型为我国第一代核武器装备部队。其作为第一完成人的“氢弹突破和武器化”工作，荣获1985年度国家科学技术进步奖特等奖。</td></tr>
</table>

续表

年度	获奖人及其成就
2014年度	在核武器小型化突破中，领导突破了气态引爆弹（初级）原理和高比威力次级原理。作为小型化关键的气态引爆弹主要负责人，主持研究并解决了裂变材料的压紧、中子注入及其增殖规律、氘氚点火燃烧规律、轻重介质混合对聚变的影响、高能中子裂变反馈规律等一系列关键问题，提出了加大两个关键环节设计裕量的具体措施。气态引爆弹的研制成功，为我国第二代核武器的研制奠定了可靠基础。其作为第二完成人的“气态引爆弹装置的突破”工作，荣获1987年度国家科学技术进步奖特等奖。 在中子弹突破中，作为主要领导人和参加者，提出了中子弹的设计指标，明确了中子弹探索的主攻方向，指出了某些关键技术问题和难点，研究了热核反应中等离子体过程，分析了中子弹的反应规律并归纳为三个阶段，提出了判断聚变点火裕量的主要判据和提高裕量的措施。其作为第一完成人的“中子弹装置的突破”工作，荣获1988年度国家科学技术进步奖特等奖。 在核武器基础理论发展中，揭示了武器核反应内爆过程的运动规律，解决了辐射与物质的相互作用及弛豫过程、辐射波与冲击波的传播规律等一系列基础问题。其作为第四完成人的“原子弹氢弹设计原理中的物理力学数学理论问题”研究，荣获1982年度国家自然科学奖一等奖。 在核武器发展战略中，与邓稼先提出了“加快核试验进程”建议。建议书提前规划了我国核试验的部署，使党中央做出果断决策，为我国争取了宝贵的10年核试验时间，为提升我国核武器水平、推动核武器装备部队并形成战斗力发挥了极为重要的前瞻性作用。针对禁核试，提出了以精密实验室实验等几个方面支撑禁核试后武器研究的设想，该建议被采纳并演化为我国核武器事业发展的四大支柱，至今仍然是我国核武器事业发展的指导思想。 20世纪70年代起，在倡导、推动国防高科技项目尤其是我国惯性约束核聚变研究中发挥了重要作用，是我国惯性约束聚变和X光激光领域理论研究的开拓者。 于敏是一位忠于祖国、无私奉献、文理兼修、具有深厚人文素养的科学家，为我国核武器事业做出了不可磨灭的历史性贡献。

续表

年度	获奖人及其成就	
2016年度	屠呦呦的科学贡献是发现青蒿素。她从中医古籍中得到启迪，改变青蒿传统提取工艺，创建的低温提取青蒿抗疟有效部位的方法，成为青蒿素发现的关键性突破；率先提取得到对疟原虫抑制率达100%的青蒿抗疟有效部位“醚中干”，并在全国“523”会议上作了报告，从此带动了全国对青蒿提取物的抗疟研究；她和她的团队最先从青蒿抗疟有效部位中分离得到抗疟有效单一成分“青蒿素”；率先开展“醚中干”、青蒿素单体的临床试验，证实了其治疗疟疾的临床有效性；并与合作单位共同确定青蒿素的化学结构，为其衍生物开发提供了条件。她和她的团队按国家药品新规，将青蒿素开发为我国实施新药审批办法以来第一种新药。 青蒿素是与已知抗疟药化学结构、作用机制完全不同的新化合物，改写了只有含N杂环的生物碱成分抗疟的历史，标志着人类抗疟药物发展的新方向。从20世纪90年代起，世界卫生组织（WHO）推荐以青蒿素类为主的复合疗法（ACT）作为治疗疟疾的首选方案，现已为全球疟疾流行地区所广泛使用，近年来ACT年采购量达3亿人份以上。据WHO《2015年世界疟疾报告》，由于采取了有效防治措施，包括ACT的治疗，2000年全球疟疾发病2.14亿例、死亡73.8万人，到2015年发病率、死亡率分别下降37%和60%，挽救了大约590万名儿童的生命。	赵忠贤，是我国高温超导研究的奠基人之一。 赵忠贤是国际上最早认识到柏诺兹和缪勒（后获诺贝尔奖）关于“在BA－LA－Cu—O中存在可能高达35K超导性”的重要意义的少数几位学者之一。该工作与他多年坚持的“结构不稳定性可以导致高临界温度”的思路产生共鸣。1987年2月，赵忠贤及其合作者独立发现液氮温区高温超导体，并在国际上首次公布其元素组成为BA－Y－Cu－O，推动了国际高温超导研究热潮。1987年，他获得第三世界科学院TWAS物理奖，这是中国科学家首次获此奖项。1989年因“液氮温区氧化物超导电性的发现”获国家自然科学奖集体一等奖（排名第一）。 赵忠贤的第二个主要贡献是发现系列50K以上铁基高温超导体并创造55K纪录。长期的坚持和积累，使赵忠贤在探索新的高温超导体方面逐渐地发

续表

年度	获奖人及其成就	
2016年度	屠呦呦及其团队因研制青蒿素获得多项国内外重要奖励。1978年她领导的卫生部中医研究院中药研究所“523”研究组受到全国科学大会表彰，1979年“抗疟新药青蒿素”获得国家发明奖二等奖。2011年屠呦呦以“发现了青蒿素，一种治疗疟疾的药物，在全球特别是发展中国家挽救了数百万人的生命”，获美国拉斯克临床医学奖；2015年10月，屠呦呦又以“从中医药古典文献中获取灵感，先驱性地发现青蒿素，开创疟疾治疗新方法”，获得诺贝尔生理学或医学奖。 近年来，屠呦呦研究团队在开展青蒿素功效的拓展研究方面，获得了新进展。	展了一种新的思路，即存在多种合作现象的层状四方体系中，有可能实现高温超导。2008年日本一小组报道了LaFeAsO有26K的超导电性，赵忠贤结合他的学术思路，认识到其中可能孕育着新的突破。基于LaFeAs(O,F)压力效应研究，赵忠贤提出轻稀土元素替代和高温高压的合成方案，率先将铁基超导体的临界温度从26K提高到52K，显著超过了40K的麦克米兰极限。很快他又合成了绝大多数50K以上的系列铁基超导体，创造了大块铁基超导体55K最高临界温度纪录。2013年，赵忠贤因“40K以上铁基高温超导体的发现及若干基本物理性质研究”荣获国家自然科学奖一等奖；2015年，获得国际超导领域重要奖项Matthias奖。 赵忠贤坚持高温超导研究40年。他注重培养人才，积极为年轻人营造良好环境。他是我国高温超导研究主要的倡导者、推动者和践行者，为高温超导研究在中国扎根并跻身国际前列做出了重要贡献。

续表

年度	获奖人及其成就	
2017年度	王泽山院士是我国著名火炸药学家、发射装药理论体系的奠基人，是火炸药资源化治理军民融合道路的开拓者、系列原创性技术的发明人，为我国武器装备和火炸药产品的更新换代做出了杰出贡献。 从20世纪60年代开始，王泽山院士在对火炸药基础理论探索研究的基础上，将火药、火炮、弹药、弹道等进行多学科交叉融合，构建了“发射装药理论与技术”学科分支架构，创立了发射装药学。同时，他深入揭示了火炸药组成、结构、性能的规律，建立了炮、弹、药的构效关系，发展了火炸药理论。 从20世纪80年代初开始，王泽山院士为了解决环境温度变化对武器性能的影响这一国际共性的技术瓶颈问题，发现了火药燃面、燃速互补原理，建立了温度－燃面补偿系统，对材料、方法、工艺等进行创新与集成，发明了“低温度感度发射装药技术”。其原理、材料、稳定性及普适性，全面优于国外技术。其作为项目第一完成人，获1996年国家技术发明奖一等奖。 从20世纪90年代中期开始，面对制约远程火炮、等模块装药和炮射导弹等武器装备发展的难题，经过20余年努力，建立了“最大膛压低、做功	侯云德院士是我国生物医学领域杰出的战略科学家，我国分子病毒学、现代医药生物技术产业和现代传染病防控技术体系的主要奠基人。 他在分子病毒学研究和基因工程药物研发方面取得了巨大成就。20世纪80年代初他率先利用分子生物学理论和方法，完成了当时我国最大基因组——痘苗病毒天坛株的全基因组测序；构建了一系列新型原核表达载体和病毒基因治疗载体；发现了丙型肝炎病毒核心蛋白抗原表位及其致癌性分子机制等，奠定了我国分子病毒学的研究基础。他率先研发出国际独创、我国首个基因工程药物（国家Ⅰ类新药）——重组人干扰素 α1b，实现了我国基因工程药物从无到有的“零”突破，随后又在短短数年间相继研制出1个国家Ⅰ类和6个国家Ⅱ类基因工程新药。其作为项目第一完成人，获1993年国家科技进步奖一等奖。侯云德所研制的基因工程药物不仅已应用于上千万患者的临床治疗，而且成功替代国际进口产品并产生数十亿人民币的经济效益。他主导完成的基因工程药物产业化对我国改革开放早期的科技成果产业化发展具有重要意义。在侯云德连任三届国家“863计划”生物技术领域专家委员会首席科学家的十年间（1987—1996年），我国以基因工程药物

续表

年度	获奖人及其成就
2017年度	能力高”的弹道。通过对发射药材料、结构和工艺的发明,攻克了国际上至今无法突破的高膛压、高过载、等模块等技术瓶颈,使我国武器发射装药技术水平处于世界前沿地位。其作为项目第一完成人,获2016年国家技术发明奖一等奖。 针对废弃火炸药处理的世界性难题,开发了安全、绿色、资源化利用技术,创制出20余种军、民用产品,引领了我国火炸药资源化再利用的研究方向,为国家火炸药储备提供了核心关键技术,成为军民融合的一个成功范例。其作为项目第一完成人,获1993年国家科技进步奖一等奖。 王泽山的系列技术发明已经在工程实践中广泛应用,装备于多种武器型号;其创制的军品在十余家军工企业、民品在数十家企业实现了产业化。 他作为我国火炸药领军人物,策划了我国火炸药发展的路线和战略,培养了90多名博士和大批火炸药高层次人才。从20世纪80年代初就与火炸药企业、研究所紧密结合,开启了火炸药行业协同创新模式,推动了我国进入火炸药世界强国的进程。 王泽山院士品德高尚、治学严谨、为人谦和。以“一辈子做好一件事”的执着与坚韧,求真务实、无私奉献,他的精神境界和学术思想影响了几代火炸药科技工作者。 发展为重点的医药生物技术的研发和产业化得到了飞速发展。 他在中国现代传染病防控技术体系建设上做出了卓越贡献。他带领“艾滋病和病毒性肝炎等重大传染病防治”科技重大专项专家组,设计了我国2008—2020年应对重大突发疫情和降低“三病两率”的总体规划。他特别强调我国新发突发传染病应对能力的提升,建立了多部门、多领域、覆盖全国的传染病检测平台和监测网络,将我国新发突发传染病防控技术和能力提升到国际先进水平,使我国成功应对了近十年来国内外发生的多次重大传染病疫情。他还主导了2009年我国H1N1流感大流行的防控应对和科技攻关,取得8项世界第一的研究成果,使我国开创了人类历史上首次对流感大流行成功干预的先例。其作为项目第一完成人,获2014年国家科技进步奖一等奖。 侯云德院士从事科研工作60年,科研成果根植于祖国大地和人民健康事业,为我国现代医药生物技术产业和现代传染病防控技术体系的奠基和发展做出了历史性贡献。

表 A-1-2-2　2013—2017 年国家自然科学奖一等奖获奖情况一览表

年份	项目名称	项目简介	主要完成人
2017年	水稻高产优质性状形成的分子机理及品种设计	该项目围绕"水稻理想株型与品质形成的分子机理"这一核心科学问题，鉴定、创制和利用水稻资源，创建了直接利用自然品种材料进行复杂性状遗传解析的新方法；揭示了水稻理想株型形成的分子基础，发现了理想株型形成的关键基因，其应用可使带有半矮秆基因的现有高产品种的产量进一步提高；阐明了稻米食用品质精细调控网络，用于指导优质稻米品种培育。 该项目强调基础理论研究与生产实际应用的结合，将取得的基础研究成果应用于水稻高产优质分子育种，率先提出并建立了高效精准的设计育种体系，示范了高产优质为基础的设计育种，培育了一系列高产优质新品种，为解决水稻产量与品质互相制约的难题提供了有效策略。	李家洋(中国科学院遗传与发育生物学研究所) 韩斌(中国科学院上海生命科学研究院) 钱前(中国水稻研究所) 王永红(中国科学院遗传与发育生物学研究所) 黄学辉(中国科学院上海生命科学研究院)
2017年	聚集诱导发光	唐本忠团队在实验数据和理论模拟的基础上，提出了分子内运动受限(RIM)的聚集诱导发光工作机制，AIE 领域的品牌分子四苯乙烯(TPE)正是在此机理指导下开发的。同时，以 RIM 机理为基础，唐本忠团队提出了用 AIE 基元改造传统 ACQ 分子的策略，极大地丰富了固态高效发光材料的种类。随着研究的深入，提出了结晶诱导发光的 AIE 衍生概念，并发展了结晶诱导的纯有机高效室温磷光体系。在大量 AIE 材料体系制备的基础上，实现了其在高效光电转化器件、高灵敏传感器和智能响应体系以及高分辨特异性成像和精准医疗等领域的高技术应用，展示了其显著优于传统有机发光材料的工作特性。	唐本忠(香港科技大学) 秦安军(浙江大学) 董宇平(北京理工大学) 李振(香港科技大学) 孙景志(浙江大学)

续表

年份	项目名称	项目简介	主要完成人
2016年	大亚湾反应堆中微子实验发现的中微子振荡新模式	大亚湾中微子实验项目组于2003年提出了原创的实验方案，2011年建成了国际领先的实验装置，探测精度和数据获取效率位居国际同类装置第一，2012年在激烈的国际竞争中率先取得重大成果：发现对应于q13的中微子振荡模式确实存在，并精确测得其振荡幅度sin22q13约为0.09。	王贻芳（中国科学院高能物理研究所） 曹俊（中国科学院高能物理研究所） 杨长根（中国科学院高能物理研究所） 衡月昆（中国科学院高能物理研究所） 李小男（中国科学院高能物理研究所）
2015年	多光子纠缠及干涉度量	项目组长期从事量子力学基础问题实验检验，系统地发展了多光子操纵技术，创新性地应用于量子信息处理多个研究方向，做出一系列原创性工作。其具体包括：(1)发展高亮度高纯度纠缠光源、独立光子干涉和单光子滤波等关键技术，以最强烈的方式揭示量子非定域性与爱因斯坦定域实在论之间的矛盾，率先实现五、六、八光子纠缠，并一直保持世界纪录。(2)在此基础上首次实现大数分解算法、拓扑量子纠错、任意子量子模拟等方案。(3)发展诱骗态编码等量子密钥分发技术，克服量子通信中光源和探测器不完美带来的两大安全隐患，使得安全的量子通信网络成为可能。(4)从理论上提出并实验实现基于冷原子量子存储的量子中继基本单元，在原理上证明大尺度量子通信的可行性。(5)突破光量子态穿越大气层等效厚度，克服星地通道损耗，率先实现百公里量级的纠缠分发和量子隐形传态，为未来实现基于星地量子通信的全球化量子网络奠定科学和技术基础。	潘建伟（中国科学技术大学） 彭承志（中国科学技术大学） 陈宇翱（中国科学技术大学） 陆朝阳（中国科学技术大学） 陈增兵（中国科学技术大学）

续表

年份	项目名称	项目简介	主要完成人
2014年	网络计算的模式及基础理论研究	项目组率先提出“透明计算”的概念，突破了传统冯·诺依曼结构；研制了超级操作系统(Metaos)，可管理Windows、Linux、iOS等操作系统在R的网络资源；提出了二系列高可靠协议研制方法，研制了NSAP和MRBP等底层协议；取得了二系列原创性、系统性创新成果。这些成果在国内外学术界产生重大影响，对解决国家网络安全和操作系统技术长期受制于人的问题有重大意义，已在Intel、腾讯等公司获得应用和受到高度重视，具有很广阔的学术和产业化前景。	张尧学(清华大学) 周悦芝(清华大学) 林　闯(清华大学) 任丰原(清华大学) 王国军(清华大学)
2013年	40K以上铁基高温超导体的发现及若干基本物理性质研究	项目团队继2008年日本科学家报道临界温度26K的LaFeAs01-xFx超导体之后，首次突破麦克米兰极限温度(40K)，分别发现SmFeAs01-xFx体系43K和REFeAs01-x体系55K的超导电性，确定铁基超导体为新一类高温超导体，具有潜在的应用价值。该工作引领并一直推动着世界范围内铁基超导体研究领域的发展，为国内外学术界所公认并得到广泛引用。该项目推动了凝聚态物理相关研究的深入发展，如推动了多轨道关联电子系统的研究和发展，深化了巡游与局域电子磁性、自旋密度波、轨道有序等相关物理问题的认识；为潜在的重大应用提供了新的材料体系，如铁基超导体具有金属性和非常强的临界磁场，材料工艺相对简单，尽管临界温度低于铜基超导体，但具有特殊的应用潜力已经显现出来；为促进凝聚态物理学科发展和超导应用的实现做出了先驱性和开创性的贡献。	赵忠贤(中国科学院物理研究所) 陈仙辉(中国科学技术大学) 王楠林(中国科学院物理研究所) 闻海虎(中国科学院物理研究所) 方　忠(中国科学院物理研究所)

(资料来源：http://www.most.gov.cn/ztzl/)

表 A-1-2-3　2013—2017 年国家技术发明奖一等奖获奖情况一览表

年份	项目名称	主要完成人
2017 年	燃煤机组超低排放关键技术研发及应用	高 翔（浙江大学） 吴国潮（浙江省能源集团有限公司） 朱松强（浙江省能源集团有限公司） 郑成航（浙江大学） 胡达清（浙江天地环保科技有限公司） 岑可法（浙江大学）
	高性能碳纤维复合材料构件高质高效加工技术与装备	贾振元（大连理工大学） 高 航（大连理工大学） 王福吉（大连理工大学） 鲍永杰（大连理工大学） 李兰柱（航天材料及工艺研究所） 刘建波（哈尔滨飞机工业集团有限责任公司）
2015 年	硅衬底高光效 GaN 基蓝色发光二极管	江风益（南昌大学） 刘军林（南昌大学） 王立（南昌大学） 孙钱[晶能光电（江西）有限公司] 熊传兵（南昌大学） 王敏（中节能晶和照明有限公司）
2014 年	甲醇制取低碳烯烃（DMTO）技术	刘中民（中国科学院大连化学物理研究所） 刘昱（中石化洛阳工程有限公司） 吕志辉（中国科学院大连化学物理研究所） 陈俊武（中石化洛阳工程有限公司） 袁知中（新兴能源科技有限公司） 齐越（中国科学院大连化学物理研究所）
2013 年	大型结构与土体接触面力学试验系统研制及应用	张建民（清华大学） 张嘎（清华大学） 胡黎明（清华大学） 侯文峻（清华大学） 冯大阔（清华大学） 张雷（清华大学）

表 A-1-2-4　2013—2017 年国家科学技术进步奖特等奖有奖情况一览表

年份	项目名称	主要完成人	主要完成单位
2013 年	两系法杂交水稻技术研究与应用	袁隆平、石明松、邓华凤等 50 人	湖南杂交水稻研究中心、湖北省农业科学院粮食作物研究所、江苏省农业科学院等 18 个单位
2014 年	超深水半潜式钻井平台研发与应用		中海石油（中国）有限公司、中海油研究总院、上海外高桥造船有限公司等 18 个单位
2015 年	京沪高速铁路工程	何华武、卢春房、蔡庆华等 50 人	中国铁路总公司、京沪高速铁路股份有限公司、铁道第三勘察设计院集团有限公司等 30 个单位
2015 年	高效环保芳烃成套技术开发及应用	戴厚良、孙丽丽、王辉国等 50 人	中国石油化工股份有限公司石油化工科学研究院、中国石化工程建设有限公司、中国石化扬子石油化工有限公司等 10 个单位
2016 年	第四代移动通信系统（TD-LTE）关键技术与应用	曹淑敏、王晓云、徐学兵等 50 人	中国移动通信集团公司、工业和信息化部电信研究院、电信科学技术研究院等 14 个单位
2017 年	特高压±800kV 直流输电工程	李立浧、刘振亚、舒印彪等 50 人	国家电网公司、中国南方电网有限责任公司、中国西电集团公司等 30 个单位
2017 年	以防控人感染 H7N9 禽流感为代表的新发传染病防治体系重大创新和技术突破	李兰娟、舒跃龙、管轶等 49 个人	浙江大学医学院附属第一医院、中国疾病预防控制中心病毒病预防控制所、中国疾病预防控制中心等 11 个单位

表 A-1-2-5　2013—2017 年中华人民共和国国际科学技术合作奖获奖情况一览表

年份	获奖人(组织)
2017 年	[美]厄尔·沃德·普拉默　[乌兹]肖开提·萨利霍夫　[美]张首晟　[英]菲利普·戴维·寇茨　[瑞典]陈德亮　[美]施扬　[美]保罗·斯潘诺斯
2016 年	[德]凯瑟琳娜·科瑟·赫英郝斯　[墨]国际玉米小麦改良中心　[美]约翰·库茨巴赫　[美]克里斯·葛立夫　[法]简·埃蒙德·阿布瑞尔　[德]维尔纳·胡芬巴赫
2015 年	[瑞典]杨克里斯特·杨森　[日]冲村宪树　[俄]叶甫盖尼·维利霍夫　[美]彼得·史唐　[美]维尔特·伊恩·利普金　[意]卡洛·鲁比亚　[荷兰]约翰尼斯·弗兰肯
2014 年	[俄]若列斯·伊·阿尔费罗夫　[加]弗农·道格拉斯·布罗斯　[美]黎念之　[新西兰]菲尔·罗尔斯顿　[泰]披沙拉·斯乃文　[澳]富兰克·马尔科·佩诺拉　[荷]尼克·伦格斯　美国德州大学 MD 安德森癌症中心
2013 年	[意]法比奥·洛卡　[美]许忠允　[德]杨·哈弗　[德]赫伯特·雅克勒　[俄]日列布佐夫　[美]王中林　[加]艾伦·牟俊达　[美]倪军

(**资料来源**:http://www.most.gov.cn/ztzl/)

A.2 国内科普教育资源

A.2.1 科普组织[①]

科协系统是最具中国特色的科普组织。中国科学技术协会[②](以下简称"中国科协")是中国科学技术工作者的群众组织,是中国共产党领导下的人民团体,是党和政府联系科学技术工作者的桥梁和纽带,是国家推动科学技术事业发展的重要力量,是国家科教工作领导小组、中央精神文明建设指导委员会和中央人才工作协调小组成员单位。它由全国学会、协会、研究会,地方科学技术协会及基层组织组成;地方科学技术协会(以下简称"地方科协")由同级学会和下一级科学技术协会及基层组织组成。中国科协注重发挥自身特点和优势,与港澳台科技团体开展交流与合作,以学术交流、科技人文交流和海峡两岸暨港澳协同创新工作为主线,以交流项目为抓手,动员和组织港澳台科技力量参与国家创新驱动发展战略,共同实现学术繁荣,科技创新,产业优化,经济发展。

以下仅就全国学会、科研院所、高等院校以及地方科协做一梳理,让大学生对我国科普教育人力资源有一个大致的了解。

全国学会是按自然科学、技术科学、工程技术及相关科学的学科组建或以促进科学技术发展和普及为宗旨的社会团体。目前,中国科协所属全国学会210个,其中业务主管的全国学会189个,中国科协团体会员192个(理科学会42个,工科学会76个,农科学会15个,医科学会26个,交叉学科学会33个)。

国家教育部所属高等院校,中国科学院、中国社会科学院及其所属科研院所、国企及其所属科研院所,以及各地所属高等院校、科研院所、医院、中小学校、幼儿园等拥有庞大的科普队伍。例如,截至2016年,全国各级各类专任教师达1600多万人,其中高校教师约占一成。

中国科学院内设13个机构,分别为办公厅、学部工作局、前沿科学与教育局、重大科技任务局、科技促进发展局、发展规划局、条件保障与财务局、

---

① 周银燕执笔。

② 网址:http://www.cast.org.cn/.

人事局、国际合作局、科学传播局、监督与审计局、京区党委、离退休干部工作局。从预算单位构成看，中国科学院部门预算包括中国科学院本级、中国科学院物理研究所和中国科学院化学研究所等138家预算单位，其中事业单位124家，转制单位14家。事业单位中，管理机构12家，科研机构101家，教育机构2家，支撑机构9家。

地方科学技术协会是中国科学技术协会的地方组织，是地方同级党委领导下的人民团体，包括省（市、区）科协，市（地、旗）科协和县（区）科协，乡（镇）科协。截至2016年，全国有省级科协32个，地市级科协381个，县级科协2696个，乡镇科协3.1万多个。此外，还建有农村专业技术协会9.4万多个、企业科协1.3万多个、街道科协8400多个、高校科协550个。

港澳台地区主要科普组织有香港科技协进会、澳门科技协进会和台湾李国鼎科技发展基金会等。

民间科普组织被周知的不多，其中以果壳网、科学松鼠会、知乎、科学有意思为代表。

A.2.2　科普图书[①]

优秀科普图书是大学生科普教育的优质内容资源。近些年国家对科普图书的编辑出版非常重视，在国家科学奖层面设立了国家科技进步奖（科普项目类），国家科技部每年举行一次向全国推荐优秀科普作品活动，在政府出版奖里专列少儿科普项目，中国科普作家协会受国家奖励办的委托每两年举行一次优秀科普作品奖评选活动，这些有力地促进了我国科普图书编辑出版的繁荣和发展。每年出版的中文版科普图书有上万册，因而可供大学生选择阅读的科普图书的奖项类别很多，本着“优中择优”原则，我们列出近五年国家科技进步奖（科普图书）、科技部推荐的全国优秀科普作品、中国科普作家协会优秀科普作品奖图书类金奖作品以及近五届台湾吴大猷科普创作类金签奖和翻译类金签奖图书。当然其中有不少作品未必适合大学生阅读，为了保持其完整性，这里悉数录入，仅供大学生参考。

关于科普图书信息的检索，也主要是依赖百度和各种浏览器，进行关键

① 孔莉执笔。

字词的搜索。

表 A-2-2-1　2013—2017 年国家科技进步奖获奖科普图书

年份	作品名称	著作责任者	出版社	出版时间
2017 年	《湿地北京》	崔丽娟等	北京美术摄影出版社	2017
	《科学家带你去探险系列丛书》	张文敬等	人民邮电出版社	2011
	《肾脏病科普丛书》	刘章锁等	郑州大学出版社	2013
	《数学传奇——那些难以企及的人物》	蔡天新	商务印书馆	2016
2016 年	《全民健康十万个为什么系列丛书》	钟南山等	北京出版社	2016
2015 年	《中国载人航天科普丛书》	王永志等	中国宇航出版社	2011
2014 年	《远古的悸动——生命起源与进化》	冯伟民等	江苏科学技术出版社	2010
	《专家解答 腰椎间盘突出症》	董健等	上海科学技术文献出版社	2005
	《听伯伯讲银杏的故事》	曹福亮等	中国林业出版社	2009
2013 年	《基因的故事——解读生命的密码》	陈润生等	北京理工大学出版社	2010

表 A-2-2-2　2013—2017 年国家科技部向全国推荐的优秀科普作品书目

年份	作品名称	著作责任者	出版社
2013 年	《"天"生与"人"生：生殖与克隆》	杨焕明著	科学出版社
	《视觉之旅：神奇的化学元素》(彩色典藏版)	[美] Theodore Gray 著	人民邮电出版社
	《新兵器大观园丛书》	林仁华主编	安徽教育出版社
	《小布丁科普知识漫画丛书》	孙元伟、洋洋兔编绘	北京理工大学出版社
	《科学文化丛书》	杨建邺等编著	华中科技大学出版社
	《于康家庭营养全书——中国家庭必备手册》	于康主编	科学技术文献出版社
	《科学编年史》	席泽宗主编	上海科技教育出版社
	《神奇的科学魔方——令你惊奇的128个科学小实验》	[美]维基·考伯、凯茜·林达著，王焱等译	长春出版社

续表

年份	作品名称	著作责任者	出版社
2013 年	《孩子平安大于天——新平安童谣100首》	王大伟著	新华出版社
	《农药安全使用知识》	袁会珠主编	中国劳动社会保障出版社
	《妙趣科学丛书》(儿童版)	[德]安格拉·威因霍尔德等著/绘,王晓芳译	北京科学技术出版社
	《低碳生活指南》	中国 21 世纪议程管理中心等编著	社会科学文献出版社
	《美丽成长系列科普绘本》	[美]黛安娜·赫茨·阿斯顿著,徐起译	海豚出版社
	《广东科学中心"科学"·好玩丛书》(2 册)	广东科学中心组织编写	广东教育出版社
	《第四次革命:看神经科技如何改变我们的未来》	[美]扎克·林奇著,暴永宁、王惠译	科学出版社
	《探秘喀斯特精灵——白头叶猴科考实录》	黄乘明著	江苏科学技术出版社
	《青少年科学启智系列丛书》	倪简白等主编	长春出版社
	《众病之王:癌症传》	[美]悉达多·穆克吉著,李虎译	中信出版社
	《科学健身指导丛书》	国家体育总局编	人民体育出版社
	《不能忘却的灾难系列丛书》	黄寰、罗子欣主编	北京联合出版公司
	《全民健康十万个为什么科普系列丛书》	钟南山主编	北京出版社
	《从农田到餐桌:食品安全的真相与误区》	陈君石、罗云波著	北京科学技术出版社
	《世界原来如此有趣——探索形状奥秘丛书》	李毓佩等编著	中国少年儿童出版社

续表

年份	作品名称	著作责任者	出版社
2013年	《畅游海洋科普丛书》	吴德星总主编	中国海洋大学出版社
	《奇妙的大自然丛书》	张清华等著	科学普及出版社
	《小意外,大发明——50 个误打误撞的妙发现》	[美]夏洛特·福尔茨·琼斯著,郭玉芬译	北京联合出版公司
	《玻璃的故事》	[俄]斯韦什尼科夫著,符其珣译	中国青年出版社
	《航天简史普及版》	龚钴尔著	天津科学技术出版社
	《转基因科普系列丛书》	农业部农业转基因生物安全管理办公室编	中国农业出版社
	《趣味小百科系列》(5 册)	王平辉主编	重庆出版社
	《海洋人文科普丛书》	雷宗友、朱宛中著	上海科学技术文献出版社
	《最美的科普·少年版(第二辑)系列丛书》	[德]伊姆加尔德·卢赫特等编绘,王琳娜译	天津人民美术出版社
	《神奇的矿物会说话》	姜锡禄等编著	湖南地图出版社
	《激发孩子阅读兴趣的 300 个百科揭秘》	于秉正主编	中国和平出版社
	《21 世纪科学前沿丛书》	[英]卡罗琳·格林著,丁瑶、刘全国译	华夏出版社
	《远古的悸动——生命起源与进化》	周志炎主编,冯伟民等编著	江苏科学技术出版社
	《希望——拯救濒危动植物的故事》	[英]珍·古道尔著,黄乘明等译	上海科技教育出版社
	《中国南海经济贝类原色图谱》	杨文等编著	中国农业出版社
	《安仔带你坐电梯——电梯乘坐安全儿童读本》	浙江省质量技术监督局等编写	少年儿童出版社

续表

年份	作品名称	著作责任者	出版社
2013年	《发现之旅》	[英国]Eaglemoss出版公司编，谢晴译	中国和平出版社
	《中老年人常见病防治系列丛书》	陈跃主编	同济大学出版社
	《启示——上海世博会科技创新成果与应用发展》	寿子琪主编	同济大学出版社
	《我们都是科学家——那些妙趣横生而寓意深远的科学实验》	薛加民著	人民邮电出版社
	《邮票上的天文学》	李竞主编，徐刚、郭纲编著	人民邮电出版社
	《奇奇怪怪探秘科学世界》	中国科学技术协会青少年科技活动中心组织编写	中国科学技术出版社
	《小学生最想知道的100个为什么》(3册)	[美]凯西·沃拉德著，[美]黛布拉·所罗门绘，于水译	电子工业出版社
	《天鹅之痛:中国野生鸟类行摄手记》	陈晓东著、摄影	科学出版社
	《北京科普旅游丛书》(6册)	庞毅等主编，张东杰等编著	旅游教育出版社
	《我的第一套百科全书》(12册)	青少科普编委会编著	吉林科学技术出版社
	《我的七彩大自然》	刘先平著	新蕾出版社

续表

年份	作品名称	著作责任者	出版社
2014 年	《十万个为什么》(18 册)(第六版)	韩启德总主编	少年儿童出版社
	《芝麻的科学书——科学真好玩》(上、下册)	芝麻著	化学工业出版社
	《故事中的科学》(11 册)	郭晶主编	电子工业出版社
	《写给小学生看的相对论》(4 册)	[日]福江纯著,肖潇、李秀芬译	北京科学技术出版社
	《时间科普知识必读丛书》(3 册)	李芝萍、贾焕阁编著	气象出版社
	《自然的魔法》	[英]理查德·道金斯著,李永译	湖南科学技术出版社
	《贪玩的人类 2——穿越百年的中国科学》	老多著	科学出版社
	《爆笑科学漫画——物理探秘》	[美]拉里·高尼克、阿特·霍夫曼著,吴宝俊译	科学普及出版社
	《3D 打印　打印未来》	中国机械工程学会编著	中国科学技术出版社
	《中国高速铁路》	卢春房主编	中国铁道出版社
	《金融知识伴我成长——农村中学生金融知识普及读本》	中国金融教育发展基金会“金惠工程”教材编写组编著	中国金融出版社
	《守望雪山精灵——滇金丝猴科考手记》	龙勇诚著	江苏科学技术出版社
	《海洋生物大观园丛书》(7 册)	汤寿根主编	人民邮电出版社
	《大数据时代——生活、工作与思维的大变革》	[英]维克托·迈尔—舍恩伯格、肯尼斯·库克耶著,盛杨燕、周涛译	浙江人民出版社

续表

年份	作品名称	著作责任者	出版社
2014年	《儿童安全自救早知道》	张凤娟、张蕴主编	希望出版社
	《人生必须知道的健康知识科普系列丛书》(18 册)	郑静晨总主编	中国科学技术出版社
	中国矿物及产地	[德]贝特赫尔德·奥腾斯著,张振华等译	地质出版社
	《一线工人必读》	交通运输部工程质量监督局编	人民交通出版社
	《科学冒险岛系列》(6 册)	[韩]林世卿著,千太阳、王志国译	吉林科学技术出版社
	《"掌"握科学——增强现实虚拟互动科普读物》	中国科学技术大学数字文化中心出品	中国科学技术大学出版社
	《图说灾难逃生自救丛书》(6 册)	刘中民主编	人民卫生出版社
	《人文海洋普及丛书》(6 册)	吴德星总主编	中国海洋大学出版社
	《美国中学核心理科教材》(15 册)	[美]比格斯、塞克、小法瑟尔著,施忆等译	浙江科学技术出版社
	《月球文化与月球探测》	焦维新著	知识产权出版社
	《漫画中医》(3 册)	罗大伦、于春华编绘	人民军医出版社
	《中国古代机械文明史》	陆敬严著	同济大学出版社
	《蓝色海洋之殇——全球海洋生态危机之旅》	[美]卡尔·沙夫纳著,杜默译	江苏科学技术出版社
	《渐行渐远的南极——寻找大陆漂移的证据》	沈炎彬编著	江苏科学技术出版社
	《10000 个科学难题》(9 册)	"10000 个科学难题"编委会编著	科学出版社
	《漫画少儿百科全书》(12 册)	洋洋兔编绘	北京理工大学出版社
	《转基因——给世界多一种选择》	周云龙、李宁主编	中国农业出版社

续表

年份	作品名称	著作责任者	出版社
2014年	《王选传》	丛中笑著	学苑出版社
	《读故事　学数学》(3 册)	李毓佩著	海豚出版社
	《大道至简——有尊严地活过一百岁》	林超岱著	中国中医药出版社
	《健康大百科》(20 册)	马长生、向红丁、杨甫德等主编	人民卫生出版社
	《美国国家地理月读百科精华版》	美国国家地理学会编,陈沽译	浙江少年儿童出版社
	《第一次发现丛书·透视眼系列小百科》(4 册)	[法]戴尔芬·格拉维尔·芭德莱蒂娜著,曹杨译	接力出版社
	《低科技丛书》(6 册)	美国《大众机械》编,孙洪涛、魏彦平、曹庆刚译	中国青年出版社
	《我的第一本搞笑科普漫画书》(6 册)	侯海博主编	新时代出版社
	《新能源在召唤丛书》(8 册)	翁史烈主编	广西教育出版社
	《院士怎样做人与做事》	方正怡、方鸿辉著	上海教育出版社
	《北极奇趣——高登义北极科学家考察手记》	高登义著	安徽教育出版社
	《心外传奇》	李清晨著	清华大学出版社
	《乐乐熊奇幻追踪》(6 册)	夏商周著	重庆出版社
	广西西南喀斯特生物多样性	广西西南喀斯特生物多样性编委会编	中国大百科全书出版社
	《带着学生去北极》	张树义著	华东师范大学出版社

续表

年份	作品名称	著作责任者	出版社
2015年	《神奇科学》(2册)	赵致真、王俊主编	北京少年儿童出版社
	《北京市民科学素养读本》	朱世龙、张信主编	北京科学技术出版社
	《星际穿越》	[美]基普·索恩著，苟利军、王岚、李然等译	浙江人民出版社
	《万物运转的秘密:给青少年的物理世界入门书》	[英]麦考利、阿德利著,赵耀康、韦坤华译	电子工业出版社
	《美丽中国——生态文明知识科普丛书》(10册)	禹奇才主编	广东科技出版社
	《爱哭鬼小隼》	[日]河合隼雄著,蔡鸣雁译	浙江人民出版社
	《大嚼科学》(5册)	钟欢、陈婷、唐云江等著	明天出版社
	《哦,有了！——改变人类生活的100位发明家和100项发明》	[意]强奇著,胡绳、罗晗译	科学技术文献出版社
	《看不见的森林——林中自然笔记》	[美]戴维·乔治·哈斯凯尔著,熊姣译	商务印书馆
	《信息简史》	[美]詹姆斯·格雷克著,高博译	人民邮电出版社
	《寻找天堂——与猎豹一起生活》	[德]马托·巴尔福斯著,顾玲丽、汪磊译	江苏科学技术出版社
	《酷虫学校——科普漫画系列》(6册)	吴祥敏著,夏吉安、庄建宇绘	接力出版社
	《听科学家讲故事》(6册)	李瑞宏主编	浙江教育出版社
	《少年科学家丛书》(12册)	刘兴诗、张赶生、王敬东等著	山东教育出版社
	《印刷术的历史》	东方暨白、刘志红主编	河南大学出版社
	《野生动物的神奇故事》	程红、臧春林主编	中国林业出版社
	《敦煌雅丹地貌形成发育过程图谱》	屈建军、牛清河、高德祥著	地质出版社
	《魅力中国海系列丛书》(12册)	盖广生总主编	中国海洋大学出版社

续表

年份	作品名称	著作责任者	出版社
2015年	《神奇的人体生物钟》	[德]蒂尔·伦内伯格著,张丛阳译	重庆大学出版社
	《洛杉矶雾霾启示录》	[美]奇普·雅各布斯、威廉·凯莉著,曹军骥等译	上海科学技术出版社
	《疯狂的十万个为什么》(10册)	崔钟雷主编	黑龙江美术出版社
	《果壳阅读·生活习惯简史》(4册)	果壳著,张兴、刘新乐、楼奕东绘	新蕾出版社
	《彩图科学史话》(5册)	李元、张维、刘夙等主编	辽宁少年儿童出版社
	《CCTV走近科学丛书》(5册)	CCTV《走近科学》编辑部编	黑龙江科学技术出版社
	《创新的启示——关于百年科技创新的若干思考》	路甬祥著	中国科学技术出版社
	《发现世界丛书》(8册)	褚君浩主编	上海辞书出版社
	《见微知著:纳米科学》	[美]弗兰柯、怀特赛兹著,曾杰等译	中国科学技术大学出版社
	《肿瘤患者就诊指南系列》(8册)	杨宇飞、吴煜、朱尧武总主编	人民卫生出版社
	《奇迹在哪里? 成就孩子一生的80个关键细节》	闻泉新著	浙江教育出版社
	《植物让人如此动情——枝言草语》	祁云枝著	西安电子科技大学出版社
	《躲不开的食品添加剂——院士、教授告诉你食品添加剂背后的那些事》	孙宝国主编	化学工业出版社
	《AR(增强现实)三维立体科普书〈史前王者〉系列》(4册)	哈尔滨雪娃文化发展有限公司编绘	黑龙江少年儿童出版社
	《中华印刷典故》	张树栋、李英、张耀昆著	江西科学技术出版社
	《中年安全与健康》	焦解歌主编	光明日报出版社

续表

年份	作品名称	著作责任者	出版社
2015年	《徜徉生命海洋——生命科学海洋撷贝》(上下册)	刘宏颀主编	第四军医大学出版社
	《五彩缤纷的虚拟现实世界》	陈定方主编	中国水利水电出版社
	《中国鸟类图鉴》(便携版)	曲利明主编	海峡书局
	《材料图传——关于材料发展史的对话》	郝杜明编著	化学工业出版社
	《化石与生命——生命的进化》	王章俊、刘凤山等编著	地质出版社
	《一只萤火虫的旅行》(青少版)	付新华著	上海锦绣文章出版社
	《矿物世界》	[德]贝特赫尔德·奥腾斯等著,张振华等译	地质出版社
	《追光——光学的昨天和今天》	雷仕湛、屈炜、缪洁著	上海交通大学出版社
	《古生物图鉴丛书》(5册)	赵闯绘,杨杨编,王丽霞策划,苗德岁译	湖南科学技术出版社
	《哇,找到啦!——改变人类生活的100项发明》	[意]强奇著,王亦庄译	科学技术文献出版社
	《猎豹的眼泪》	[美]史蒂芬·奥布莱恩著,朱小健、夏志、蒋环环译	北京大学出版社
	《岩羊在等狼回来——走进自然保护区寻珍》	钟嘉、袁屏编著	新世纪出版社
	《首席专家李宗浩谈急救》(修订版)(6册)	李宗浩著	湖南科学技术出版社
	《消灭与创造并举:院士抗癌新视点》(第二版)	汤钊猷著	上海科学技术出版社

续表

年份	作品名称	著作责任者	出版社
2016年	《爱问少年百科系列》(6册)	英国 Octopus 出版集团编,杨晓红、凌茜、代莉等译	杭州出版社
	《中国居民膳食指南(2016)》(科普版)	中国营养学会编著	人民卫生出版社
	《子宫情事》(上、下册)	谭先杰著	中国妇女出版社
	《改变世界的一粒种子——记杂交水稻之父袁隆平》	席德强编著	北京大学出版社
	《DK宇宙大百科》	[英]马丁·里斯主编,余恒等译	电子工业出版社
	《时间的奥秘》	[加]史密斯著,刘颖译	江苏凤凰美术出版社
	《苍穹之上》(5册)	戴铭珏编著	清华大学出版社
	《数学之书》	[美]克利福德·皮寇弗著,陈以礼译	重庆大学出版社
	《领导干部和公务员科学素养读本》	中国科学技术协会编写	科学普及出版社
	《人工智能时代》	[美]杰瑞·卡普兰著,李盼译	浙江人民出版社
	《生态文学儿童读物——动物童话百科全书》(10册)	崔钟雷主编	黑龙江美术出版社
	《漫画脑卒中》	缪中荣著	人民卫生出版社
	《前列腺疾病100问》(第四版)	孙颖浩 高旭等主编	第二军医大学出版社
	《航天科普大讲堂》	中国航天报社编	浙江少年儿童出版社
	《自然灾害知识普及读本》	梁晓楠编写	贵州科技出版社
	《环保知识漫画——儿童百问百答》(10册)	京鼎动漫编绘	二十一世纪出版社
	《啊哈!算法》	啊哈磊著	人民邮电出版社
	《自然野趣大观察》	张永仁、邵广昭、张东柱等著	福建科学技术出版社

续表

年份	作品名称	著作责任者	出版社
2016年	《图解时间》	李孝辉著	科学出版社
	《图个明白 画说气象》	陈云峰、梅连学、杨晋辉主编	气象出版社
	《徐仁修荒野游踪,寻找大自然的秘密》(3册)	徐仁修撰文、摄影	北京大学出版社
	《未来新科技少儿新知系列》(3册)	小多(北京)文化传媒有限公司编著	接力出版社
	《上班族每日健康+》	王春玲主编	化学工业出版社
	《长江文明之旅》(32册)	李晓明编著	长江出版社
	《中国民间文化与物理趣味》	李湘黔编著	西南交通大学出版社
	《蝴蝶故事》	陈锡昌 刘广 杨骏著	新世纪出版社
	《第一目击者——现场急救指南》	祝益民 韩小彤主编	湖南科学技术出版社
	《霍金传奇》	杨建邺著	金城出版社
	《雾霾里的生存智慧——PM2.5自我防护手册》	蔡向红编著	科学技术文献出版社
	《癌症·真相:医生也在读》	菠萝著	清华大学出版社
	《征程:从鱼到人的生命之旅》	[加]舒柯文、[中]王原、[澳]楚步澜	科学普及出版社
	《中国优秀少年科普作品原创书系——令人惊叹的现代高科技》(8册)	王令朝、施鹤群等著	晨光出版社
	《名医忠告》(第二版)	朱明德主编	上海科学技术出版社
	《市民安全救护手册》	中国红十字会总会编	社会科学文献出版社
	《漫画聪慧的植物——植物智慧》	祁云枝著	陕西科学技术出版社
	《解读地球密码》(36册)	孔庆友主编	山东科学技术出版社
	《童话古生物丛书》(4册)	王小娟著	科学出版社
	《细菌简史:与人类的永恒博弈》	陈代杰 钱秀萍编著	化学工业出版社
	《电力王国环游记》	本书编委会编	中国电力出版社

续表

年份	作品名称	著作责任者	出版社
2016年	《防空避险知识漫画手册》(中小学生版)	陕西省人民防空办公室(民防局)编	陕西人民出版社
	《漫画中国西藏》	李素萍主编	西藏人民出版社
	《数学科学文化理念传播丛书》(珍藏版)(20册)	丁石孙、徐利治、张景中等著	大连理工大学出版社
	《精确制导武器技术应用向导》	付强、何峻等编著	国防工业出版社
	《4D科学绘本:神奇的纳米王国》(3册)	薛进著	浙江教育出版社
	《机器人简史》	中国电子学会编著	电子工业出版社
	《院士讲科学——成就孩子科学素养》	中国工程院新闻办公室编	科学普及出版社
2017年	《量子时刻:奇妙的不确定性》	[美]罗伯特·P.克里斯等著	人民邮电出版社
	《鸟国拾趣》(2册)	谈宜斌著	中国林业出版社
	《美丽地球新视角》	国家测绘地理信息局卫星测绘应用中心主编	中国地图出版社
	《太空日记:景海鹏、陈冬太空纪实》	刘思扬主编,景海鹏等编著	四川科学技术出版社
	《"改变世界的科学"丛书》(9册)	王元主编,学夫子等著	上海科技教育出版社
	《中国古代重要科技发明创造》	中国科学院自然科学史研究所编著	中国科学技术出版社
	《万物中的科学》	[美]凯瑟琳·葛莱德等著,许晋福译	安徽少年儿童出版社
	《测量的故事》	[英]安德鲁·鲁滨逊著,《测量的故事》编译组译	中国质检出版社
	《胡大一医生浅谈心脏健康》	胡大一主编	中国轻工业出版社
	《郎景和院士"关爱女性健康"系列》(6册)	郎景和著	湖北科学技术出版社

续表

年份	作品名称	著作责任者	出版社
2017年	《加油向未来 科学一起嗨》(2册)	“加油向未来”节目组组编	高等教育出版社
	《世界航天器史》	[英]蒂姆·弗尼斯著,陈朴等译	中国科学技术出版社
	《光阴》	申赋渔著	江苏凤凰美术出版社
	《机械运转的秘密.动物园大逃亡!》	[英]大卫·麦考利著,吕梦佳等译	电子工业出版社
	《珠峰简史》	徐永清著	商务印书馆
	《呦呦寻蒿记》	《呦呦寻蒿记》编写组编	化学工业出版社
	《细胞与干细胞:神奇的生命科学》	王佃亮等编著	化学工业出版社
	《野鱼记》	陶旭东等著	新世纪出版社
	《航天育种简史》	郭锐等著	陕西科学技术出版社
	《成语典故中的度量衡》	郑颖等编著	中国标准出版社
	《趣味力学现象》	胡宁生著	江苏凤凰教育出版社
	《新编农牧民科普系列丛书》(8册)	额尔德尼等编	远方出版社
	《霍蒙库鲁斯:趣味生物学简史》	[俄]尼·尼·普拉维利希科夫著,王梓等译	中国青年出版社
	《活跃的地球:板块构造趣谈》	[美]基奥斯等著,王大宏等译	地震出版社
	《家住三江源》	青海省林业项目办公室编	人民教育出版社
	《不做不知道,科学真奇妙》	央视创造传媒有限公司《脑洞大开》节目组编著	新蕾出版社
	《安全简史——从隐私保护到量子密码》	杨义先等著	电子工业出版社
	《天文·地质·古生物》	李四光著	地质出版社
	《密码的奥秘》	[美]保罗·伦德编著,刘建伟等译	电子工业出版社

续表

年份	作品名称	著作责任者	出版社
2017年	《你看见我的蛋了么?》	[澳]彭妮·奥尔森文,[澳]朗达·N.嘉沃德图,陈小凡译	国家图书馆出版社
	《酷蚁义安特儿总动员》(8册)	霞子著	科学普及出版社
	《中国少年生态意识教育丛书·星际精灵蓝多多》(6册)	环境保护部宣传教育中心主编	学林出版社
	《猿猴家书——我们为什么没有进化成人》	张鹏著	商务印书馆
	《演化》	[法]让-巴普蒂斯特·德·帕纳菲厄等著,邢路达等译	北京美术摄影出版社
	《小石头、电饭煲与汽车警察》(4册)	王大伟著,林敏绘	中国大百科全书出版社
	《社会文化科学背景下的技术编年史(远古—1900)》	姜振寰主编	高等教育出版社
	《小小疯狂科学家的50个有趣实验》	[美]卡伦·罗马诺·扬著,阳曦译	安徽少年儿童出版社
	《家庭实验室》	[法]戴尔芬·葛林堡等著,[法]约克·默尔等绘,赵佼佼等译	新蕾出版社
	《小厨房　大药房》	姬领会等编著	中国医药科技出版社
	《公众防汛防台抗旱知识读本》(4册)	浙江省人民政府防汛防台抗旱指挥部办公室等编	中国水利水电出版社
	《妙趣科学馆》(6册)	黄永清等著	黑龙江少年儿童出版社
	《科学令人如此开怀》(5册)	纸上魔方编绘	湖北教育出版社
	《宇宙图志》	[美]迈克尔·本森著,余恒译	电子工业出版社
	《法国经典少儿百科全书系列》(儿童版、少年版)	[法]法国纳唐出版社著,刘婷等译	福建科学技术出版社
	《地震探索之旅》(3册)	中国地震局编	科学普及出版社

表 A-2-2-3.1　第二届中国科普作家协会优秀科普作品奖优秀奖(25 种)

作品名称	著作责任者	出版者
《贪玩的人类》	老多著	科学出版社
《造物记——世博会的科学传奇》	赵致真著	北京大学出版社
《健康从哪里来?》	杨秉辉著	复旦大学出版社
《世界原来如此有趣——探索形状奥秘》	李毓佩等编著	中国少年儿童出版社
《大熊猫的起源》	黄万波、魏光飚编著	科学出版社
《奇妙的大自然丛书》(8 册)	袁清林主编	科学普及出版社
《视觉之旅:神奇的化学元素》	[美]西奥多・格雷著 陈沛然译	人民邮电出版社
《希望——拯救濒危动植物的故事》	[英]珍・古道尔著 黄秉明译	上海科技教育出版社
《植物识别》	汪劲武编著	人民教育出版社
《睁大眼睛看地球——少儿环保科普系列丛书》(4 册)	欧阳自远主编	贵州出版集团
《阿尔伯特・爱因斯坦——永远的瞬间幻觉》	芭芭拉・沃尔夫、泽夫・罗森克兰茨编,唐诠等译	中国科学技术出版社
《天地九重》	杨利伟著	解放军出版社
《詹天佑》	陈典松著	花城出版社
《科学家带你去探险丛书》(4 册)		人民邮电出版社
《万物运转秘密》(5 册)	[英]大卫・麦考利、 尼尔・阿德利著	电子工业出版社
《中国载人航天科普丛书》(7 册)	王永志、王文宝、袁家军 总主编	中国宇航出版社
《中国科技的基石》	虞昊、黄延复著	复旦大学出版社
《科学的旅程》	[美]雷・斯潘要贝格、黛安娜・莫泽著,郭奕玲、陈蓉霞、沈慧君译	北京大学出版社
《科普童话绘本馆》(50 本)	郭晶主编	电子工业出版社
《我的动物朋友在想什么?》	王建红著	湖北少年儿童出版社
《中国居民膳食指南》	中国营养学会编著	西藏人民出版社
《科学编年史》	席泽宗主编	上海科技教育出版社
《航天丛书》(10 册)	田如森总主编	广西人民出版社
《现代兵器图文读本》(7 册)		解放军出版社
《翼龙大传》	邢立达编著	航空工业出版社

表 A-2-2-3.2　第三届中国科普作家协会优秀科普作品奖图书类金奖(14 种)

作品名称	著作责任者	出版者
《啊！蜻蜓》	邱承宗摄影、著，叶文琪审定	福建少年儿童出版社
《徜徉生命海洋——生命科学海洋撷贝》(上、下册)	刘宏颀主编	第四军医大学出版社
《地球大气中的涡旋——揭秘气象灾害》	徐祥德、李泽椿、柳崇健主编	科学普及出版社
《海洋生物大观园丛书》(7 册)		人民邮电出版社
《贾祖璋科学小品菁华——花鸟鱼虫兽》	贾祖璋著 贾柏松、尤廉选编	福建科学技术出版社
《讲给孩子的中国科学》(上、中、下)	刘兴诗著	希望出版社
《全民健康十万个为什么》(4 册)	钟南山主编	北京出版社
《少年数学实验》	张景中、王鹏远著	中国少年儿童出版社
《首席专家李宗浩谈急救》(修订版)	李宗浩著	湖南科学技术出版社
《湿地北京》	崔丽娟主编	北京美术摄影出版社
《听伯伯讲银杏的故事》	曹福亮主编、卫欣等绘	中国林业出版社
《图解畜禽标准化规模养殖系列丛书》(10 册)		中国农业出版社
《我的七彩大自然系列》(4 册)	刘先平著	新蕾出版社
《哲人石丛书》(10 册)		上海科技教育出版社

表 A-2-2-3.3　第四届中国科普作家协会优秀科普作品奖科普图书类金奖(25 种)

作品名称	著作责任者	出版单位
《大科学家钱学森的小故事》(3 册)	石磊、王春河主编	北京少年儿童出版社
《十万个为什么》(第六版)(3 卷 18 册)	韩启德　总主编	少年儿童出版社
《好玩的数学绘本》(30 册)	[韩]金慧善等著，金钟焕等绘，俱可欣，译	化学工业出版社
《真是没想到——趣味科学发现丛书》(4 册)	毛红强主编	中国少年儿童新闻出版总社
《好奇宝宝科学绘本》(5 册)	廖其著，王维诗、付晓雪、张娟、蓝智敏、桃柳豆绘	江苏凤凰少年儿童出版社

续表

作品名称	著作责任者	出版单位
《彩图科学史话丛书》(6 册)	李元主编	辽宁少年儿童出版社
《物种起源》(少儿彩绘版)	苗德岁著,郭警绘	接力出版社
《寻踪普氏原羚——动物学家带我去探索》	李春林著	人民教育出版社
《漫画脑卒中》	缪中荣著	人民卫生出版社
《疫苗超人——献给父母的儿童免疫读本》	陈文涛主编	福建少年儿童出版社
《呦呦有蒿:屠呦呦与青蒿素》	饶毅、张大庆、黎润红等著	中国科学技术出版社
《檀岛花事:夏威夷植物日记》(上、中、下册)	刘华杰著	中国科学技术出版社
《我们去观星》	陈培堃著/摄	北京联合出版公司
《海洋精灵视界》	孟庆然著	电子工业出版社
《中国的星空》	景海荣、詹想、王玉民著	北京科学技术出版社
《无言的宇宙:隐藏在 24 个数学公式背后的故事》	[美]达纳·麦肯齐著 李永学译	北京联合出版公司
《密码的奥秘》	[美]保罗·伦德编著 刘建伟、王琼等译	电子工业出版社
《天年》	何夕著	四川文艺出版社
《逃出母宇宙》	王晋康著	四川科学技术出版社
《酷虫学校科普漫画系列》(6 册)	吴祥敏著,夏吉安、庄建宇绘	接力出版社
《猿猴家书——我们为什么没有进化成人》	张鹏著	商务印书馆
《改变世界的科学丛书》(9 册)	王元主编	上海科技教育出版社
《人生必须知道的健康知识科普系列丛书》(30 册)	郑静晨总主编	中国科学技术出版社
《中国公民科学素质系列读本》(6 册)	中国公民科学素质系列读本编写组、中共中央组织部、中国科学技术协会组织编写	科学普及出版社
《征程:从鱼到人的生命之旅》	舒柯文、王原、楚步澜著	科学普及出版社

表 A-2-2-4　近五届台湾吴大猷科普创作类金签奖和翻译类金签奖图书一览表

类别	第五届	第六届	第七届	第八届	第九届
创作类金签奖	《性不性，有关系？——有趣的性博物志》 林正焜著 台湾商周出版社	《电的旅程——探索人类驾驭电子的历史过程》 张大凯著 天下远见出版公司	《黎曼猜想漫谈》 卢昌海著 清华大学出版社	《征程：从鱼到人的生命之旅》 舒柯文（Sullivan C.），王原，楚步澜（Choo B.）著 科学普及出版社	《上帝的手术刀：基因编辑简史》 王立铭著 浙江人民出版社
翻译类金签奖	《黑猩猩的政治——猿类社会中的权力与性》 德瓦尔著 赵芊里译 上海译文出版社	《信息：一段历史、一个理论、一股洪流》 James Gleick著，赖盈满译 卫城出版社	《给未来总统的物理课：从恐怖主义、能源危机、核能安全、太空竞赛到全球暖化背后的科学真相》 理查德·缪勒著 蔡承志译 漫游者文化	《人类大历史》 哈拉瑞（Yuval Noah Harari）著 林俊宏译 远见天下文化	《最好的告别：关于衰老与死亡，你必须知道的常识》 [美]阿图葛文德（Atul Gawande）著 彭小华译 浙江人民出版社
	《天生爱学样：发现镜像神经元》 Marco Jacoboni著 洪兰译 台湾远流出版公司				

A.2.3 科普期刊①

我国首部科技期刊发展蓝皮书《中国科技期刊发展蓝皮书(2017)》显示:截至2016年底,我国科技期刊数量为5020种,其中基础科学类期刊有1549种,占总数的30.85%,技术科学类期刊有2286种,占总数的45.53%,医药卫生类期刊有1185种,占总数的23.61%。我国科普期刊有182种,可分为综合类科普期刊和专业科普期刊。北京、上海、广东出版的科普期刊数量最多,共计105种,占57.69%,特别是北京有78种,占42.86%。为了便于广大学生便捷浏览科普期刊资源,本节通过百度、知乎、知网、问答、当当网等搜索平台梳理整理了内地54份期刊,港澳台等地区17份期刊。

表A-2-3-1 我国科普期刊、图书一览表

刊号	刊名	特点、内容简介
渝内字第603号	《大学科普》	语言上力求通俗,接近大众语言;风格上适合快节奏的现代人的生活,文章短小,与读者的生活和工作现实更接近。图文并茂、文字简洁、图片精美,在大学生中具有较大的影响力。
CN 11-5480/N	《环球科学》	以立足中国、人文视角、实用导向为编辑方针。力求文风活泼轻松,语言简明易懂,及时报道全球最新科学成果以及科技对人类未来商业、文化、伦理和政治等方面的深刻影响。
CN 46-1030/N	《大科技·百科新说》	介绍古今中外的科技、人文、社会知识,但这些知识的介绍并不是百科全书式的,而是注重换个角度看世界,挑战你的常规认识,会让你触摸到一个不同的、全新的、真实的世界。
CN 46-1030/N	《大科技》	以爱因斯坦的"想象力比知识更重要"为办刊宗旨,着重揭示天、地、自然界的奥秘,介绍科学假设和最新的科学成就,展示未来的科学前景,激发广大读者的想象力和科学思维。
CN 14-1032/N	《科学之友》	内容分6大板块:资讯、奥秘、自然、视点、生活、文化。是全国第一本全方位、多角度报道生活中科学的刊物。
CN 36-1281/N	《科普天地》	采用图文并茂、挂图式编排形式,为各级各类科普场馆、青少年科普活动场所、乡镇和社区的科普活动室、科普画廊、科普宣传窗(栏)等人群聚集活动的地方,提供科普展示内容。

① 陈佳佳执笔。

续表

刊号	刊名	特点、内容简介
CN 51-1141/N	《大自然探索》	设有科技论坛、学术论文、科学技术史、自然辩证法、科学学与科学管理等栏目，内容涉及自然科学的各个方面，充分突出综、专、史、法和探索争鸣的特色，在中国自然科学学术性刊物中独树一帜。
CN 12—1390N	《新知客》	从科学的视角出发，以坚实的证据、严谨的逻辑，对社会热点事件、话题进行深度的调查和报道，透过现象，探求和还原本真。用雅致的文字、优美的图片，展现复杂艰深的现象和原理，引导读者进入科学世界。
CN 11-2836/N	《科学世界》	涉猎的领域既包括传统的自然科学和技术科学，又包括如行为科学、考古学、军事科学和教育学等人文科学。对世界各大实验室研究动向的跟踪，对著名科学家的访谈，对科技发展带给现代生活的种种变化都有着敏锐的观察。
CN 11-1784/N	《科学通报》	主要报道自然科学各学科基础理论和应用研究方面具有创新性、高水平和重要意义的研究成果。报道及时快速，文章可读性强，力求在比较宽泛的学术领域产生深刻影响。设有点评、进展、评述、前沿、论文、快讯、论坛、争鸣、动态和书评等栏目。
CN 33-1072/N	《科学24小时》	发掘当月最值得关注的科学话题及科学事件，探秘最前沿的科学技术和科学产品。通过它可以迅速了解当前全球的科学发展，阅读它会发现成为一名理学硕士并不难。
CN 46-1030/N	《大科技·科学之谜》	主要内容是介绍当前世界上最新的科学理论、各种科学假设和最新科学成就，揭示天、地、自然界的各类奥秘，展现未来的科学前景。
CN 11-1607/N	《科学大观园》	旨在把科学的严谨性与普及方式的多样性、趣味性、灵活性有机地融合在一起，是一个集科学、文化、艺术、生活等各方面领域的综合性圈子。版面齐全，内容完整，集科学的思维严谨与生活的浪漫轻松于一体。

续表

刊号	刊名	特点、内容简介
ISSN 1008－0996	《世界航空航天博览》	以通俗晓畅的笔法介绍新技术、新武器、新战事，兼及历史、科幻、太空探索，趣味盎然，颇受读者喜爱。讲解航空航天知识；展示现代军事技术和未来战争可能的演变形式与基本特征；关注现代军事科技的最新发展；介绍尖端武器的性能与使用，分析由此带来的各国军力的变化。
CN 11-2321/N	《国外科技动态》	关注科技发展热点，报道高新技术前沿；追踪科技研发动态，介绍科学探索历程；展示最新科技产品，荟萃时尚科技讯息。
CN 11-4650/N	《中国科技纵横》	强调知识进行时，以独特的视角，扣紧读者兴趣点，挖掘时事热点背后的自然和人文新知。不仅欣赏科学风景，还探究科学发展与人的关系，以及人类在知识飞速更新的今天遇到的诸多挑战。
ISBN 9771009882041	《户外探险》	内容以户外活动、自助旅行和野外探险三部分为主，它倡导贴近自然、乐观健康的生活方式，是国内第一本以介绍户外休闲生活为主的实用指南杂志。
CN 11-1647/N	《知识就是力量》	主要栏目：揭开宇宙奥妙、探索生命足迹、报道最新科技动态的"大视野"；启迪人生、催人奋进的"攀登者足迹"；游历知识殿堂、选择明日辉煌的"名校风采"；透视战争风云及国际最新武器的"军事天地"；领略异域风情的"环球采风"；漫游动物世界、观赏奇异植物的"生物漫谈"；把握科技时事、异彩纷呈的"特辑"。
CN 51-1360/N	《科幻世界》	以发表科幻小说为主，所设立"银河征文奖"是中国科幻业界内代表中国科幻整体水平的最高奖项。国内知名科幻作者，皆在此受到全中国科幻爱好者的瞩目。"把握现在，拥抱未来"便是科幻世界风靡于大中学生、广大青年人和所有科幻爱好者中的真正原因。
CN 11-5820/N	《科技传播》	以提高国家科技传播能力，服务于社会经济发展为办刊宗旨。坚持科技发展为国家经济建设服务，科技发展为社会进步服务的原则。把科技传播与提高国家竞争力和综合国力，提高全民族科学文化素质紧密结合，使科技传播的成果促进经济社会的发展和人民科技素质的提高。

续表

刊号	刊名	特点、内容简介
CN 45-1235/N	《大众科技》	宣传科技政策和科技工作动态，报道科学新技术、新工艺和新成果，传播科技信息，交流学术思想，普及科学思想和科技知识，促进科学技术创新和科技成果产业化，推进实施科教兴国战略和自主创新战略。
CN 41-1319/N	《创新科技》	主要发表科技政策与管理、科技发展战略、技术创新与管理、科技人力资源开发与管理、科技与经济协调发展以及经济管理等方面的理论与应用研究的讨论和评述，以及关于重点和热点的学术论文、调查报告及经典案例等。
CN 21-1202/N	《青年科学》	以传播科技信息、科学知识和科学生活方式为宗旨，集知识性、趣味性、实用性为一体，以其“绝对绿色”的独特优势立于全国科普期刊之林。主要栏目设置：青年研究、科学探索、科学教育、自然百科科技论坛、专业技术、思想教育、青年教育。
CN 11-5568/N	《前沿科学》	以推动自主创新、活跃学术气氛、鼓励大胆探索为己任，专事刊载科研人员特别是中青年科学家的学术论文，力求启迪思维、丰富思想、开拓思路，培养和发现更多擅长独立思考、卓有见地的中青年科研人才。
CN 35-1277/N	《世界科幻博览》	以刊登科幻小说为主，也兼顾科幻影视、科学小品，并适量刊发一些能扩大读者视野的与未来有关的科技信息，以及与科幻文学有关的知识性文章。
CN 31-1020/N	《科学生活》	围绕人们日常生活和工作中存在的问题，有针对性地归纳总结科学的膳食方式、科学的休息方式、科学的居家方式、科学的工作方式、科学的运动方式和低碳生活等与人有关的问题给以解答。
CN 11-5254/N	《中国科技史杂志》	刊载中国各历史时期科技发展的第一手史料，特别是近代珍贵的科技文献的实录、科学家自传、回忆录和访谈录等；著名科学家、发明家的经验教训、创业史片断、主要著述、有意义的趣闻轶事等中国科技史综述。
CN 31-1418/N	《自然杂志》	介绍国内外最新科技成果及科学上有创见的新思想、新学说。依托一流科学家撰稿，文章既有较高的学术水平，又有较强的可读性，是沟通不同学科、不同专业的高级科普杂志。

续表

刊号	刊名	特点、内容简介
CN 11-2451/N	《世界发明》	探讨发明创造理论，普及专利知识，报道发明成果，推荐实用技术，启迪人们的创造思维。主要刊登国内外最新发明创造和国内有开发价值的专利技术项目。
CN 11-5463/N	《科学观察》	主要利用定量方法对世界科学发展态势和科学前沿发展动态进行观察，为科学家提供视野更加广阔的世界科学面面观，为国家科技决策机构和科技管理部门提供科技战略决策理论支撑和参考信息。
CN 11-1421/N	《科技导报》	以"刊登原创学术论文，报道前沿科技成果；涵盖科技各个领域，关注重大科技问题；重视理论研究创新，鼓励学术观点争鸣；促进中外科技交流，探索强国兴邦道路"为办刊宗旨。
CN 11-2845/N	《中国青年科技》	刊登范围涉及经济金融、工程技术、IT 技术、资源环境、理论探新、经营管理、财会审计、教育教学、图书档案馆行业创新等各种管理类学术稿件。
CN 11-4542/P	《中国国家地理》	内容以中国地理为主，兼具世界各地不同区域的自然、人文景观和事件，并揭示其背景和奥秘，还涉及天文、生物、历史和考古等领域。
CN 11-2695/E	《世界军事》	主要介绍世界各国(地区)的军事概况，介绍世界主要国家和地区的军事基本情况、军事历史、军事人物、军事科技、国防形势、安全政策、国内外局势，并配有大量的武器装备图片等。
CN 35-1013/G3	科学与文化	辟有特别视点、科学 3·15、探秘·真相、幻想无极限、新知、e 潮流、人与自然、惊险传奇、青春派、看天下、百草园、智慧氧吧、心锁密匙、New 生活、绝对偶像等栏目。
CN 11-3166/G3	《科技潮》	以图文并茂的形式介绍北京以及全国科技发展方向，并对国际科技动态，前沿科技等进行综合报道，使之成为首都与全国各地乃至世界进行科技交流的重要窗口。
ISSN 11-3292/G3	《科学中国人》	以内容丰富，信息量大，深入报道广大尊重科学、应用科学、传播科学的人士为特色，在我国高级知识分子群体中有着良好的声誉和重要的影响，是了解科教界热点、最新科研动态和前沿科学的读物。

续表

刊号	刊名	特点、内容简介
CN 53-1173/G	《人与自然》	以传播自然科学知识，倡导环保和公益理念为己任。内容涉及植物、动物的自然科普，自然教育实践案例，民间生态文化、非物质文化遗产传承保护和环境保护等。
CN 23-1581/G3	《科技创新与应用》	刊登具有一定学术和应用价值的学术文献和反映各学科、各领域的新成果、新工艺、新产品等方面的论述文章，为科技工作者搭建学术交流平台。
CN 11-1344/G3	《中国科技论坛》	以探讨中国科技发展的战略、政策和管理问题为主，广泛开展有关科技发展规律、科技与经济结合、科技管理与决策、技术分析与评价、科技人才开发与使用、科技引导社会发展以及国际科技关系等多方面理论与实际问题的研究评述。
CN 46-1039/G3	《科学时代》	宣传党和国家的各项路线、方针和政策，交流有关经济改革、科技改革的实践经验，研究经济、科技发展的态势及财政、教育事业发展的态势，是具有国际国内双刊号的专业性学术期刊。
CN 11-1390/P	《天文爱好者》	主要栏目：天文学前沿、备战国际天文奥赛、宇宙画廊、星空漫步、宇宙信息、星空有约、天文大事、天文人物、网络天文等。
CN 11-4408/Q	《人与生物圈》	将国内外最美的自然保护区和国家公园的丰富内涵以通俗有趣的文字及图片语言介绍给热爱自然的人们，使人们能对中国壮丽的河山、世界著名风景名胜等有更深入的了解，从而激发人们热爱大自然的美好情感。
CN 31-1369/R	《大众医学》	始终秉持“忠实于医学，造福于大众”的宗旨，为一代又一代中国人输送着健康知识的营养，见证着我国医学蓬勃发展的伟大历程，提高了患者对疾病预防和治疗的知晓度。
CN 33-1192/R	《健康博览》	内容清晰、翔实、科学、实用、新颖。主要栏目：贴近生活、追求热点的“健康视点”栏目；重点报道与健康相关的社会新闻以及人们感兴趣的热点话题的“特别关注”栏目。

续表

刊号	刊名	特点、内容简介
CN 11-4688/T	《科学技术与工程》	报道我国自然科学各学科基础理论和非军事化应用创新性成果，刊登重大科研项目的研究论文、研究简报、短讯以及自然科学各专业、各学科国内外动态和发展前景的综述和评论。
CN 11-1224/S	《森林与人类》	本着立足绿色行业、保护生态环境的原则，面向大众，尤其是城市居民、大中小学生宣传绿色事业，宣扬生态伦理，倡导绿色理念，引导人们追求绿色、健康、环保的生活方式和文化时尚。
CN 11-4492/V	《太空探索》	以传递太空信息，展现尖端武器，透视天战酷网为主要内容。设有热点聚焦、太空新航线、宇宙奥秘、星际探索、谍影传奇、尖端武器、载人航天、星空夜话、探测时空、宇航博士、神奇人物等栏目。
CN 11—1526/V	《航空知识》	专门介绍航空(及航天)知识的军事科普月刊。其因独特性、新颖性、趣味性及详细的知识内容而深受广大航空及军事发烧友的喜爱。
CN 34-1283/X	《绿色视野》	设有卷首语、前沿动态、特别关注、守望绿色、人与自然、绿色讲坛、法制经纬、时尚生活、发现之旅、地球奇珍、绿色心情、缤纷资讯等12个栏目。
CN 12-1377/X	《资源节约与环保》	介绍国内外能源开发与节能新技术；推广节能减排、节能环保的典型经验；为从事教育、管理、科研人员就能源、环保及节能相关问题提供交流平台。
CN 11-2411/X	《安全》	以安全生产、安全生活、安全文化为视角，传播先进的科学文化知识，探索防灾科技教育、教学及管理诸方面的规律，活跃教学与科研的学术风气。
CN 11-1059/Z	《百科知识》	门类广泛、文理合编、权威准确、通俗易懂。
CN 31-1963/Z	《新发现》	以与人类自身生存密切相关的科学话题为主打内容，文笔清新活泼，有幽默感，亲和力强，介绍科普领域最新最全的文化，直击全球科技人文的新潮流。

表 A-2-3-2　香港、澳门、台湾地区部分科普期刊

刊名	特点、内容简介
《中国文化研究所学报》	综合性学报，它以研究中国文化、历史、社会、思想为宗旨，文章以中英两种文字发表。
《香港浸会大学学报》	综合性较强，类似于内地一些专科学校学报的性质，属文理合刊，论文同时刊以中英两种文字，且以英文为主。
《珠海学报》	属人文科学与社会科学类学报，因注重对各类学术会议动态与学术资料的报道而受到人们的重视，形成了自己的特色。论文同时用中英两种文字发表。
《新亚学报》	办刊宗旨为刊载有关中国的历史、文学、哲学、教育、社会、民族、宗教、艺术、礼俗等各方面研究成果，有较强大的、权威性的学术作者阵容。
《新亚生活》	以月刊形式介绍新亚学院每月发生的有纪念意义的事件。
《东方文化》	在香港学术界有较大的影响，刊载内容涉及人文科学与社会科学的各个方面。除刊发的论文有较高学术水平外，每期发表的“书评”也具有广泛的影响，同时用中英文刊发。
《东方》	杂志创刊于 1959 年，原为香港大学中文系学生刊物，80 年代始成为发表系内研究生和教师研究成果的学术论文集。香港高校的中文系与内地高校中文系有所不同，它实际上是“中国文化学系”，课程除语言、文学外，还包括历史、哲学、宗教、翻译等，但偏重于人文科学，由此决定了该杂志的综合性特征。
《澳门月刊》	自 1993 年在澳门创办至今一直正常出版，现已成为中央政府各部委以及各省市政府机构、社会团体、外资、台资、大型企业了解澳门的主要刊物，也是澳门唯一一份具有内地刊号，在内地新华书店、邮政局面向各地广泛发行的澳门综合类刊物，更是供澳门社会团体、居民、工人、坊众、驻澳机构乃至本澳社会高层阅读的一份分析澳门深层次问题的综合性刊物。
《澳门科技大学学报》	由澳门科技大学主办的综合性学术期刊，为半年刊，每年 6 月和 12 月出版。学报主要刊登该校各专业的最新研究成果，主要包括资讯科技、医药学、管理与经济学、法学以及教育改革与教学研究五大板块；同时用“补白”的形式反映该校科研进展、学术动态、大学建设、国际交流、服务澳门、教学研究以及每周一次的“大师讲座”和学生科技活动等最新资讯。

续表

刊名	特点、内容简介
《南国学术》	由澳门大学出版、社科学院与澳门研究中心承办,以“大人文、跨学科、超界域”为发稿理念的综合性人文社会科学学术理论期刊。每三个月推出一期。在文章侧重上,既探讨全球问题、区域问题,也探讨中国问题;在以全球视角看东方和中国的同时,还以东方视角关注世界问题。
《科学月刊》	是台湾岛内发行的一套介绍今日各科科学的月刊,于 1970 年 1 月 1 日创刊,发行日是每月的 5 日前。该月刊发行宗旨为“重视科学态度的培养,重科学知识也重过程”“知识性胜过消遣性”。
《台大文史哲学报》	登载有关文学、史学、艺术学、语言学、文字学、考古学、人类学、图书馆学以及其他有关人文学科之学术论文及书评。

A.2.4 科普网站①

《全民科学素质行动计划纲要(2006—2010—2020 年)》指出,要利用互联网等新型媒体的科技传播功能,加强科普网站和门户网站科技专栏的建设。由此来看,科普网站在科普教育中占据着重要的位置。

第 41 次中国互联网发展状况统计报告显示,截至 2017 年 12 月,我国网站数量为 315 万个。如何在众多的网站资源中找到合适的网站,获取可靠的信息,减少无依据信息的错误性导向,是当代大学生必须具备的能力。

搜索网站具体有两种途径:一种是对网站名称进行关键词搜索。想搜寻有关气象的信息,可以在搜索引擎中输入“气象”“科普”“网站”等关键词,尤其要注意同义词的替换,例如“科普”与“科学”等。二是对想要获取的信息进行模糊搜索。找到合适的文章后,关注文章的来源,就可以获得此网站的信息。在利用科普网站这一资源时,一定要对信息的真伪进行判断。科学性较强的文章一般具备来源明确,数据充分,不含有导向性与偏激性言论等特点。

对港澳台地区的科普网站进行调查发现,其科普网站数量较少,但是规模较大,每个地区都有公认的比较权威的科普网站。如泛科学网站,是台湾

① 孙雪莲执笔。

最大的科学网站及社群，其会邀请台湾科学研究者、教育者、爱好者，以及所有受科学影响的人们，共同畅谈科学。而香港和澳门地区规模、影响比较大的为科学馆的官方网站。网站会及时更新科学馆的信息，是公众获取信息的重要渠道。

表 A-2-4-1 “世界一流大学”科普网站一览表

网名网址	网站简介
北大科普网 http://kepu. pku. edu. cn/portal. php	设有实验室介绍、科普产品、科普游戏与科普资源等板块，由北京大学实验室与设备管理部、北京大学教育学院联合主办。
华东师范大学科普教育网 http://scienceshop. ecnu. edu. cn	主要内容为科普课程，并且对科普课程进行了细分，如绿色生活类、安全教育类、科学健身类和文化传统类等，用户可以根据课程的分类，迅速地获取有用的信息。
科学来了 http://scicom. ustc. edu. cn/html/Article. asp	中国科学技术大学官方科普网站，网站的内容主要聚焦于新媒体科普，包括科学过程互动展示、科学结构三维互动、事物变化互动呈现、科学现场全景展示与天体增强现实演示等内容。
海洋大学堂 http://web. ouc. edu. cn/hydxt/main. htm	中国海洋大学招生办公室研发的网站，网站下设海洋夏令营、海洋动态、海洋科学导航、海洋地理等板块。

表 A-2-4-2　科普名站一览表

网名网址	网站简介
小木虫 http://xmuchong.com/	全称是小木虫学术研究互动社区学术科研第一站，是中国最有影响力的学术站点之一。
微科普 https://www.wkepu.com/	微科普是一个综合性的数字化科普知识平台，以传播科普知识，促进科普教育和发展为目的，提供科普知识、科学资讯、资料下载、论坛、百科等内容。
中国科普博览网 http://www.kepu.net.cn/gb/index.html	中国科普博览是一个综合性的，以宣传科学知识，提高全民科学文化素质为目的的大型科普网站。
果壳网 https://www.guokr.com/	网站包括问答、小组、MOOC 等板块，内容更新十分迅速，致力于向公众倡导科技理念，让鲜活的科技内容走进流行文化。
科学松鼠会 http://songshuhui.net/	网站风格时尚，态度严谨，内容翔实，内容涵盖健康、化学、心理、数学与计算机科学等领域，并且设置了科学漫画、少儿科普与松鼠快评等特色板块。
蝌蚪五线谱 http://www.kedo.gov.cn/index.shtml	网站以互联网为平台，运用信息技术和多媒体技术，整合开发优质网络科普资源，为公众提供公益性科普文化服务，传播先进文化和科学知识，提高公众科学素质。
CCTV 科教频道 http://kejiao.cctv.com/	是以教育、科学、文化题材为内容的电视频道，包括“科技之光”“探索发现”“自然传奇”与“地理中国”等栏目。

续表

网名网址	网站简介
凤凰探索频道 http://tech.ifeng.com/discovery/	是凤凰网综合性科普频道，以普及科学知识，了解自然动物，发现宇宙奥秘，保护生态环境为主要目标。
网易探索频道 http://discovery.163.com/	依托网易综合门户优势，主要从地球、城市和人三个板块栏目进行内容组织。
腾讯科技探索 http://tech.qq.com/science.htm	是腾讯专门的科技频道，内容丰富而翔实，包括科技前沿、天文航天、自然地理和考古发现等内容。
搜狐科学频道 http://it.sohu.com/science.shtml	包括随身数码、智能家居、科技资讯与科技测评等内容。
新浪科学探索 http://tech.sina.com.cn/discovery/	内容具有专业性、实用性，涉及天文航天、历史考古、自然地理、生命医学、生活百科等众多领域。
科学网 http://www.kexue.com/	科学网是由中国科学院、中国工程院和国家自然科学基金委员会主管，中国科学报社主办的综合性科学网站，主要面向科学与高教界，旨在促进科技创新和学术交流，为科教人群提供科学新闻和实用资讯，打造虚拟科教社区。
UFO 探索网 http://www.ufo-1.cn/	主旨是“有态度，拒绝伪科学”，网站聚焦于外星探索，具体内容包括外星观察、探索发现、探索事件与图库等。

表 A-2-4-3　百科知识类网站一览表

网名网址	网站简介
百度百科 https://baike.baidu.com/	是一部内容开放、自由的网络百科全书，旨在创造一部涵盖所有领域知识、服务所有互联网用户的中文知识性百科全书。
维基百科 https://www.wikipedia.org/	是一部任何人都可以随时编辑和添加条目、内容的自由的百科全书，内容集成量非常广阔，是一部国际性百科全书。
百度知道 https://zhidao.baidu.com/	是一个基于搜索的互动式知识问答分享平台，其最大特点在于和搜索引擎的完美结合，让用户所拥有的隐性知识转化成显性知识，用户既是百度知道内容的使用者，同时又是百度知道内容的创造者。
百度文库 https://wenku.baidu.com/	百度文库的文档由百度用户上传，需要经过百度的审核才能发布，百度自身不编辑或修改用户上传的文档内容。网友可以在线阅读和下载这些文档。
互动百科 http://www.baike.com/	全球最大的中文百科网站，致力于为数亿中文用户免费提供海量、全面、及时的百科信息，并通过全新的维基平台不断改善用户对信息的创作、获取和共享方式。这是一部由全体网民共同撰写的网络百科全书。
爱问知识 https://iask.sina.com.cn/	爱问是新浪研发的新型搜索引擎，同百度知道等产品有相同的功用，是第一个中文用户互动型问答平台。
知乎 https://www.zhihu.com/	知乎是一个网络问答社区，连接各行各业的用户。用户在知乎上分享着彼此的知识、经验和见解，为中文互联网源源不断地提供多种多样的信息。

表 A-2-4-4 科学展馆一览表

网名网址	网站简介
中国数字科技馆 https://www.cdstm.cn/	中国科协、教育部、中国科学院共同建设的一个基于互联网传播的国家级公益性科普服务平台。
中国地质博物馆 http://www.gmc.org.cn/	主要内容包括对中国地质博物馆的概况进行介绍，对馆藏的精品(包括矿物、宝玉石、古生物)进行展示。
中国国家博物馆 http://www.chnmuseum.cn/	网站及时而全面地介绍中国国家博物馆概况、藏品、展览、活动、学术研究等各项内容，提供参观门票在线预约、留言问答等多类服务。
百科数字博物馆 https://baike.baidu.com/	通过技术的手段，将实体博物馆搬到网上来。实现了电脑端和手机端的同步展现，让用户随时随地都能感受到历史文化的沉淀，足不出户逛博物馆。

表 A-2-4-5 学术论文网站一览表

网名网址	网站简介
百度学术 http://xueshu.baidu.com/	百度旗下提供海量中英文文献检索的学术资源搜索平台，涵盖了各类学术期刊、会议论文，旨在为国内外学者提供最好的科研体验。
中国知网 http://www.cnki.net/	提供CNKI源数据库，外文类、工业类、农业类、医药卫生类、经济类和教育类多种数据库。每个数据库都具有初级检索、高级检索和专业检索三种检索功能。
万方数据库 http://www.wanfangdata.com.cn/	涵盖期刊、会议纪要、论文、学术成果、学术会议论文的大型网络数据库；是和中国知网齐名的中国专业的学术数据库。
维普网 http://www.cqvip.com/	网站陆续建立了与谷歌学术搜索频道、百度文库、百度百科的战略合作关系。网站领先数字出版行业发展水平，数次名列中国出版业网站百强。
中国科技论文在线 www.paper.edu.cn/	利用现代信息技术手段，给科研人员提供一个方便、快捷的交流平台，提供及时发表成果和新观点的有效渠道，从而使新成果得到及时推广，科研创新思想得到及时交流。

续表

网名网址	网站简介
学术会议网站 http://www.allconfs.org/	利用现代信息技术手段，分阶段实现学术会议网上预报及在线服务、学术会议交互式直播/多路广播和会议资料点播三大功能。为用户提供学术会议信息预报、会议分类搜索、会议在线报名、会议论文征集、会议资料发布、会议视频点播、会议同步直播等服务。
中国学术会议网 http://conf.cnki.net/	这是一个专司科普的网站，网站的内容丰富、多样，并且更新及时。会议主办方可以在中国学术会议网创建会议网站，会议信息通过审核发布后，不仅可以被互联网用户搜索到，还将通过CNKI机构/个人数字图书馆推送给所有读者。

表 A-2-4-6　学术机构一览表

网名网址	网站简介
国家科技部 http://www.most.gov.cn/	中华人民共和国科学技术部是国务院组成机构，其主要工作包括：研究提出科技发展的宏观战略和科技促进经济社会发展的方针、政策、法规；研究科技促进经济社会发展的重大问题；研究确定科技发展的重大布局和优先领域；推动国家科技创新体系建设，提高国家科技创新能力；研究提出科技体制改革的方针、政策和措施；推动建立适应社会主义市场经济和科技自身发展规律的科技创新体制和科技创新机制；指导部门、地方科技体制改革。
中国科学院 http://www.cas.cn/	1949 年 11 月成立，为中国自然科学最高学术机构、科学技术最高咨询机构、自然科学与高技术综合研究发展中心。
中国工程院 http://www.cae.cn/	1994 年 6 月 3 日成立，是中国工程技术界具有最高荣誉性、咨询性的学术机构。
中国科学技术协会 http://www.cast.org.cn/	是党和政府联系科学技术工作者的桥梁和纽带，是国家推动科学技术事业发展的重要力量。在中国科学技术协会官网，可以了解到最新的学术会议。
国家航天局 http://www.cnsa.gov.cn/	1993 年 4 月 22 日成立。在国家航天局的官方网站可以了解到有关航空的最新信息。

续表

网名网址	网站简介
中国科学院国家天文台 http://www.bao.ac.cn/	主要从事天文观测和理论以及天文高技术研究，重点研究领域有宇宙大尺度结构、星系形成和演化、天体高能和激发过程、恒星形成和演化、太阳磁活动和日地空间环境等。
中国科学院紫金山天文台 http://www.pmo.ac.cn/	中国人自己建立的第一个现代天文学研究机构，被誉为"中国现代天文学的摇篮"。网站内容十分丰富，包括对研究队伍、研究成果的介绍。
中央气象台 http://www.nmc.gov.cn/	中央气象台是全国天气预报、气候预测、气候变化研究、气象信息收集分发服务的国家中心，也是世界气象组织亚洲区域气象中心、核污染扩散紧急响应中心。
中国气象局 http://www.cma.gov.cn/	主要承担全国气象工作的政府行政管理职能，负责全国气象工作的组织管理。中国气象局网站可以提供天气预报，气象预警，气候变化，防灾减灾，气象科普等权威官方信息。

表 A-2-4-7　科学分科网站一览表

网名网址	网站简介
中国天文科普网 http://www.astron.ac.cn/	中国科学院天文科普网络委员会主办，上海天文台承办。网站内容丰富，图文并茂，知识性、趣味性及时效性都很强，包括一些多媒体(图、三维动画、语言解说)应用。
中国天文快讯 http://skynews.chinA-vo.org/	中国科学院国家天文台主办，是一个以天文资讯和学术内容为主的网站和电子杂志平台。主要用以收集整理可作为天文研究的参考资料，包括重大前沿资讯和中国国内具有一定价值的天文研究成果以及情报的收集整理。
中国数学建模网 http://www.shumo.com/home/	目前网站提供数模新闻，数模优秀论文下载，数模邮报，数模论坛等多项服务。网站有相关数模方面的资讯，包括建模经验交流、科技新闻、图书教材与精华转载等。
流体中文网 http://www.cfluid.com/	一个致力于加强流体力学及相关领域学术交流的科技网站。网站的主要服务对象是在国内外各大学及科研机构和企业中学习和工作的教师、学生和科研人员。

续表

网名网址	网站简介
《科学》杂志 http://www.sciencemag.org/	《科学》杂志是美国科学促进会出版的一份学术期刊，为全世界最权威的学术期刊之一，是发表最好的原始研究论文以及综述和分析当前研究和科学政策的同行评议的期刊之一。在该网站中，可以看到最新发表的文章和最前沿的科技讯息。
《自然》杂志 http://www.nature.com/	《自然》杂志是世界上历史悠久的、最有名望的科学杂志之一，在许多科学研究领域中，很多最重要、最前沿的研究结果都是以短讯的形式发表在该杂志上的。在该网站中，可以看到最前沿的研究信息。
丁香园 http://www.dxy.cn/	医学知识分享网站。网站内容丰富而翔实，有关于学习的信息，例如考研信息与公开课资源；同时也包括与生命相关的细分信息，例如心血管、内分泌等。
生物谷 www.bioon.com/	生物谷依托互联网，面向生物产业园区、企业和研究机构，提供全面的咨询、行业分析、医药外包服务。拥有国内产业数据库，针对行业不同的人群进行服务细分，提供相应的服务体系和解决方案。
生物 360 http://www.bio360.net/	是中国领先的即时生命科学资讯站点，已成为重要的生物医药信息集散地，提供生命科学业界资讯、评论、观点、产品和策划。
生物帮 http://www.bio1000.com/	依托互联网，在注重科学性、实用性和权威性的前提下，面向生物研究者、企业和研究机构，提供最新、领先、精准、高效、全面的生物产品和技术信息。
中国国家地理网 http://www.dili360.com/	致力于展现《中国国家地理》品牌的力量，打造中国第一家以专业地理百科知识为基础的一体化网站。
湿地中国 www.shidi.org/	通过湿地中国网站，可及时发布和了解湿地资讯、科研数据，欣赏湿地风光摄影图片等。
化石网 http://www.uua.cn/	以古生物科普为主的专业科普网站，内容丰富。以化石为主要内容，向公众介绍我国地质古生物知识；同时还包括古生物、野外考察、科技/科普人物等饶有趣味的专题，较好地起到传播科学思想和科学精神的目的。

续表

网名网址	网站简介
神秘的地球 http://www.uux.cn/	中国最早的科普网站之一。该网站科普内容涉及探索发现、科技新知、宇宙奥秘、航空航天、动物世界、飞碟之谜、水怪之谜、野人之谜等。
中国台风网 http://www.typhoon.org.cn/	以提供台风活动的及时信息为主要目的,并兼顾台风科普、台风资料查寻。对专业用户还提供全国台风联防单位及国际台风预报中心发布的各类主、客观预报结果。

表 A-2-4-8 香港、澳门、台湾地区科普网站一览表

网名网址	网站简介
香港科学馆 http://hk.science.museum/zh_CN/web/scm/au/intro.html	香港科学馆官方网站,透过先进和创新以及多学科的展览、展品、活动、表演及外展计划,带领学生和公众以非正式的途径学习科学。
澳门科学馆 http://www.msc.org.mo/	澳门科学馆官方网站,以推动青少年科普教育、配合澳门旅游发展及作为地区性科普教育及会展平台为宗旨。
泛科学 https://pansci.asia/	泛科学是台湾地区最大的科学知识社区,类似于祖国大陆的果壳网,它采用大众易于接受的方式来阐明科学知识,引导读者采用更好更科学的思考方式来认识世界,所选文章涵盖环球科学、天文地理、生活百科等相关领域。

A.2.5 科普场馆①

高校科普场馆(含博物馆、科技馆两个方面)是大学生参与科普活动的主要资源。

博物馆作为一个面向公众的社会服务机构,具有为教育、研究、欣赏的目的征集、保护、研究、传播并展出人类及人类环境的物质及非物质遗产的功能②。博物馆与教育、研究、传播的紧密关系使其与高校之间显示出不可分割的密切联系。世界上第一所具有近代博物馆性质的博物馆为牛津大学建立的英国阿什莫林博物馆,而国内第一所公共博物馆——南通博物苑,是

① 沈易润执笔。

② 国家文物局网站.国际博物馆协会章程[EB/OL]. http://www.sach.gov.cn/art/2015/2/12/art_1037_120722.html.am.

在南通师范学校基础上建立的。截至2015年，我国有普通高等院校2553所，高校博物馆数量为300多座，占比约为11.8%，分布在全国160余所高校。高校博物馆作为距离大学生最近的科普资源，通常与高校本身的倾向性有一定的联系，一般在其重点研究领域开展收藏、传播等博物活动，在专业性上有着相当高的保障。

高校博物馆不同于社会博物馆，其对高校在科研、教育等方面具有不可替代的作用。同时，对社会公众开放的高校博物馆具有一定的社会服务功能，对公众的传播教育价值正在逐步提升。

科技馆则主要利用高校的科技资源及科研力量，形成一定的传播载体力量，进行科普内容的传播。与博物馆的运行主旨有所不同，高校科技馆的功能中通常不包括收藏、研究、保护这类方面，其以传播为初衷设立，拥有更强的科普性和灵活性。高校科技馆通常以高校重点学科为主导，建立参与、互动、体验的相关设施，进行学科教育及科学普及。

中国大陆的高校科普场馆数量庞大、涉猎方面广泛、质量良莠不齐，在此仅对34所重点院校以及全国高校博物馆育人联盟所属高校博物馆加以梳理，这些高校科普场所或具有良好的口碑及资源环境，或得到学界及社会的广泛认同，在质量上具有一定的保证。

中国香港、澳门和台湾地区公办高校数量也不少，但隶属于高校的科普场馆数量并不多，这里仅选取其中比较有代表性的高校科普场馆进行简单介绍，其分别是隶属于香港大学、香港科技大学、香港中文大学、香港教育大学的各大博物馆，以及隶属于台湾大学的十所科普博物馆和台湾第一座大学自筹博物馆——台湾成功大学博物馆。

全国高校博物馆育人联盟于2012年在上海交通大学建立，秉承“统筹整合全国高校的博物馆资源，全面发挥高校博物馆的文化特色与育人功能”的主旨，建立各高校博物馆沟通交流的纽带①。

① 全国高校博物馆育人联盟. 联盟宣言[EB/OL]. http://museums.sjtu.edu.cn/Web/BWGLM/226021-2260000000035.htm.

表 A-2-5-1　高校科技馆一览表

所属高校	名称
中南大学	中南大学人体形态学科技馆科普基地
复旦大学	复旦大学人体科学科普教育基地
同济大学	同济大学深海科学科普教育基地
南开大学	南开大学医学知识科普基地
上海交通大学	上海交通大学生物转基因科普教育基地
吉林大学	吉林大学科技馆
华东师范大学	华东师范大学物理学科普教育基地
重庆大学	重庆大学艺术学院人文社会科学普及基地
	重庆大学建筑科普教育基地
	重庆大学物理探索科技馆
西安交通大学	西安交通大学网络舆情科普基地
	西安交通大学实证社会科学研究所
哈尔滨工业大学	哈尔滨工业大学航天馆
电子科技大学	电子科技大学科技馆
西北农林科技大学	西农生态科技馆

表 A-2-5-2　高校博物馆一览表

所属高校	名称
清华大学	清华大学艺术博物馆
北京大学	北京大学塞克勒考古与艺术博物馆
	北京大学地质博物馆
厦门大学	厦门大学人类博物馆
	厦门大学生物博物馆
	厦门大学海洋科技博物馆
浙江大学	浙江大学考古与艺术博物馆
	浙江大学人体博物馆
	浙江大学地质博物馆

续表

所属高校	名称	
中南工业大学	中南工业大学地质博物馆	
中山大学	中山大学博物馆	
	中山大学生物博物馆	
	中山大学人类学博物馆	
武汉大学	武汉大学万林艺术博物馆	
	武汉大学标本馆	
复旦大学	复旦大学博物馆	
	附属场馆：于右任书法陈列馆，古陶瓷标本博物馆	
南京大学	南京大学考古与艺术博物馆	
	南京大学永宁博物馆	
东南大学	东南大学地质博物馆	
	吴健雄纪念馆	
四川大学	四川大学博物馆	
	四川大学华西口腔健康教育博物馆	
	中国口腔医学博物馆	
	四川大学自然博物馆	
同济大学	同济大学博物馆	
南开大学	南开大学博物馆	
山东大学	山东大学博物馆	
中国人民大学	中国人民大学博物馆	
上海交通大学	上海交通大学董浩云航运博物馆	
	上海交通大学校史馆	
	钱学森图书馆	
华南理工大学	华南理工大学校史博物馆	校史馆
		无线电电子博物馆
		电视机工业博物馆

续表

<table>
<tr><th>所属高校</th><th colspan="2">名称</th></tr>
<tr><td rowspan="2">吉林大学</td><td colspan="2">吉林大学地质博物馆</td></tr>
<tr><td colspan="2">吉林大学考古与艺术博物馆</td></tr>
<tr><td rowspan="5">华东师范大学</td><td rowspan="5">华东师范大学博物馆</td><td>中国古钱币馆</td></tr>
<tr><td>中国历史文物馆</td></tr>
<tr><td>生物馆</td></tr>
<tr><td>校史馆</td></tr>
<tr><td>“海上风”民俗馆</td></tr>
<tr><td>重庆大学</td><td colspan="2">重庆大学虎溪校区博物馆</td></tr>
<tr><td>西安交通大学</td><td colspan="2">西安交通大学博物馆</td></tr>
<tr><td>哈尔滨工业大学</td><td colspan="2">哈尔滨工业大学博物馆</td></tr>
<tr><td>中国科学技术大学</td><td colspan="2">中国科学技术大学博物馆</td></tr>
<tr><td>中国海洋大学</td><td colspan="2">中国海洋大学水生生物博物馆</td></tr>
<tr><td rowspan="2">天津大学</td><td colspan="2">天津大学校史博物馆</td></tr>
<tr><td colspan="2">天津大学吉山古生物化石博物馆</td></tr>
<tr><td>北京师范大学</td><td colspan="2">北京师范大学文物博物馆</td></tr>
<tr><td>电子科技大学</td><td colspan="2">电子科技博物馆</td></tr>
<tr><td>兰州大学</td><td colspan="2">兰州大学博物馆</td></tr>
<tr><td rowspan="2">西北工业大学</td><td colspan="2">西北工业大学航天博物馆</td></tr>
<tr><td colspan="2">西北工业大学校史馆</td></tr>
<tr><td rowspan="2">北京航空航天大学</td><td colspan="2">北京航空航天大学航空航天博物馆</td></tr>
<tr><td colspan="2">北京航空航天大学艺术馆</td></tr>
<tr><td rowspan="2">中国农业大学</td><td colspan="2">中国农业大学昆虫标本馆</td></tr>
<tr><td colspan="2">中国农业大学饲料博物馆</td></tr>
<tr><td>西北农林科技大学</td><td colspan="2">西北农林科技大学博览园</td></tr>
<tr><td>中央民族大学</td><td colspan="2">中央民族大学民族博物馆</td></tr>
<tr><td>北京交通大学</td><td colspan="2">北京交通大学校史博物馆</td></tr>
</table>

续表

所属高校	名称
中国传媒大学	中国传媒大学传媒博物馆
北京林业大学	北京林业大学标本馆
中国地质大学	中国地质大学博物馆(北京)
中央美术学院	中央美术学院美术馆
北京中医药大学	北京中医药大学中医药博物馆
东北大学	东北大学汉卿会堂
东北师范大学	东北民族民俗博物馆
东北林业大学	中国(哈尔滨)森林博物馆
东华大学	上海纺织服饰博物馆
中国矿业大学	中国煤炭科技博物馆
江南大学	江南大学民间服饰传习馆
南京农业大学	中国农业文明博物馆
合肥工业大学	合肥工业大学工程认知博物馆
中国药科大学	中国药科大学药学博物馆
华中农业大学	华中农业大学标本馆
中南财经政法大学	中国货币金融历史博物馆
西南财经政法大学	西南财经政法大学货币证券博物馆
西南大学	历史博物馆
	美术馆
	生物标本馆
	天文馆
	校史馆
	蚕桑丝绸陈列室
陕西师范大学	陕西师范大学博物馆
长安大学	长安大学地质博物馆
哈尔滨工程大学	哈尔滨工程大学船舶博物馆

续表

所属高校	名称
中南民族大学	中南民族大学民族学博物馆
南京理工大学	南京理工大学兵器博物馆
河北大学	河北大学博物馆
内蒙古大学	内蒙古大学民族博物馆
上海出版印刷高等专科学校	上海印刷博物馆
上海音乐学院	东方乐器博物馆
上海戏剧学院	上海戏剧博物馆
上海体育学院	中国武术博物馆
上海海洋大学	上海海洋大学博物馆
上海大学	上海大学博物馆
上海中医药大学	上海中医药博物馆
上海师范大学	上海师范大学博物馆
上海金融学院	上海金融学院当代钱币博物馆
南昌大学	南昌大学博物馆
赣南师范学院	赣南师范学院博物馆
临沂大学	临沂大学博物馆
石河子大学	石河子大学博物馆

表 A-2-5-3　香港、澳门和台湾地区科普场馆浏览

名称	简介
香港大学美术博物馆	香港大学美术博物馆原称为“冯平山博物馆”，创立于 1953 年，前身为香港大学冯平山图书馆。馆藏以陶瓷最受瞩目，当中包括汉代铅釉陶器及唐代三彩器等早期明器。瓷器一直是中国对外经贸的主要商品，其中尤以越瓷及青瓷备受东南亚及韩国人士青睐。至于曾为迎合中东及欧洲市场于中国发展而成的青花瓷器，亦有代表作品见于馆藏，当中尤以唐青花三足水盂最为人津津乐道。其他重要馆藏还包括定窑、磁州窑等宋代瓷器，以及明清两代的单色釉和彩瓷。

续表

名称	简介
香港科技大学艺术中心	香港科技大学艺术中心定期兴行各项艺术及文化活动，并通过驻校艺术家计划，让学生有机会接触各样艺术和文化。
香港中文大学文物馆	香港中文大学文物馆成立于1971年，秉承香港中文大学的办学宗旨，致力于弘扬中国文化，促进中外学术交流，贡献社会。文物馆隶属于香港中文大学中国文化研究所，致力于收藏、保存、研究及展览中国文物如绘画、书法及不同类型的工艺美术，并经常举办不同专题的文物艺术及考古展览。
香港中文大学霍英东遥感科学馆	香港中文大学霍英东遥感科学馆设有卫星遥感地面接收站控制室，收集实时卫星图像，监测分析环境数据。科研人员会在馆内进行有关自然灾害的研究及监察工作，以减少天灾带来的人命及经济损失，并向公众推广地球信息和遥感科学知识。
香港教育博物馆	香港教育博物馆隶属于香港教育大学，该馆收藏具有历史价值的本地教育文物，当中包括教学用具、校服、课本、奖杯、证书、文献及历史照片等。
台湾大学博物馆群	现阶段台大博物馆群成员共计十处，由图书馆主导整合，并设有台大博物馆群办公室，负责执行合作发展业务之规划、运作、协调、共同事务之处理与对外形象经营等相关事宜；而各成员馆内部馆务营运与发展，则维持原有运作机制与特色，充分享有主导权。
台湾成功大学博物馆	台湾成功大学博物馆位于台湾成功大学成功校区内，为台湾第一座大学自筹博物馆。

A.2.6 科学实验室[①]

科学实验室是高校重要的科普资源。近年来，随着公民科学素养的日益提高，越来越多的人希望走进高校科学实验室，一睹科学之奥妙、科研

① 张伟伟执笔。

之风采。同时，高校也以积极的态度参与到科普活动中来，设立实验室开放日、参观日，利用科学实验室丰富的科普资源面向社会进行科学普及工作，为公众奉上一场科学盛宴。尤其在每年的科技活动周[①]期间，高校不仅将科学实验室的大门向公众敞开，还会在科学实验室里举办科技展览、互动问答、演示、讲座等多种活动，让前来参观的师生家长深切感受到科学的魅力。由此，了解高校科学实验室科普资源的重要性也得到广泛认同。

科学实验室是高校的重要硬件资源，科学实验室的种类、级别和运行情况自然与高校的整体建设水平正相关。相应地，高等学府也重视对公众尤其是对学生群体开展科普工作。限于篇幅，我们选取国家首批重点建设的高水平学府北京大学、清华大学、复旦大学等九所高校——C9 高校作为范本，列举 C9 高校的科学实验室资源，包括国家实验室、国家重点实验室、国家工程实验室、国家工程研究中心、教育部重点实验室等主要自然科学实验室，引导大学生对高校科学实验室资源有一个大致了解。至于 C9 高校的人文社科研究中心、省市校级实验室则未做列举。香港特别行政区直管高等院校共有八所，分别是香港大学、香港中文大学、香港浸会大学、香港理工大学、香港城市大学、香港科技大学、香港岭南大学、香港教育大学。澳门特别行政区一共有 12 所高等院校，其中有一些是专科院校，或者本专科兼具的院校，比较好的有澳门大学、澳门理工学院、澳门科技大学。台湾地区高校众多，截至 2018 年 3 月，共有 170 余所高等院校，其中有部分专科院校，私立院校也有一定占比。这里选择台湾大学、台湾清华大学和台湾成功大学三所综合类高校，能够在一定程度上体现台湾地区高校实验室资源分布情况。登录各高校网站即可快速获取更多科学实验室资源。

同样地，我们可以根据参观、学习需要，登录其他各类高校的官方网站，

① 科技活动周是我国政府于 2001 年批准设立的大规模群众性科学技术活动。根据国务院批复，每年 5 月第三周为“科技活动周”，由科技部会同中宣部、中国科协等 19 个部门和单位组成科技活动周组委会，同期在全国范围内组织实施。

获取该校科学实验室的开放日时间、科普活动安排等更多信息。我们也可以在科技活动周期间，走进各大高校更高效便捷地参与到各大优秀科学实验室组织的丰富多彩的科普活动中去。

表 A-2-6-1　C9 高校科学实验室网站一览表

北京大学	http://www.pku.edu.cn/research/kyjg/index.htm
清华大学	http://www.tsinghua.edu.cn/publish/newthu/newthu_cnt/research/research-2-1.html
复旦大学	http://www.fudan.edu.cn/2016/channels/view/58/
上海交通大学	http://kejichu.sjtu.edu.cn/ApprovedConstruction.aspx?fieldId=88
南京大学	https://www.nju.edu.cn/3675/list.htm
浙江大学	http://rd.zju.edu.cn/index.php?c=main&a=detail&id=195
中国科学技术大学	http://www.ustc.edu.cn/kxyj/kyjg/201109/t20110914_119797.html
哈尔滨工业大学	http://www.hit.edu.cn/256/list.htm
西安交通大学	http://www.xjtu.edu.cn/kxyj/kyjd.htm

表 A-2-6-2　香港、澳门、台湾地区主要大学科学实验室一览表

香港大学	https://www.hku.hk/research/c_state_key_lab.html
香港中文大学	http://www.cuhk.edu.hk/chinese/index.html
香港浸会大学	https://www.hkbu.edu.hk/eng/main/index.jsp
香港理工大学	https://www.polyu.edu.hk/web/sc/research/research_units/index.html
香港城市大学	https://www.cityu.edu.hk/
香港科技大学	https://www.ust.hk/

续表

香港岭南大学	http://www. ln. edu. hk/chs/research-and-impact/research-centres
香港教育大学	https://www. eduhk. hk/main/sc/research/research-centres/
澳门大学	https://www. umac. mo/research/lab. html
澳门理工学院	http://www. ipm. edu. mo/zh/index. php
澳门科技大学	https://www. must. edu. mo/
台湾大学	https://www. ntu. edu. tw/academics/academics_list. html
台湾清华大学	http://www. nthu. edu. tw/units/researchCenter
台湾成功大学	https://web. ncku. edu. tw/p/412-1000－4306. php? Lang＝zh-tw

A.3　国外科普教育资源[①]

国外科普教育资源非常丰富，可谓眼花缭乱，精彩纷呈。然而，普通大学生由于受语言所限，一般难以获得有效科普教育资源。我们简要介绍国外科普图书、科普媒体、科普网站、科普场馆以及科学实验室五个方面的部分科普教育资源，以引导大学生养成获取域外资源的习惯。我们以能够登录官方网站为首要筛选条件，在内容的选择上以国际知名度为依据，以便于广大读者能够切实利用到相关的优质资源。例如科普图书以"英国皇家学会科学图书奖"和"美国科学促进会/斯巴鲁'科学图书与电影'优秀科学图书奖"两个国际典型科普图书奖项2018年提名及获奖名单为参考依据。

表 A-3-1　国外科普图书一撇

图书名称	图书作者	图书简介
《睾丸激素》(*Testosterone Rex*)	Cordelia Fine	研究性别政治和性别特质的神话。
《追寻记忆》(*In Pursuit of Memory*)	Joseph Jebelli	寻求治疗阿尔兹海默症的办法。
《揭开心智的奥秘》(*Other Minds*)	Peter Godfrey-Smith	探索了章鱼的进化历程。
《做一个机器人》(*To Be a Machine*)	Mark O'Connell	考察了技术是如何改变人类状况的。
《超越无限》(*Beyond Infinity*)	Eugenia Cheng	探索了无限的概念。
《我包罗万象》(*I Contain Multitudes*)	Ed Yong	讲述了寄居在人体内的微生物的故事。

① 祝阳执笔。

续表

图书名称	图书作者	图书简介
《美丽与喙:科学,技术和 3D 打印的喙如何拯救秃鹰》(*Beauty and the Beak: How Science, Technology and a 3D-Printed Beak Rescued a Bald Eagle*)	Deborah Lee Rose 与 Jane Veltkamp	Beauty(一只秃头鹰)喙被击中后是如何获救的,以及科学家如何设计一个 3D 打印的假喙,使她能够自己进食和饮用的故事。
《数字动物:动物信息图书》(*Animals by the Numbers: A Book of Animal Infographics*)	Steve Jenkins. Houghton Mifflin Harcourt	用图形表示数据,展示动物由数字组成的一系列有趣的事实。
《如何驯服狐狸(并塑造一只狗):有远见的科学家和一个西伯利亚的跳跃式进化的故事》(*How to Tame a Fox (and Build a Dog): Visionary Scientists and a Siberian Tale of Jump-Started Evolution*)	Lee Alan Dugatkin 和 Lyudmila Trut	通过狐狸繁殖实验论证这些狐狸是根据驯服的选择标准来繁殖的。
《这本书很臭! 全是垃圾,烂垃圾和科学垃圾》(*This Book Stinks! Gross Garbage, Rotten Rubbish, and the Science of Trash*)	Sarah Wassner Flynn	展现垃圾处理过程,如堆肥、再缩补、垃圾填埋等,探索如何创造性地找到新的垃圾再利用的方法。

表 A-3-2　国外科普媒体一撇

名称、网址	媒体简介
天地广播 http://www.earthandsky.org	1991 年,广播公司天地建立,以广播的形式向全球各地播报每日科学新闻,它的口号是"科学的清晰声音"。目前,《天地》每天提供 90 秒和 60 秒两档科学新闻,这些新闻则全部直接来自世界各国的科学家。

续表

名称、网址	媒体简介
《自然》杂志 http://www. nature. com	英国著名杂志《自然》周刊是世界上最早的国际性科技期刊，自从 1869 年创刊以来，始终如一地报道和评论全球科技领域里最重要的突破。其办刊宗旨是“将科学发现的重要结果介绍给公众，让公众尽早知道全世界自然知识的每一分支中取得的所有进展”。《自然》杂志每星期在全世界发行 6 万份，是世界上最有影响力的科学杂志之一。
《新科学家》杂志 http://www. newscientist. com	《新科学家》杂志(*New Scientist*)，是一本创刊于 1956 年，由 Reed Business Information Ltd. 出版发行的国际性科学杂志。其每周发刊一次，并于 1996 年设立网络版，每日发布科学新闻，广为科学和非科学领域的人士阅读。
《大众科学》杂志 http://www. popsci. com	《大众科学》(*Popular Science*)是美国月刊杂志。其创刊于 1872 年，一直是全球销量第一的生活科技信息杂志，共 11 个版本以 9 种文字在世界各地同步发行。130 多年来，在提升人们的生活品质和科技素养方面起着举足轻重的作用。
4 频道(科学) http://www. channel4. com/science	4 频道是覆盖整个英国的电视频道，它通过所有的数字平台(地面、卫星、有线电视)和传统的模拟信号传递信息。4 频道提供广泛服务，包括免费的数字电视频道 E4 类、More 4 频道和 Film 4，以及日益增加的各种在线活动(channel4. com)，其中包括宽带服务 FourDocs 和第 4 频道的定制视频点播服务。
《洛杉矶时报》(科学 & 医药) http://www. latimes. com/news/science	《洛杉矶时报》(*Los Angeles Times*)是美国西部最大的对开日报，于 1881 年在洛杉矶创刊，属“时报-镜报公司”。
《科学新闻》杂志 http://www. sciencenews. org	《科学新闻》(*Science News*)杂志于 1922 年由科学与公众学会出版，内容覆盖几乎所有科学领域的重大研究课题，是一本致力于科学研究和教育的半月刊。杂志新闻组成员同时为该杂志网站供稿，网站以转载和整合杂志文章为主，内容每日更新。

续表

名称、网址	媒体简介
《科技日报》 http://www.scitechdaily.com	《科技日报》(*Sci Tech Daily*)于1998创办,每五周更新一次,通过提供相关网站链接的方式汇集大量科学动态信息并对其进行整合分类,实现科学网站导航功能。
《纽约时报》(科学版) http://www.nytimes.com/pages/science/	《纽约时报》(*The New York Times*)于1851年创办,是美国影响力最大的报纸,有"档案记录报"的美称。该报于1996年1月上网,由时报公司数字部负责。网站配合报刊,栏目全面。
《科学美国人》杂志 http://www.sciam.com	自1845年创刊以来,《科学美国人》已有18个版本全球同步传播,139位诺贝尔奖得主为其撰稿。它见证了世界科学每一个重大进步,成为世界科普杂志的顶级品牌。
《天文》杂志 http://www.astronomy.com/asy	美国《天文》杂志已有35年历史,从一个只有48页的小册子,逐步发展成为美国最受欢迎的天文杂志之一。其门户网站以该杂志为依托,并为其服务。
《科学》杂志 http://www.sciencemag.org http://www.sciencemag.org	回顾一下去年、过去10年或100年的头条新闻,人们会发现许多世界上的重要科学报道是首先出现在美国《科学》周刊面页上的。《科学》周刊严格的同行评议过程确定了该杂志作为有声望的、可信的新科学信息的来源的地位。
《地球》周刊 http://www.earthweek.com	《地球》周刊创刊于1988年,现在已经发展为在世界范围内发行的有影响力的刊物。
《探索》杂志 http://discovermagazine.com	《探索》(*Discover*)杂志是世界领先的科普杂志,杂志内容定位于科学、技术和未来,具体栏目包括健康与医学、心灵与脑、技术、空间、人类起源、生活世界、环境、物理与数学等。
《科技瞭望》杂志 http://www.techreview.com	《科技瞭望》杂志及其网站隶属于麻省理工学院所独立拥有的传媒公司,《科技瞭望》杂志是世界上最具历史的科技类杂志,创刊于1899年。其宗旨是促进公众对科技的理解,并且分析科技成果对经济、社会和政治所造成的影响。

表 A-3-3 国外科普网站一览表

名称、网址	媒体简介
CNN 科技 http://edition.cnn.com/TECH/space/	美国有线电视新闻网(CNN)由特纳广播公司董事长特德·特纳于 1980 年创办,现为国际新闻网,为全球最先进的新闻组织。CNN 网站由该报业集团伦敦部与香港部提供技术支持,由遍布全球的近 4000 名专业记者为其供稿。
BBC 科学 http://www.open2.net/scienceshack	英国广播公司(British Broadcast Company,BBC)是英国最大的新闻媒体,目前经营 8 条电视频道,10 条广播频道。以自然与人类关系为题材的音像节目是 BBC 的一大亮点。这类节目在科学普及领域发挥的重要作用在被 BBC 自称为"开放大学(Open University)"的 open2.net. 子网站聚焦并成倍放大。
美国公共广播网新星频道 http://www.pbs.org/wgbh/nova	美国公共广播网(Public Broadcasting Service,PBS)成立于 1970 年 10 月,是一家非盈利的广播电视服务集团,旗下有 354 家电视台。新星频道(PBS—NOVA)是其中之一,它制作了世界上最高级别的科学电视剧,曾获得许多奖项。
伦敦城市科学 http://www.citiesofscience.co.uk/go/London/Portal.html	伦敦城市科学网站是 2001—2002 年"科学年"项目之一,建于 2002 年。每月,有大约 1 万人次访问该网站,浏览量超过 10 万页。
波士顿环球时报(科学) http://www.boston.com/news/science	波士顿环球时报网站(boston.com)建立于 1995 年 10 月,迄今它已经发展成为美国访问量最大的门户网站之一,每月有超过 400 万点击量。该网站还是《纽约时报》电子版的一部分,与《波士顿环球时报》一起提供新闻报道服务。
ABC 科学在线 http://www.abc.net.au/science	澳大利亚广播公司有连锁店销售与其节目相关的图书和音频视频记录。ABC 科学在线是以其科学类节目为依托而建的门户网站,建于 1997 年。
《科学时报》 http://www.sciencedaily.com	科学时报网站(Science Daily.com)于 1995 年创办,是一本综合性专业科学新闻网站。网站重点关注医药、环境、能源、考古等 16 个学科,面向学生、教师、科研人员、政府官员及其他科学爱好者。
新闻背后的科学 http://www.whyfiles.org	新闻背后的科学网站建立于 1996 年,是一本在线科学杂志,目标是让科学在人们的生活中更易于理解和利用。

续表

名称、网址	媒体简介
PhysOrg 新闻 http://www. physorg. com	PhysOrg 新闻是一家世界领先的以网络为基础的提供科学研究和技术服务、新闻报道的并且涵盖全系列主题的媒体网站，于 2004 年建立。其网站内容涉及物理学、地球科学、医药、纳米技术、电子、航天、生物、化学、计算机科学、工程、数学和其他科学和技术。PhysOrg 新闻的读者人数稳步增加，其中包括约 150 万科学家、研究人员和工程师。2008 年，其被列为全球 3000 个热门网站之一。
生命科学 http://www. life-of-science. net	生命科学网站是一个有趣的科学新闻门户，其网站内容主要包括医学和生物两个方面，另外还涉及环境生态学、纳米技术等。其通过一些消息报道，以及发表在科学期刊上的专题文章，解释最近的研究结果，深入探讨当前研究和公众关注的主题，来吸引青少年对学科的兴趣。
探索儿童频道 http://kids. discovery. com	探索频道于 1985 年开播，现今已成为世界上发展最迅速的有线电视网络之一，覆盖面遍及全球 160 多个国家和地区，以 35 种不同语言播出节目。探索儿童频道是其 14 个娱乐品牌之一。
生物伦理网 http://bioethics. net	生物伦理网是美国医药学会主办的美国《生物伦理》期刊的官方网站。该网站于 1993 年创办，是第一个关注生物伦理学的专门网站。网刊合一，致力于搭建以实验室研究为基础的生物伦理学平台。网站主页开设期刊专区，对美国医药学会主办的各类期刊进行推荐并提供在线订阅服务。
行星科学网站 http://www. planet-science. com	英国国家科技艺术基金会(National Endowment for Science, Technology and the Arts, NESTA)是一个国家赞助的有关科学技术和艺术的独特机构，任务是“使英国人更具创新性”。“行星科学”(planet-science)是国家科技艺术基金会旗下的一个大型网站，目标是激发人们对科学的兴趣、发展未来创新者的技能、共享学习方法和资源。

续表

名称、网址	媒体简介
欧洲警报 http://www.eurekalert.org	欧洲警报1996年由美国科学促进协会(AAAS)创办，是为数不多的专门报道科学新闻和发布科学信息的全球性网站。该网站涵盖物理、化学、材料科学等领域，为大学、医疗中心、学术期刊、政府、企业和其他机构提供科研信息发布平台，同时为公众报道科技新闻和提供实时更新的科学信息。
科学与发展网络 http://www.scidev.net	科学与发展网络(SciDev. Net)源于一个由《自然》杂志新闻人员建立的网站，建立于1999年。该网站是一个非营利组织，致力于提供有关发展中国家的科学和技术方面有价值的和权威的信息。
美国国家航空航天局网站 http://www.nasa.gov	美国国家航空航天局(National Aeronautics and Space Administration，NASA)成立于1958年，是世界上太空机构的领头羊。
工作原理 http://www. howstuffworks.com	1998年，37岁的美国北卡莱罗纳州立大学计算机科学系教师布莱恩创立这个用最简单生动、通俗易懂的语言解释世间万物运作的网站——工作原理。
极端科学 http://www. extremescience.com	极端科学网站由伊丽莎白凯勒在1998年建立，已经发展成为互联网上知名度很高的科学网站。
科学世界 http://scienceworld. wolfram.com	主要包括天文、化学、物理、数学、传记5部分，可以看作一部网上小百科全书。此网站在埃瑞克·韦恩斯坦的协助下经营了10多年，积累了丰富的科学资料。
国家科学教师联盟 http://www.nsta.org	美国国家科学教师联盟官方网站，在功能上实现联盟的电子化办公、管理与推广。“专业发展”“会议和研究所”两个板块发布实验室、研究中心、会议、论坛等与科学教育相关的活动信息。“出版物和产品”介绍并销售该联盟主办的刊物、出版过的书籍、纪念品等周边产品。
科学课程教学网络资源 http://www.hep.yorku. ca/physics_education.html	科学课程教学网络资源是一个科学教育导航网站，提供教育资源及组织的网站链接及简介。

续表

名称、网址	媒体简介
科学博客 http://scienceblogs.com	科学博客建立于 2006 年 1 月，是一个覆盖全球的科学门户网站。从气候变化到智能设计，从艾滋病毒到艾滋病的干细胞，从科学教育到太空探索，科学博客涉及内容非常广泛。科学博客的用户拥有很大的自由度，可以在创作和编辑上发挥自己的聪明才智。
科技网站 http://www.sci-tech.co.uk	科技网站是一个英国非政府组织科学网站，致力于激发公众的科学兴趣，为科学教育提供帮助。该网站分为“科学”和“技术”两个板块，刊登最新的学术文章。“科学”板块关注科学在理论层面的研究，覆盖地球物理学、生物学、分子学、生命科学等领域。“技术”板块则关注科学在应用和产业化层面的进展，涉及网络技术、医药卫生等领域。除定期更新专业学术文章，网站还发布科技新闻、开设会员博客、提供站内搜索，对网站功能进行拓展和补充。
化学指南 http://www.chemistryguide.org	该目录和互联网上与化学相关资源的搜索引擎搜索超过 250 个网站的内容。
霍金官方网站 http://www.hawking.org.uk	该网站介绍霍金诸多方面的相关信息。
向天文学家提问 http://www.astronomycafe.net/qadir/qanda.html	由斯滕·奥登瓦尔德博士创办的天文学科普网站。斯滕·奥登瓦尔德博士将他自 1995 年起至今所搜集整理的几千个有关于天文学知识的问和答分为“月亮、太阳系、宇宙、其他”四个大类，供浏览者查找。所有问答被归为“初级、中级、高级”三个等级。同时，该网站还提供近期将要发生的天文事件的简介。浏览者还可以通过在线购物的方式购买到斯滕·奥登瓦尔德博士所写的天文学科普读物。
科学数学世界 http://www.robertlackie.com/sci	科学数学网站是莱德大学图书馆学名誉教授罗伯特·拉奇创办的科学网站。网站致力于拓宽教师和图书馆学学者在科学和数学领域的知识面，通过推荐和转载相关链接的方式为研究者提供必要的文献资源和辅助工具。

续表

名称、网址	媒体简介
奇妙的天文学 http://blogs. discovermagazine. com/badastronomy/	菲尔·普莱特的天文学博客，博文的类型以杂文为主，短小精悍，嬉笑怒骂中体现作者的睿智和对科学的理解。
妇女科学家的 4000 年 http://www. astr. ua. edu/4000WS	这是一个专门搜集从古至今女性科学家及其成就和生平的网站。网站提供女科学家的生平、照片、传记等，同时欢迎感兴趣的浏览者将自己所知道的关于女性科学家的信息补充进该网站。
牛顿城堡 http://www. tqnyc. org/2005/NYC051308/	网站内容以牛顿的故事和牛顿发现的物理规律为主，通过故事的形式解释了色彩的原理、重力原理等。同时，网站提供达·芬奇和伽利略的事迹和与他们相关的科学原理，试图通过介绍这些著名的科学家及其生平给青少年带来正确的科学观并激发青少年学习科学的兴趣。
富兰克林研究所 http://fi. edu/learn/	富兰克林研究所资源网站含有丰富的学习资源，用户可以在网上找到丰富的科学内容、资源以及为教育工作者提供的各种职业发展机会。比如网站首页开设有“学生”“教育者”“领导”“合作伙伴”四个区。“学生专区”有神奇机器人展览、记录科学历史故事的档案以及各种有趣的科学资料；“教育者专区”有专门辅助教师的课程设置、家长学校以及女孩为中心的教育等。
学校科学 http://www. schoolscience. co. uk	学校科学网站由英国科学教育协会创办，与 32 家科学媒体、企业、组织等合作，协助开展中小学课外科学教育活动。

表 A-3-4 国外科普场馆一览表

名称、网址	媒体简介
芝加哥科学与工业博物馆 http://www.msichicago.org	芝加哥科学与工业博物馆拥有超过 3.5 万件展品，是世界上最大的科学博物馆之一，旨在激发儿童的科学探索和创新精神。该馆展品注重互动性、趣味性，70 多年来，已经有近 18 万人次参观。
波士顿科学博物馆 http://www.mos.org	波士顿科学博物馆建立于 1830 年，位于美国马赛诸赛州波士顿。博物馆展出 500 多个互动式展品，组织现场演示，播放 IMAX 屏幕电影。网站以一般大众为服务对象，鼓励质疑和探索的科学精神，提倡终身学习和积极的公民意识。
富兰克林科学博物馆 http://www2.fi.edu	富兰克林科学博物馆是富兰克林科学研究所最负盛名的机构，成为宾夕法尼亚州访问量最大的博物馆。网站主要为观众参观博物馆提供服务，同时发布博物馆相关新闻和科学教育资源。
史密森国家航空航天博物馆 http://www.nasm.si.edu	史密森学会是由英国科学家詹姆斯·史密森遗赠捐款于 1864 年建立的为增进和传播人类知识的学会，学会拥有 18 座博物馆和一座动物园。史密森国家航空航天博物馆是学会下设的博物馆之一，位于华盛顿。
加利福尼亚州科学中心 http://www.californiasciencecenter.org	加利福尼亚州科学中心位于美国的洛杉矶，是一个综合性的科普场所，展馆分为科学殿堂、生命世界、创造力世界、经验积累、穹幕电影厅等部分。
创新科技博物馆 http://www.thetech.org	创新科技博物馆是一家位于美国加州硅谷的带有企业性质的科技博物馆，它是加州圣荷西地区向观光客或当地居民提供教育的重要资源。其 1978 年修建，2004 年已扩张到 12000 平方米，累积访客超过了 2800 人次。
温哥华海洋博物馆 http://www.vancouvermaritimemuseum.com	温哥华海洋博物馆是加拿大也是北美西海岸一个主要的海洋博物馆，由一艘真正航海过的古老船舰所建盖而成。1954 年，原服役于加拿大皇家舰队的“圣劳殊号”退伍后，由温哥华市府购得，停放在现址，后来依船身加盖防蔽建筑，内部也整修恢复成当时旧貌，供民众参观。

续表

名称、网址	媒体简介
美国自然历史博物馆 http://www.amnh.org	美国自然历史博物馆建馆于1869年，位于美国纽约曼哈顿，是以人类学、古生物学、生物学等学科为主的博物馆，每年承办超过100场特别展览。该馆的特色是其对于各大洲哺乳动物的收集，以及人类学的馆藏。其人类起源馆是此领域全美唯一的专项展览馆，展示了人类进化过程中的各个阶段。网站与博物馆相辅相成。
纽约科学馆 http://www.nyscience.org	纽约科学馆作为世界博览会的一部分建立于1964年，是当时美国仅有的几个科学中心之一。世界博览会结束后，纽约科学院仍然对公众开放，并且举办了世界上第一个原子物理展。目前，纽约科学馆是美国最大、内容最多的科学中心。
玛丽-安科什兰国家科学院科学博物馆 http://www.koshland-science-museum.org	玛丽-科什兰科学博物馆以一名在抗体行为方面有开创性研究成果的免疫分子生物学家玛丽-科什兰的名字命名。博物馆建立于2004年，起初是她的丈夫丹尼尔-科什兰送给她的礼物，如今博物馆已经归于美国国家科学院名下，得到了长足的发展。
迈阿密科学博物馆 http://www.miamisci.org	迈阿密科学博物馆最初是一个私人非营利组织，建于1949年。在过去十年中，每年的游客超过25万人次。博物馆本身由迈阿密天文馆、温特劳布天文台和野生动物中心组成。
芬班克自然历史博物馆 http://www.fernbankmuseum.org	19世纪后期，一位名叫艾米丽·哈里森的自然爱好者将亚特兰大以东的这块地方命名为“芬班克”。1938年，她在这块林地上建立起芬班克博物馆；1992年，博物馆正式向公众开放。
南佛罗里达科学博物馆 http://www.sfsm.org	南佛罗里达科学博物馆位于佛罗里达州西棕榈滩，是一家互动型科技馆，拥有一个水族馆和一个天文馆。
北卡罗来纳自然科学博物馆 http://www.naturalsciences.org	北卡罗来纳自然科学博物馆是美国东南部最大的自然史博物馆。其前身可以追溯到1879年以农业和地质内容展出为主的博物馆，1887年北卡罗来纳州最终确立其自然历史博物馆的定位。

续表

名称、网址	媒体简介
丹佛自然与科学博物馆 http://www.dmns.org	丹佛自然与科学博物馆坐落在落基山地区，是科罗拉多州重要的非正规的教育资源，成立于1900年，内有各种各样的展览、项目和活动，其定位于成为一个娱乐和教育的机构。
加拿大科学技术博物馆 http://www.sciencetech.technomuses.ca	加拿大科学技术博物馆坐落在加拿大首都渥太华，收集从常规技术到高新技术的大量丰富的展品，体现了加拿大科学技术的发展。其展品涉及的内容主要有天文、航天、海陆交通运输、计算机技术等各个方面。
英国国家海洋博物馆 http://www.nmm.ac.uk	英国国家海洋博物馆是一家免费的公益性博物馆，主要由海洋画廊、皇家天文台和女王之家组成。其主要介绍海洋、船只、天文、行星以及它们与人之间的关系。
韩国国家科学博物馆 http://www.science.go.kr/index_eng.html	韩国国家科学博物馆于1945年在首尔成立。在2002年累计访问就已经超过1000万人次。它的主要功能是收集、保存、展示科学技术，自然科学及其历史，传播科学知识。
东京国立科学博物馆 http://www.kahaku.go.jp/english	东京国立科学博物馆最早于1871年修建，原名东京博物馆，1931年更名为东京科学馆。2001年，其成为一个行政上真正独立的国家科学技术博物馆。
加利福尼亚大学古生物学博物馆 http://www.ucmp.berkeley.edu	加利福尼亚大学古生物学博物馆建立于1921年，坐落在加利福尼亚大学伯克利分校。
密歇根大学人类学博物馆 http://www.lsa.umich.edu/umma	密歇根大学人类博物馆于1922年建成，博物馆展出近1500件动物标本，其中包括世界上最大的恐龙化石标本。
牛津大学科学历史博物馆 http://www.mhs.ox.ac.uk	牛津大学科学历史博物馆建于1683年，是世界上现存最古老的博物馆。博物馆收集了从中世纪到17世纪的科学仪器，同时收集了十八九世纪的文本资料。凭借无与伦比的收藏品及博物馆建设，该博物馆无论在科学史研究上还是在西方文化发展上都占有重要的地位。

表 A－3－5　国外科学实验室举例

名称网址	媒体简介
普劳德曼海洋实验室 http://www.pol.ac.uk	普劳德曼海洋实验室隶属于英国自然环境研究理事会，拥有世界一流的海洋科学研究技术，包括全球海平面和大地测量、海洋和沿海大陆架沉积过程的数字模拟等。
麻省理工学院计算机科学和人工智能实验室 http://www.csail.mit.edu	麻省理工学院计算机科学研究始于 20 世纪 30 年代，人工智能研究始于 1959 年。2003 年，二者合并为麻省理工学院计算机科学和人工智能实验室，此实验室是全球最大的校园实验室。

参考文献

1.[美]爱因斯坦.爱因斯坦文集(三卷本)[M].许良英,等,编译.北京:商务印书馆,1976—1979.

2.[美]克莱因.古今数学思想史(四卷本)[M].北京大学数学系,译.上海:上海科学技术出版社,1979.

3.纪念爱因斯坦译文集[M].赵中立,许良英,编译.上海:上海科学技术出版社,1979.

4.[美]洛西.科学哲学历史导论[M].邱仁宗,金吾伦,林夏水,等,译.武汉:华中工学院出版社,1982.

5.梁志学.论黑格尔的自然哲学[M].上海:上海人民出版社,1986.

6.谢邦同.世界近代物理学简史[M].沈阳:辽宁教育出版社,1988.

7.朱亚宗.从哥白尼到爱因斯坦:近代科学思想史论[M].长沙:湖南教育出版社,1988.

8.[日]友松芳郎.综合科学史[M].陈云奎,译.北京:求实出版社,1989.

9.王锦光,洪震寰.中国古代物理学史略[M].石家庄:河北科学技术出版社,1990.

10.钱临照,许良英.著名科学家传记·物理学家(五卷本)[M].北京:科学出版社,1990—1999.

11.[德]卫礼贤,[瑞士]荣格.金华养生秘旨与分析心理学[M].通山(即田松),译.北京:东方出版社,1993.

12.董光璧,田昆玉.世界物理学史[M].长春:吉林教育出版社,1994.

13.董光璧.天地之初:自然的演进和生命的诞生[M].哈尔滨:东北林业大学出版社,1996.

14.田洺.叛逆的道路:进化思想源流[M].沈阳:辽宁大学出版社,1996.

15.[英]戴维斯·林德利.命运之神应置何方:透析量子力学[M].董红

飚，译. 长春：吉林人民出版社，1998.

16. 田昆玉. 颜色：光的科学与艺术[M]. 上海：上海科学技术出版社，2002.

17. 徐冠华. 科技创造未来[M]. 北京：北京理工大学出版社，2002.

18. 周光召. 当代世界科技[M]. 北京：中共中央党校出版社，2003.

19. [美]托马斯·库恩. 科学革命的结构[M]. 金吾伦，胡新和，译. 北京：北京大学出版社，2004.

20. [英]查尔斯·辛格等. 技术史(七卷本)[M]. 姜振寰，等，译. 上海：上海科技教育出版社，2004.

21. 关洪. 原子论的历史和现状：对物质微观结构认识的发展[M]. 北京：北京大学出版社，2006.

22. 董光璧，田昆玉，田松. 飞跃与超越：当代科学与技术大观[M]. 长春：吉林人民出版社，2014.

23. 司有和. 大学科技写作[M]. 北京：光明日报出版社，1987.

24. 司有和. 大学写作教程[M]. 北京：高等教育出版社，1987.

25. 陆剑杰，张文然，窦炎国，百根海. 科学世界观和方法论[M]. 南京：南京大学出版社，1987.

26. 林文勉，程克夷，程国安. 基础写作辞典[M]. 武汉：湖北辞书出版社，1989.

27. 司有和. 科技写作学[M]. 合肥：中国科学技术大学出版社，1991.

28. 余国瑞. 科技写作学：训练教程[M]. 天津：天津教育出版社，1994.

29. 司有和. 科技编辑学通论[M]. 合肥：中国科技大学出版社，1996.

30. 司有和. 大学科技写作教程[C]. 合肥：中国科学技术大学人文学院印刷，2012.

后记

本书由中国科普作家协会科普教育专业委员会(以下简称“专委会”)和安徽省科普作家协会(以下简称“协会”)组织编写。在写作过程中,得到中国科学技术大学汤书昆教授、中国科普研究所郑念研究员、安徽省社会科学研究院孔令刚研究员、安徽师范大学叶松庆教授、安徽农业大学李晓明教授、安徽广播电视大学李向荣副研究员、中国人民解放军陆军军官学院张辉副教授和韩佳佳副教授、合肥工业大学陆琳副教授和刘晨副教授等专家以及协会和专委会众多同仁的指导,中国科普研究所科普政策研究室学术秘书丁晓庆女士和中国科学技术大学数字传播实验室张燕翔团队给予了极大的帮助,安徽教育出版社郑可社长、安徽科学技术出版社丁凌云社长以及相关编辑王勇先生、何宇清女士和章慧敏女士为本书的编辑出版花费了很多心血,在此一并表示衷心感谢!

本书是集体作品,是“大学科普教育资源研究”课题组集体智慧的结晶。以著名科学史家、中国科学院自然科学史研究所董光璧研究员为代表的老中青三代学人,为了我国的科普教育事业,为了给大学生提供一份有效提升科学素养的读本,为了研发适合国情的大学科普课程资源,不辞辛劳,精诚合作,精心打磨,精益求精,终成正果。本书第一部分(第一至四篇)由董光璧执笔,张燕翔、黄蓓、史先鹏对部分章节做了补充;第二部分(第五篇)由司有和执笔;第三部分(附录)由杨多文、张燕翔、孔莉、沈易润、周银燕、陈佳佳、孙雪莲、张伟伟、祝阳执笔;全书由杨多文统稿。由于本人学识有限,错误或不足在所难免,欢迎方家不吝赐教,以便扬长补短,修订再版时予以完善。

杨多文

2019 年 8 月